产品质量提升的微观经济效应研究

基于企业异质性视角

吴娉娉◎著

RESEARCH ON THE MICRO ECONOMIC EFFECTS OF PRODUCT QUALITY IMPROVEMENT

FROM THE PERSPECTIVE OF ENTERPRISE HETEROGENEITY

中国经济出版社
CHINA ECONOMIC PUBLISHING HOUSE
·北京·

图书在版编目（CIP）数据

产品质量提升的微观经济效应研究：基于企业异质性视角／吴娉娉著．--北京：中国经济出版社，2023．12

ISBN 978-7-5136-7597-0

Ⅰ．①产…　Ⅱ．①吴…　Ⅲ．①产品质量-经济效益-研究　Ⅳ．①F273．2

中国国家版本馆 CIP 数据核字（2023）第 239436 号

责任编辑　杨元丽
责任印制　马小宾
封面设计　任燕飞工作室

出版发行　中国经济出版社
印 刷 者　北京艾普海德印刷有限公司
经 销 者　各地新华书店
开　　本　710mm×1000mm　1/16
印　　张　15．25
字　　数　218 千字
版　　次　2023 年 12 月第 1 版
印　　次　2023 年 12 月第 1 次
定　　价　69．00 元
广告经营许可证　京西工商广字第 8179 号

中国经济出版社　**网址** www．economyph．com　**社址** 北京市东城区安定门外大街 58 号　**邮编** 100011

前言
Preface

改革开放以来，中国积极融入世界市场，经济持续快速增长，进出口规模不断扩大，居民收入水平不断提高。中国目前已是全球第二大经济体、第一大货物贸易国。然而，进入21世纪以来，国际范围内的贸易保护主义和逆全球化浪潮兴起，中国作为“世界工厂”所依赖的人口红利和低廉土地等优势逐渐减弱，经济贸易下行压力增大。如何更好地应对严峻复杂的国际经济贸易形势？产品质量提升是根本出路。企业生产高质量产品一直被视为是一个国家出口贸易和经济发展的先决条件。那么中国的工业企业是否实现了产品质量提升，从量变的角度来看，提升到了何种程度？又是否实现了产品质量升级，从质变的角度来看，升级到何种层次等级？上述这些问题，鲜有学者作出探讨和解答。

更进一步地，较少学者关注产品质量提升作为“因”所带来的微观经济效应。从微观层面来看，产品质量提升所带来的经济效应，关乎两类主体：第一类主体是出口企业，出口企业既是产品质量提升的主体，也是追求利润最大化的主体。因此，其首要关注的是产品质量提升是否产生了出口增长效应（扩大了出口规模）？其次关注的是产品质量提升是否进一步提高了贸易利得（提高了成本加成）？第二类主体是劳动者，劳动者既是生产要素的提供者，又是要素报酬的获得者。因此，劳动者最为关注的方面是能否从出口企业的高质量发展中受益，分享企业的贸易利得？产品质量提升是否产生了工资溢价效应（提高了劳动者的工资水平）？鉴于此，本研究基于企业异质性视角，以出口企业为研究对象，沿着产品质量提升的出口增长效应—贸易利得效应—工资溢价效应的脉络，从微观层面考察了产品质量提升对企业出口规模、成本加成以及工资水平的影响，为理解产品质量提升给微观主体带来的经济效应提供中国的经验证据。

本研究的主要内容如下：(1) 产品质量提升的评价体系研究。界定产品质量提升与产品质量升级的内涵，提出产品质量提升的测度指标，设计产品质量升级的评价指标，划分产品质量升级的三大层次，探讨产品质量提升与产品质量升级之间的联系与区别。(2) 产品质量提升的出口增长效应与贸易利得效应理论研究。利用可变替代弹性效用函数，将产品质量提升、生产率异质性和成本加成异质性纳入企业异质性理论分析框架，探讨产品质量提升对企业出口规模和成本加成的影响机理。(3) 产品质量提升的工资溢价效应理论研究。将产品质量提升纳入微观企业工资决定理论模型中，构建产品质量提升、企业异质性特征对出口企业工资水平影响的微观理论分析框架，探讨产品质量提升对出口企业工资水平的影响机理。(4) 对中国工业企业的出口产品质量、出口产品质量提升状况以及出口产品质量升级水平进行整体测度和分组分析，对中国工业企业的出口规模、成本加成和工资水平进行特征性事实描述。(5) 产品质量提升的出口增长效应、贸易利得效应与工资溢价效应实证研究。提出研究假设，构建计量模型，实证研究产品质量提升对企业出口规模、成本加成与工资水平的影响，并从不同所有制企业、不同地区企业等方面进行拓展分析，同时进行相关影响机制检验。(6) 基于理论研究和实证分析结果，得出具有启发意义的研究结论，提出相应的政策建议，为政府部门制定科学合理的调控政策提供参考依据。

基于上述内容，本研究得到以下主要结论：(1) 中国工业企业的出口产品质量整体呈波动上升趋势，实现产品质量升级的企业数量在不断增加，产品质量升级层次在不断提高；但在不同类别企业之间存在一定的差异。外资企业出口产品质量高于国有企业和私营企业，国有企业产品质量升级水平高于其他企业。大型企业的出口产品质量和产品质量升级水平高于中小微企业。东部地区企业的出口产品质量高于中西部地区企业，西部地区企业的产品质量升级水平高于东中部地区企业。(2)产品质量提升、产品质量升级均对企业的出口规模有显著的正向影响，产生了显著的出口增长效应。其中，产品质量提升对私营企业、微型企业、西部地区企业出口规模的正向影响程度较高，而产品质量升级对国有企业、小型企业、中部地区企业出口规模的正向影响程度较高。高层次产品质量升级对出口规模的正向影响程度依次高于低层次、中层次产品质量升级。(3) 产品质量提升、产品质量升级均对出口企业的成本加成有显著的正向影响，产生了显著的贸易利得提高效应。其中，产品质量提升对国有企业、低出口密集度企业、中西部地区企业的成本加成均未产生显著的影响，但对其他类别企业均有显著的正向影响，而产品质量升级则是对中高出口密集度企业的成本加成未产生显著影响。此外，低层次产品质量升级对成本加成的正向影响依次强于中层次、高层次产品质量升级。机制检验表明，产品质量提升、产品质量升级通过提高出口企业的产品价格和边际成本，从而对出口企业的成本加成产生影响。(4) 产品质量提升、产品质量升级均对出口企业的工资水平有显著的正向影响，产生了显著的工资溢价效应。其中，产品质量提升对国有企业、中高出口密集度企业、中西部地区企业的工资水平影响不显著，但对其他类别企业均有显著的正向影响。产品质量升级对国有企业、低出口密集度企业、西部地区企业工资水平的正向影响更强。中层次、高层次产品质量升级对出口企业工资水平均有显著的正向影响，但低层次产品质量升级对出口企业工资水平却有显著的负向影响。机制检验表明，产品质量提升、产品质量升级通过提升出口企业的技能结构和利润水平，从而促进了出口企业工资水平的提高。

与现有相关研究相比，本研究在以下四个方面进行了拓展：

第一，界定了产品质量提升的内涵，构建了产品质量提升的评价体系。现有相关研究很少涉及产品质量提升的内涵，没有厘清产品质量提升与产品质量升级的内涵、联系与区别，没有涉及产品质量提升的评价指标体系，导致在实证分析中选取的产品质量提升的衡量指标存在较大差异，直接影响了研究结论的可靠性。本研究的贡献在于界定了产品质量提升与产品质量升级的内涵，构建了产品质量提升与产品质量升级的评价指标，划分了产品质量升级的三大层次，探讨了产品质量提升与产品质量升级之间的联系与区别。

第二，从理论上阐释了产品质量提升所产生的出口增长效应及贸易利得效应，系统揭示了产品质量提升对企业出口规模和成本加成的影响机理。现有相关文献注重研究单重异质性（如生产率异质性、产品质量异质性）对出口的影响，很少涉及多重异质性对出口的影响，没有涉及产品质量提升对出口的影响。本研究将产品质量提升、生产率异质性和成本加成异质性同时纳入异质性微观企业分析框架，构建了微观出口企业层面的理论模型，系统揭示了产品质量提升对企业出口规模和成本加成的影响机理。

第三，从理论上阐释了产品质量提升所产生的工资溢价效应，系统揭示了产品质量提升对工资水平的影响机理。现有相关文献在探讨企业出口与工资溢价的关系时，侧重从出口产品“量”的角度分析出口对工资溢价的影响，较少从出口产品“质”的视角研究工资溢价等收入分配问题，忽视了产品质量提升也会对出口企业的工资水平产生重要影响。本研究将产品质量提升和企业异质性特征纳入微观企业工资决定理论模型中，拓展了企业工资溢价的微观理论分析框架，揭示了产品质量提升对出口企业工资水平的影响机理。

第四，基于企业异质性视角，沿着产品质量提升所产生的出口增长效应—贸易利得效应—工资溢价效应的脉络，实证研究了产品质量提升对企业出口规模、成本加成与工资水平的影响，得出了与众不同的研究结论。现有相关研究较多关注产品质量提升的影响因素，较少关注产品质量提升所产生的微观经济效应，即使涉及产品质量提升对出口规模、成本加成与工资水平的影响，也只是把静态的产品质量指标作为动态的产品质量提升的衡量指标，没有涉及产品质量升级对微观企业出口规模、成本加成与工资水平的影响。基于此，本研究提出研究假设，构建计量模型，利用微观数据，实证研究了产品质量提升、产品质量升级（及不同层次产品质量升级）对企业出口规模、成本加成与工资水平的影响，并对不同类别的企业进行分组分析，同时也进行了相关影响机制检验，得出了与众不同的、具有启发意义的研究结论。

目录
Contents

第一章　导论

第一节　研究背景与研究意义

一、研究背景

改革开放以来，中国经济快速增长，进出口规模不断扩大，居民收入水平持续提升。根据国家统计局的初步核算，2022 年国内生产总值达 1210207 亿元，按不变价格计算，比上年增长 3.0%①。2022 年中国货物贸易进出口总值达 42.07 万亿元，同比增长 7.7%，连续 6 年保持货物贸易第一大国地位②。2022 年全国居民人均可支配收入 36883 元，扣除价格因素实际增长 2.9%，与经济增长保持同步③。中国目前已是全球第二大经济体、第一大货物贸易国，已由最不发达国家提升为中高收入发展中国家。然而，近年来，随着中美经贸摩擦的不断升级、新冠疫情的全球蔓延、俄乌冲突的爆发等，国际范围内的贸易保护主义和逆全球化浪潮兴起，给中国经济贸易发展带来了巨大挑战。因此，如何更好地应对严峻复杂的国际经济贸易形势，使中国由"出口大国"向"出口强国"跃进？如何实现居

---

①资料来源：国家统计局《2022 年国民经济顶住压力再上新台阶》，http://www.stats.gov.cn/xxgk/sjfb/zxfb2020/202301/t20230117_1892123.html。

②资料来源：海关总署《2022 年全年进出口情况新闻发布会》，http://www.customs.gov.cn/customs/xwfb34/302330/4795072/index.html。

③资料来源：国家统计局《2022 年居民收入和消费支出情况》，http://www.stats.gov.cn/xxgk/sjfb/zxfb2020/202301/t20230117_1892129.html。

民收入水平的显著提高，实现全体人民共同富裕？

产品质量提升是根本出路。党的二十大报告指出："高质量发展是全面建设社会主义现代化国家的首要任务。"微观企业是产品质量提升的主体，那么中国工业企业是否实现了产品质量提升，从量变的角度来看，提升到了何种程度？又是否实现了产品质量升级，从质变的角度来看，升级到何种层次等级？在不同类别企业之间是否存在着差异？上述这些问题，鲜有学者作出探讨和解答。更进一步地，如果中国工业企业实现了一定的产品质量提升与产品质量升级，又会产生哪些微观经济效应？目前学界主要关注产品质量提升的影响因素，把产品质量提升作为"果"，探究了企业创新、制度质量、贸易自由化、企业上市等对出口产品质量提升的影响，但却较少关注产品质量提升作为"因"所带来的经济成果（余淼杰，2018）。

产品质量提升所带来的微观经济效应，关乎两类主体：第一类主体是出口企业，出口企业既是产品质量提升的主体，也是追求利润最大化的主体。因此，出口企业首先关注的是产品质量提升是否产生了出口增长效应（扩大了出口规模）？其次关注的是产品质量提升是否提高了贸易利得（提高了成本加成）？第二类主体是劳动者，劳动者既是生产要素的提供者，又是要素报酬的获得者。那么，劳动者是否能够从出口企业的高质量发展中受益，分享企业的贸易利得？产品质量提升是否产生了工资溢价效应（提高了劳动者的工资水平）？鉴于此，本研究以中国的微观出口企业为研究对象，沿着产品质量提升的出口增长效应—贸易利得效应—工资溢价效应的脉络，考察了产品质量提升对企业出口规模、成本加成以及工资水平的影响，探究出口产品"质"的变化对微观企业和劳动者的福利影响。

本研究首先从产品质量动态演变的量变质变规律着手，界定产品质量提升与产品质量升级的内涵，构建产品质量提升的测度指标和产品质量升级的评价指标体系，刻画中国工业企业的出口产品质量提升和出口产品质量升级的现状。其次，从理论上阐释了产品质量提升的出口增长效应、贸易利得效应与工资溢价效应，构建产品质量提升、企业异质性对企业出口规模、成本加成与工资水平影响的微观理论模型框架，探究产品质量提升对企业出口规模、成本加成与工资水平的影响机理。最后，利用微观出口企业数据，实证分析了产品质量提升对企业出口规模、成本加成以及工资水平的影响。本研究有助于考察中国工业企业出口产品质量的动态演变状况，为全面了解产品质量提升所产生的出口增长效应、贸易利得效应与工资溢价效应提供微观层面的经验证据。

二、研究意义

（一）理论意义

第一，产品质量是一个比较抽象且复杂的概念，在实际数据中难以直接观测，因此产品质量的测度及量化本就是学界研究的热点和难点。更进一步地，如何界定并评价产品质量的动态演变，就更为棘手。唯物辩证法中的量变质变规律阐释了任何事物的发展变化都是量变和质变的统一。就企业产品质量的发展变化而言，亦是如此。而现有理论研究忽略了产品质量在发展过程中由量变到质变的动态演变规律，不加区分地使用产品质量提升（Product Quality Improvement）和产品质量升级（Product Quality Upgrading）表示产品质量水平的正向发展变化，且在实证分析中选取的产品质量提升与产品质量升级的衡量指标存在较大差异。目前的主流文献将产品质量等同于产品质量提升，部分文献将产品质量的增速等动态变化指标作为产品质量提升的衡量指标，还有一些文献将 ISO 9000 质量认证作为产品质量提升的衡量指标，衡量指标的差异也直接导致了学者们在实证研究结果上的差异。产生这些不同看法的原因在于缺乏对产品质量提升与产品质量升级的内涵界定，缺乏对两者之间关系的探讨。鉴于此，本研究在理解产品质量内涵的基础上，运用唯物辩证法中的量变质变规律阐释产品质量提升与产品质量升级的内涵、联系和区别，构建产品质量提升的测度指标，并借鉴 Crozet等（2012）和 2017 年 9 月发布的《中共中央 国务院关于开展质量提升行动的指导意见》中关于产品质量等级划分的思路，构建微观企业层面的产品质量升级评价指标体系，并界定产品质量升级的三大层次，就具有十分重要的理论意义。

第二，以 Melitz（2003）为代表的异质性企业贸易理论的发展使得国际贸易理论体系更加完善。在此基础上，Hallak 和 Sivadasan（2009，2013）、Kugler 和 Verhoogen（2012）等将产品质量引入 Melitz（2003）模型，拓展了企业异质性的来源。然而 Melitz（2003）模型以及在此基础上的扩展，都是基于 CES 效用函数，即认为成本加成（Markups）是外生不变的，但这一假设与现实不符。鉴于此，本研究基于异质性企业贸易理论，利用可变替代弹性效用函数，将产品质量提升、生产率异质性和成本加成异质性同时纳入异质性微观企业分析框架中，拓展了产品质量提升的源泉，分别探究了产品质量提升对企业出口规模和成本加成的影响，从理论上阐释了产品质量提升所产生的出口增长效应与贸易利得效应，具有一定的理论意义。

第三，现有研究在探讨工资溢价的影响因素时，侧重从出口产品"量"的角度切入研究其对工资水平的影响，较少从出口产品"质"的视角研究工资溢价等收入分配问题，忽视了产品质量提升也会对工资水平产生影响。鉴于此，本研究基于异质性企业贸易理论，将产品质量提升和企业异质性特征纳入 Helpman 等（2010）的模型（简称 HIR 模型），拓展了企业工资溢价的微观理论分析框架，探究产品质量提升对出口企业工资水平的影响，从理论上阐释了开放经济下产品质量提升所产生的工资溢价效应，具有一定的理论意义。

（二）现实意义

第一，本研究在界定产品质量提升与产品质量升级的内涵的基础上，构建产品质量提升的测度指标和产品质量升级的评价指标体系，基于2000—2013年中国工业企业数据库、中国海关数据库以及本研究自行搜集整理的中国工业企业产品质量升级数据库合并匹配后的 124332 家出口企业的 417072 个观测值，通过整体和分组统计研究，全面考察了中国工业企业的出口产品质量水平、出口产品质量提升状况、出口产品质量升级水平和升级层次，并为提升企业产品质量提出了政策建议，具有一定的现实意义。

第二，出口规模的增长反映了企业出口经营绩效的改善（李坤望等，2015；耿晔强、史瑞祯，2018），其不仅意味着企业产品在国际市场上的认可度和市场占有率的提高，也是出口企业获取贸易利得的前提和基础。但是近年来，受新冠疫情、中美经贸摩擦等因素影响，中国出口规模在供需两端同步走低，为此，国务院办公厅2022年5月发布了《关于推动外贸保稳提质的意见》，其中明确指出“高度重视做好稳外贸工作，要在支持企业保订单方面加大工作力度”。鉴于此，本研究首先基于微观企业数据库，从整体上和不同类别企业，全面考察了企业出口规模的变动情况。其次，考虑到产品质量提升与产品质量升级的内涵不同，本研究从微观层面分别实证分析了产品质量提升、产品质量升级对企业出口规模的影响，以及不同等级层次的产品质量升级对企业出口规模的影响。最后，本研究还针对不同所有制、不同规模及不同地区企业做了拓展分析。本研究有助于考察出口产品“质”的变化所产生的出口增长效应，并为扩大企业出口规模提出政策建议，具有一定的现实意义。

第三，成本加成（Markups）反映了产品价格对边际成本的偏离程度，是衡量出口企业真实贸易利得的重要指标。但由于“入世”后大量低效率企业涌入出口市场，以及加工贸易、出口退税、政府补贴等原因，中国出口企业陷入“低加成率陷阱”（盛丹、王永进，2012；钱学峰等，2015；黄先海等，2016），中国作为“出口大国”所获的真实贸易利得并不高。鉴于此，本研究首先基于微观企业数据库，从整体上和不同类别企业，全面考察了出口企业成本加成的变动情况。其次，考虑到产品质量提升与产品质量升级的内涵不同，本研究从微观层面分别实证分析了产品质量提升、产品质量升级对出口企业成本加成的影响，以及不同等级层次的产品质量升级对出口企业成本加成的影响，并针对不同所有制、不同出口密集度、不同要素密集度及不同地区企业做了拓展分析。最后，本研究还通过产品价格机制和边际成本机制，进一步检验了产品质量提升对出口企业成本加成的影响机制。本研究有助于考察出口产品“质”的变化所产生的贸易利得效应，并为提高出口企业的成本加成提出政策建议，具有一定的现实意义。

第四，工资水平越高，意味着劳动者的购买力水平和幸福感就越高。党的二十大报告指出："高质量发展是全面建设社会主义现代化国家的首要任务。实现全体人民共同富裕是中国式现代化的本质要求。"在探究了产品质量提升所产生的出口增长效应与贸易利得效应之后，本研究进一步思考，出口企业的劳动者能否从企业的高质量发展中受益，分享企业的贸易利得，提高工资水平？以往对工资溢价的研究主要集中在出口企业和非出口企业之间，那么，中国的出口企业之间是否存在着工资溢价？产品质量提升是否提高了出口企业工资水平，是否产生了工资溢价效应？鉴于此，本研究首先基于微观企业数据库，分别对样本期内的出口企业人均工资水平、出口企业人均工资与所在行业平均工资之比进行描述分析，全面考察了出口企业工资水平的变动情况。其次，考虑到产品质量提升与产品质量升级的内涵不同，本研究分别实证分析了产品质量提升、产品质量升级对出口企业工资水平的影响，以及不同等级层次的产品质量升级对出口企业工资水平的影响，并针对不同所有制、不同出口密集度及不同地区企业做了进一步拓展分析。最后，本研究还通过技能结构机制和利润分享机制，进一步检验了产品质量提升对出口企业工资水平的影响机制。本研究有助于考察出口产品"质"的变化所产生的工资溢价效应，并为提高工人工资水平等提出政策建议，具有一定的现实意义。

第二节　研究内容与研究方法

一、研究内容

（一）理论研究模块

一是界定产品质量提升与产品质量升级的内涵，构建产品质量提升与产品质量升级的评价体系。一方面，目前学界在理论分析中没有界定和厘清产品质量提升与产品质量升级的内涵、联系和区别，存在概念的混淆问题。而这一问题恰恰是产品质量研究中最根本、最首要的问题，忽视这两者的联系和区别，将无法全面地理解和刻画当前中国工业企业出口产品质量的动态演变，也无法科学地揭示产品质量提升、产品质量升级对企业出口规模、成本加成与工资水平的影响。另一方面，目前学界缺乏系统科学的产品质量提升与产品质量升级的评价体系，不能反映产品质量动态演变过程中的量变质变关系，更无法反映产品质量升级的等级层次变化。因此，本研究在理解产品质量内涵的基础上，运用唯物辩证法中的量变质变规律阐释产品质量提升与产品质量升级的内涵、联系和区别，构建产品质量提升的测度指标和产品质量升级的评价指标体系，并界定产品质量升级的不同层次。这是本研究的主要理论研究内容。

二是将产品质量提升、生产率异质性和成本加成异质性同时纳入企业出口规模和成本加成的理论模型，从理论上阐释了产品质量提升所产生的出口增长效应与贸易利得效应。Melitz（2003）模型以及在此基础上的扩展，都是基于 CES 效用函数，即认为成本加成（Markups）是外生不变的，这显然与现实中的成本加成异质性不符。Antoniades（2015）将产品质量异质性引入 Melitz 和 Ottaviano（2008）模型中，同时考虑了产品质量异质性、生产率异质性和成本加成异质性对企业出口的影响，该模型考虑的经济因素更加全面，也更加符合实际。本研究借鉴 Melitz 和 Ottaviano（2008）、Antoniades（2015）的模型，同时纳入产品质量提升、生产率和成本加成三重异质性，拓展了企业出口的微观分析框架，探究产品质量提升会对企业出口规模、成本加成产生哪些影响，是否产生了出口增长效应和贸易利得提高效应？具体的影响机理是什么？这是本研究的主要理论研究内容。

三是将产品质量提升纳入微观企业工资决定的理论模型，从理论上阐释了开放经济下产品质量提升所产生的工资溢价效应。Melitz（2003）模型中，假设劳动力是同质的且获得相同的工资，这显然与现实相悖。虽然国外学者后续将劳动力异质性特征、劳动力市场供需双方搜寻和匹配摩擦成本等因素纳入异质性企业模型，在一定程度上解释了工资溢价产生的原因，但鲜有理论模型从产品质量提升的视角探讨工资溢价产生的原因。因此，在开放经济条件下，产品质量提升是否提高了出口企业的工资水平，是否产生了工资溢价效应？具体的影响机理是什么？这也是本研究的主要理论研究内容。

（二）实证研究模块

一是以出口企业为研究对象，对中国工业企业的出口产品质量水平、出口产品质量提升状况、出口产品质量升级水平及升级层次进行统计测度分析。微观企业作为产品质量提升的主体，是否实现了产品质量提升，从量变的角度来看，提升到何种程度？又是否实现了产品质量升级，从质变的角度来看，升级到何种层次等级？目前的学界研究并未给出科学全面的答案。鉴于此，本研究基于2000—2013年中国工业企业数据库、中国海关数据库以及本研究自行搜集整理的中国工业企业产品质量升级数据库，通过整体和分组统计研究，了解中国工业企业的出口产品质量的动态演变状况。这是本研究在实证部分重点研究的内容。

二是实证研究产品质量提升所产生的出口增长效应，从微观层面探究出口产品“质”的变化对企业出口规模的影响。首先，基于微观企业数据库，对中国工业企业的出口规模进行整体和分组描述分析。其次，考虑到产品质量提升与产品质量升级的内涵不同，本研究分别实证分析了产品质量提升、产品质量升级对企业出口规模的影响，以及不同等级层次的产品质量升级对企业出口规模的影响。最后，产品质量提升、产品质量升级以及企业异质性特征变量对企业出口规模的影响是否会因企业的所有制、规模及地区的不同而有所差异？这些都是本研究在实证部分重点研究的内容。

三是实证研究产品质量提升所产生的贸易利得效应，从微观层面探究出口产品“质”的变化对出口企业成本加成的影响。首先，基于微观企业数据库，对出口企业的成本加成进行整体和分组描述分析。其次，考虑到产品质量提升与产品质量升级的内涵不同，本研究分别实证分析了产品质量提升、产品质量升级对出口企业成本加成的影响，以及不同等级层次的产品质量升级对出口企业成本加成的影响。再次，产品质量提升、产品质量升级以及企业异质性特征变量对出口企业成本加成的影响是否会因企业的所有制、出口密集度、要素密集度以及地区的不同而有所差异？最后，产品质量提升通过何种机制对出口企业的成本加成产生影响？这些都是本研究在实证部分重点研究的内容。

四是实证研究产品质量提升所产生的工资溢价效应，从微观层面探究出口产品“质”的变化对出口企业工资水平的影响。首先，现有国内外文献对工资溢价的研究主要集中在出口企业和非出口企业之间，那么，中国的出口企业之间是否存在着工资溢价？有必要基于微观企业数据库，对出口企业的工资水平进行描述分析。其次，考虑到产品质量提升与产品质量升级的内涵不同，本研究分别实证分析了产品质量提升、产品质量升级对出口企业工资水平的影响，以及不同等级层次的产品质量升级对出口企业工资水平的影响。再次，产品质量提升、产品质量升级以及企业异质性特征变量对出口企业工资水平的影响是否会因企业的所有制、出口密集度以及地区的不同而有所差异？最后，产品质量提升通过何种机制对出口企业的工资水平产生影响？这些都是本研究在实证部分重点研究的内容。

（三）政策研究模块

在理论研究和实证分析的基础上，本研究给出提升企业产品质量、促进企业出口增长、提高贸易利得、提高工资水平的政策建议。具体而言，企业层面可以通过哪些途径或方法持续提升产品质量？又该从哪些方面着手实现企业的产品质量升级，包括从较低层次的产品质量升级水平跃进到较高层次的产品质量升级水平？如何扩大企业的出口规模、提高成本加成、提升工资水平？关于上述问题，政府层面又可以出台哪些相关的鼓励措施？这些都是本研究的重点内容。

二、研究方法

（一）文献分析法

本研究广泛搜集了国内外有关产品质量的内涵和测度、产品质量提升的概念和评价指标、产品质量提升与出口规模、成本加成、工资溢价等方面的相关文献，通过对国内外大量文献进行仔细研究和梳理后，发掘其中可以借鉴的地方以及存在的不足，为后续界定产品质量提升与产品质量升级的内涵，构建产品质量提升的测度指标和产品质量升级的评价指标体系，以及产品质量提升对企业出口规模、成本加成与工资水平影响的理论研究和实证研究奠定基础。

（二）对比分析法

为了更好地实现研究目标，本研究运用了对比分析方法，主要表现在：分不同所有制、不同规模和不同地区企业来对比分析中国工业企业的出口产品质量水平、出口产品质量提升状况、出口产品质量升级水平、出口规模的差异，且在实证分析产品质量提升、产品质量升级对出口规模的影响时，也进行了上述的分组拓展回归。分不同所有制、不同出口密集度、不同要素密集度和不同地区企业来对比分析出口企业之间的成本加成差异，且在实证分析产品质量提升、产品质量升级对出口企业成本加成的影响时，也进行了上述的分组拓展回归。分不同所有制、不同出口密集度和不同地区企业来对比分析出口企业之间的工资水平差异，且在实证分析产品质量提升、产品质量升级对出口企业工资水平的影响时，也进行了上述的分组拓展回归。通过不同子样本间的对比分析来了解中国工业企业出口产品质量的动态演变差异，以及产品质量提升、产品质量升级对不同特征企业的出口规模、成本加成与工资水平的影响差异，并对这些差异进行了解释。

（三）规范分析法

本研究运用规范分析方法探讨了产品质量提升与产品质量升级的内涵、联系与区别，产品质量的测度方法，产品质量提升的测度指标和产品质量升级的评价指标体系。本研究借鉴了 Melitz 和 Ottaviano（2008）、Antoniades（2015）的模型，利用可变替代弹性效用函数，将产品质量提升、生产率异质性和成本加成异质性同时纳入异质性微观企业分析框架，探究产品质量提升对企业出口规模与成本加成的影响，从理论上阐释了产品质量提升所产生的出口增长效应与贸易利得效应。本研究将产品质量提升和企业异质性特征纳入 Helpman 等（2010）的 HIR 模型，探究产品质量提升对出口企业工资水平的影响，从理论上阐释了开放经济条件下产品质量提升所产生的工资溢价效应。

（四）实证分析法

本研究利用微观出口企业数据，首先对中国工业企业的出口产品质量水平、出口产品质量提升状况、出口产品质量升级水平及升级层次进行统计测度分析。其次，对中国工业企业的出口规模进行特征性事实描述，采用固定效应估计方法、工具变量法和分位数回归法分别实证研究了产品质量提升、产品质量升级对企业出口规模的影响。再次，对出口企业的成本加成进行特征性事实描述，采用固定效应估计方法和工具变量法分别实证研究了产品质量提升、产品质量升级对出口企业成本加成的影响，并从产品价格机制和边际成本机制进行了影响机制的检验。最后，对出口企业的工资水平进行特征性事实描述，采用固定效应估计方法、工具变量法和分位数回归法分别实证研究了产品质量提升、产品质量升级对出口企业工资水平的影响，并从技能结构机制和利润分享机制进行了影响机制的检验。上述实证分析，从微观层面全面考察了产品质量提升所产生的出口增长效应—贸易利得效应—工资溢价效应。

第三节 研究思路与框架安排

一、研究思路

本研究从中国经济贸易的现状和困境着眼，明确产品质量提升是实现中国由“出口大国”向“出口强国”跃进的根本出路。进而提出了本研究的关切所在：从微观层面来看，中国工业企业是否实现了产品质量提升，从量变的角度来看，提升到了什么程度？又是否实现了产品质量升级，从质变的角度来看，升级到何种层次等级？产品质量提升所带来的微观经济效应究竟如何？产品质量提升所带来的微观经济效应，关乎两类主体：第一类主体是出口企业，出口企业作为利润最大化的追求者，其首要关注的是产品质量提升是否产生了出口增长效应（扩大了出口规模）？出口规模是企业获取利润的前提和基础。倘若出口规模持续萎缩，则企业生存面临挑战，贸易获利无从谈起。其次，出口企业关注的是产品质量提升是否提高了贸易利得（提高了成本加成）？第二类主体是劳动者，劳动者作为要素报酬的获得者，是否能够分享企业的贸易利得？产品质量提升是否产生了工资溢价效应（提高了劳动者的工资水平）？鉴于此，本研究以中国的微观出口企业为研究对象，沿着产品质量提升的出口增长效应—贸易利得效应—工资溢价效应的脉络，考察了产品质量提升对企业出口规模、成本加成以及工资水平的影响，探究出口产品“质”的变化对微观企业和劳动者的福利影响。

基于此，本研究梳理了以往有关产品质量、产品质量提升、出口规模、成本加成与工资溢价的研究文献，从理论上阐述了产品质量提升与产品质量升级的内涵、联系和区别；将产品质量提升、生产率异质性和成本加成异质性同时纳入异质性微观企业分析框架，探究产品质量提升对企业出口规模和成本加成的影响；将产品质量提升和企业异质性特征纳入 Helpman 等（2010）的 HIR 模型，探究产品质量提升对工资水平的影响。在理论研究的基础上，本研究实证分析了产品质量提升、产品质量升级对企业出口规模、成本加成与工资水平的影响。在理论研究和实证分析的基础上，本研究给出了提升企业产品质量、促进企业出口增长、提高企业贸易利得、提升工资水平的政策建议。本研究的技术路线图如图1－1所示。

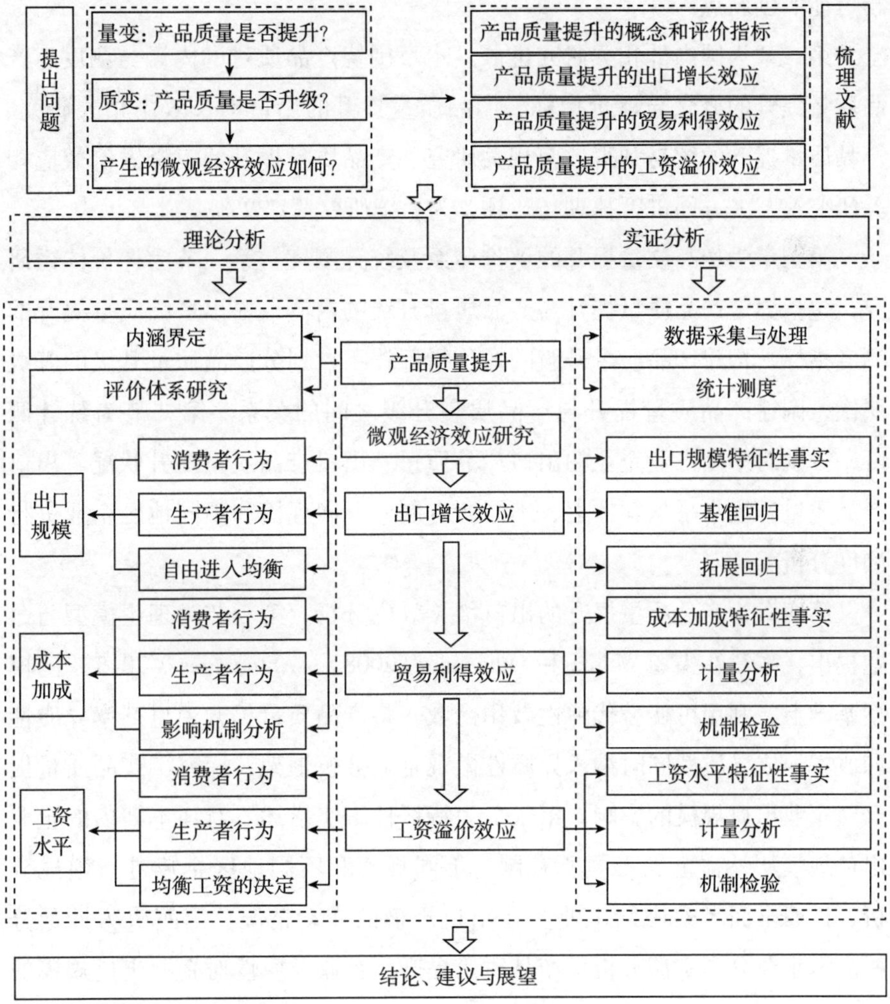

图1－1 本研究的技术路线图

二、框架安排

基于上述研究思路，本研究主要分为七章，具体安排如下：

第一章为导论。本章首先阐述研究背景与研究意义，其次介绍研究内容与研究方法、研究思路与框架安排，最后指出本研究拟解决的关键问题与可能的创新点。

第二章为国内外相关研究进展。本章围绕产品质量的内涵与测度、产品质量提升的概念与评价指标、产品质量提升的出口增长效应相关研究、产品质量提升的贸易利得效应相关研究、产品质量提升的工资溢价效应相关研究这五大方面进行梳理与述评，为后续研究奠定文献基础。

第三章为产品质量提升的评价体系及统计测度。第一节为评价体系研究，包括界定产品质量提升与产品质量升级的内涵，提出产品质量提升的测度指标，构建产品质量升级的评价指标体系，划分产品质量升级的等级层次，阐述产品质量提升与产品质量升级之间的关系。第二节为统计测度，分别对中国工业企业的出口产品质量、出口产品质量提升状况、出口产品质量升级水平从整体上、不同所有制、不同规模和不同地区企业进行测度分析。

第四章为产品质量提升的出口增长效应分析。第一节为理论模型与命题提出，本章在借鉴 Melitz 和 Ottaviano（2008）、Antoniades（2015）的模型基础上，利用可变替代弹性效用函数，将产品质量提升、生产率异质性和成本加成异质性同时纳入异质性微观企业分析框架，探究了产品质量提升对企业出口规模的影响。第二节为特征性事实描述。对样本期内的企业出口规模从整体上、不同所有制、不同规模和不同地区企业进行描述分析，进而全面考察中国工业企业出口规模的变动情况。第三节为计量分析。本小节分别实证分析了产品质量提升、企业异质性对企业出口规模的影响以及产品质量升级、企业异质性对企业出口规模的影响。在基准回归部分，主要采用固定效应估计方法。在稳健性检验部分，分别采用工具变量、分位数回归、改变被解释变量、改变全要素生产率、改变样本期间、剔除极端值的方法对模型进行再次检验。在拓展回归部分，本研究对不同所有制、不同规模和不同地区企业做了进一步拓展分析。

第五章为产品质量提升的贸易利得效应分析。第一节为理论模型与命题提出，本章在借鉴 Melitz 和 Ottaviano（2008）、Antoniades（2015）的模型基础上，利用可变替代弹性效用函数，将产品质量提升、生产率异质性和成本加成异质性同时纳入异质性微观企业分析框架，探究了产品质量提升对出口企业成本加成的影响及作用机制。第二节为特征性事实描述。对出口企业的成本加成从整体上、不同所有制、不同出口密集度、不同要素密集度和不同地区企业进行描述分析，进而全面考察出口企业贸易利得的变动情况。第三节为计量分析。本小节分别实证分析了产品质量提升、企业异质性对出口企业成本加成的影响以及产品质量升级、企业异质性对出口企业成本加成的影响。在基准回归部分，主要采用固定效应估计方法。在稳健性检验部分，分别采用工具变量、改变被解释变量、改变全要素生产率、改变样本期间、剔除极端值的方法对模型进行再次检验。在拓展回归部分，本研究对不同所有制、不同出口密集度、不同要素密集度和不同地区企业做了进一步分析。在第四节机制检验部分，研究证实了产品质量提升、产品质量升级及不同等级层次的产品质量升级通过产品价格机制和边际成本机制影响了出口企业的成本加成。

第六章为产品质量提升的工资溢价效应分析。第一节为理论模型与命题提出，本章在借鉴 Helpman 等（2010）的 HIR 模型的基础上，将产品质量提升和企业异质性特征变量纳入微观企业工资决定的理论分析框架，从理论上分析了产品质量提升对出口企业工资水平的影响及作用机制。第二节为特征性事实描述。分别对出口企业的人均工资水平、出口企业人均工资与所在行业平均工资之比进行描述分析，全面考察了出口企业工资水平的变动情况。第三节为计量分析。本小节分别实证分析了产品质量提升、企业异质性对出口企业工资水平的影响以及产品质量升级、企业异质性对出口企业工资水平的影响。在基准回归部分，主要采用固定效应估计方法。在稳健性检验部分，分别采用工具变量、分位数回归、改变被解释变量、改变全要素生产率、改变样本期间、剔除极端值的方法对模型进行再次检验。在拓展回归部分，本研究对不同所有制、不同出口密集度和不同地区企业做了进一步分析。在第四节机制检验部分，研究证实了产品质量提升、产品质量升级及不同等级层次的产品质量升级通过技能结构机制和利润分享机制促进了出口企业工资水平的提高。

第七章为结论、建议与展望。本章首先总结全书的研究结论，其次为提升企业产品质量、促进企业出口增长、提高贸易利得、提升工资水平等提出相应的政策建议，最后对未来的研究方向进行展望。

第四节　拟解决的关键问题与可能的创新点

一、拟解决的关键问题

（一）如何界定产品质量提升的内涵，如何构建产品质量提升的评价体系

唯物辩证法中的量变质变规律阐释了量变和质变是事物发展变化的两种基本状态。就企业产品质量的发展变化而言，亦是如此，但现有理论研究并没有从量变质变的角度去探究产品质量变化的内在规律。虽然产品质量提升与产品质量升级都能反映产品质量水平的正向发展变化，但两者在内涵上是有明显差别的，产品质量提升反映的是量的变化，而产品质量升级反映的是产品质量等级的跃进，是质的飞跃。然而，现有文献并没有对两者的内涵、联系和区别进行深入剖析，也没有相关的概念界定，这直接导致在实证分析中选取的产品质量提升与产品质量升级的衡量指标存在较大差异以及实证研究结果上的差异。因此，要解决这些争议，需要从理论上清晰地界定产品质量提升与产品质量升级的内涵、剖析两者之间的联系和区别，需要准确科学地构建产品质量提升与产品质量升级的评价体系。这是本研究首要解决的关键问题。

（二）如何将产品质量提升纳入异质性微观企业分析框架，从理论上揭示产品质量提升的出口增长效应与贸易利得效应

Melitz（2003）模型以及在此基础上的扩展，都是基于 CES 效用函数，即认为成本加成（Markups）是外生不变的，这显然与现实不符。Antoniades（2015）拓展了 Melitz 和 Ottaviano（2008）的模型，同时考虑了产品质量异质性、生产率异质性和成本加成异质性对企业出口的影响，该模型更加符合实际，但该模型主要讨论的是产品质量对出口的影响，并未考察产品质量提升对出口的影响，且认为企业产品质量的提升只是来自创新，忽视了其他因素也是产品质量提升的重要源泉。因此，如何将产品质量提升、生产率异质性和成本加成异质性同时纳入异质性微观企业分析框架，并且更加充分地考察企业产品质量提升的来源，从而更全面深入地探究产品质量提升对企业出口规模和成本加成的影响机理，阐释产品质量提升所产生的出口增长效应与贸易利得效应，这是本研究要解决的关键理论问题。

（三）如何将产品质量提升纳入工资决定的微观理论分析框架，从理论上揭示产品质量提升的工资溢价效应

Helpman 等（2010）的 HIR 模型放宽了 Melitz（2003）模型的同质性劳动力假设，认为劳动力是异质性的，并将劳动力的搜寻与匹配成本、企业对劳动力的筛选纳入 Melitz（2003）模型。HIR 模型的贡献在于解释了企业工资差异存在的原因，但不足的是，HIR 模型对异质性的考虑只涉及生产率异质性和劳动力筛选成本异质性，并未考虑到产品质量提升异质性也是影响出口企业工资水平的重要因素。因此，如何将产品质量提升和企业异质性特征变量引入 HIR 模型，进而探究产品质量提升对出口企业工资水平的影响机理，阐释开放经济条件下产品质量提升所产生的工资溢价效应，这是本研究要解决的关键理论问题。

（四）如何实证分析产品质量提升的出口增长效应、贸易利得效应与工资溢价效应

目前主流文献集中探讨产品质量提升的影响因素，较少文献讨论产品

质量提升所带来的经济成果。首先，在产品质量提升的出口增长效应方面，现有关于产品质量提升对出口规模的影响分析，主要使用宏观和中观层面的数据，缺乏微观企业层面的实证研究，无法反映产品质量提升对不同类别企业出口增长效应的异质性；其次，在产品质量提升的贸易利得效应方面，现有针对产品质量提升对出口企业成本加成的影响分析，主要使用2000—2006年的数据，数据较陈旧，且研究结论相去甚远，也缺乏对相关影响机制的深入分析；最后，在产品质量提升的工资溢价效应方面，现有文献忽视了产品质量提升所产生的贸易利得会在企业和劳动者之间进行再分配，针对产品质量提升对工资水平的影响研究较为缺乏，特别是对出口企业之间的工资水平的实证研究更是匮乏。此外，即使有部分文献关注产品质量提升或产品质量升级对企业出口规模、成本加成和工资水平的影响，但实际使用的衡量指标却依然是静态的产品质量指标，这些指标也无法刻画产品质量提升的程度、产品质量升级的水平和升级层次。鉴于此，有必要从微观企业层面分别实证研究产品质量提升、产品质量升级对企业出口规模、成本加成与工资水平的影响，以及不同等级层次的产品质量升级对企业出口规模、成本加成与工资水平的影响，从而全方位考察产品质量提升所产生的出口增长效应、贸易利得效应以及工资溢价效应。另外，在实证分析中，如何选取合适的企业异质性特征变量、控制变量和合适的估计方法（如混合回归POLS、固定效应FE、随机效应RE、工具变量法、分位数回归）以及如何保证实证结果的稳健性等，这些都是本研究需要解决的关键问题。

二、可能的创新点

（一）界定了产品质量提升与产品质量升级的内涵，构建了产品质量提升的测度指标和产品质量升级的评价指标体系

现有文献对产品质量提升（Product Quality Improvement）和产品质量升级（Product Quality Upgrading）的概念比较模糊，在理论分析中没有界定和厘清产品质量提升与产品质量升级的内涵、联系和区别，也正是因为

缺乏对产品质量提升与产品质量升级内涵的深刻理解，所以导致在实证分析中选取的产品质量提升与产品质量升级的衡量指标存在较大差异，这也直接导致了学者们在实证研究结果上的差异。因此，要研究中国微观企业的产品质量动态演变，进而探究产品质量提升所产生的微观经济效应，必须要从理论上科学地界定产品质量提升与产品质量升级的内涵，这是最根本、最首要和最关键的问题。本研究通过对产品质量文献的梳理以及对唯物辩证法中的量变质变规律的研究，认为就企业产品质量的发展变化而言，是既有量变，又有质变的。产品质量提升与产品质量升级虽然都反映了企业在不同时期产品质量水平的正向演变，但产品质量提升是指随着时间的推移，企业的产品质量水平较上一期有所提高，侧重于量的变化；而产品质量升级是指随着时间的推移，企业的产品质量从较低的质量等级升到较高的质量等级，侧重于质的飞跃。因此，产品质量提升是一个渐变、量变的过程；而产品质量升级是一个突变、质变的过程，只有渐变累积到一定程度才能产生突变。产品质量提升是产品质量升级的基础和必要准备，产品质量升级是产品质量提升的必然结果。本研究的贡献在于界定了产品质量提升与产品质量升级的内涵，设计了产品质量升级的评价指标体系，划分了产品质量升级的三大层次，探讨了产品质量提升与产品质量升级之间的联系与区别。

（二）基于异质性企业贸易理论框架，系统地阐释了产品质量提升所产生的出口增长效应与贸易利得效应

现有相关文献注重研究单重异质性（如生产率异质性、产品质量异质性）对出口的影响，很少涉及多重异质性对企业出口的影响，没有涉及产品质量提升对企业出口的影响。本研究将产品质量提升、生产率异质性和成本加成异质性同时纳入异质性微观企业分析框架，拓展了企业产品质量提升的来源，指出企业产品质量的提升不仅来自创新，还来自企业对自身商标、品牌的打造推广以及为了释放优质的质量信号所实施的各种质量认证等，构建了开放经济下的微观企业出口理论模型，探讨了产品质量提升对企业出口规模和成本加成的影响及作用机制，系统阐释了产品质量提升

所产生的出口增长效应与贸易利得效应。

（三）将产品质量提升纳入工资决定的微观理论分析框架，系统地阐释了产品质量提升所产生的工资溢价效应

目前学界在研究企业出口与工资溢价的关系时，侧重从出口产品“量”的角度切入研究其对工资溢价、技能溢价等的影响，鲜有从出口产品“质”的视角研究工资溢价等收入分配问题，忽视了产品质量提升也会对出口企业的工资水平产生重要影响。且目前国内关于产品质量提升与工资溢价的研究多以实证分析为主，缺乏理论模型支撑，导致研究结论缺乏说服力。本研究在借鉴 Helpman 等（2010）HIR 模型的基础上，将产品质量提升和企业异质性特征纳入模型中，拓展了企业工资溢价的微观理论分析框架，揭示了产品质量提升对出口企业工资水平的影响及作用机制，系统阐释了产品质量提升所产生的工资溢价效应。

（四）基于企业异质性视角，实证研究了产品质量提升所产生的出口增长效应、贸易利得效应与工资溢价效应，得出了与众不同的、具有启发意义的研究结论

现有实证研究集中在产品质量提升的影响因素上，忽视了产品质量动态演进所带来的微观经济效应分析，缺乏产品质量提升对企业出口规模、成本加成与工资水平影响的微观实证研究，更没有涉及产品质量升级（及不同层次产品质量升级）对企业出口规模、成本加成与工资水平影响的实证研究，且对相关影响机制的探讨也有待深入。基于此，本研究沿着产品质量提升所产生的出口增长效应—贸易利得效应—工资溢价效应的脉络，提出研究假设，构建计量模型，利用微观出口企业数据，实证研究了产品质量提升、产品质量升级（及不同层次产品质量升级）对企业出口规模、成本加成与工资水平的影响，并对不同类别的企业进行分组分析，且对相关的影响机制进行检验，得出了与众不同的、具有启发意义的研究结论。

第二章　国内外相关研究进展

本研究沿着产品质量提升所带来的出口增长效应—贸易利得效应—工资溢价效应的脉络展开，主要考察产品质量提升对企业出口规模、成本加成以及工资水平的影响。鉴于此，本章的文献综述将主要围绕六个方面展开：一是产品质量的相关研究（包括产品质量的内涵、测度及述评）；二是产品质量提升的相关研究（包括产品质量提升的概念、评价指标及述评）；三是产品质量提升的出口增长效应相关研究（包括产品质量提升对出口规模的影响、产品质量升级对出口规模的影响及述评）；四是产品质量提升的贸易利得效应相关研究（包括出口与成本加成、产品质量提升对成本加成的影响、产品质量升级对成本加成的影响及述评）；五是产品质量提升的工资溢价效应相关研究（包括工资溢价效应的含义、出口与工资溢价、工资溢价的原因解析、产品质量提升与工资溢价、产品质量升级与工资溢价及述评）；六是对现有相关研究进行总体述评。

第一节　产品质量的相关研究

一、产品质量的内涵

（一）符合性的质量定义

Shewhart（1931）指出：质量是产品自有特性（客观面）和顾客感知到的特性（主观面）之总和。Crosby（1979）指出：质量是“符合要求的”，而不能简单地用主观的或含糊的“好、卓越”来定义。ISO 8402：1994《质量管理和质量保证—术语》（*Quality Management and Quality Assurance – Vocabulary*）对质量作出了如下定义：质量是反映实体满足明确需要和隐含需要能力的特性总和。其中“明确需要”指如法律、标准、规范、合同、技术资料等规定的需要；“隐含需要”指消费者或社会对产品的不言而喻的和不必作出的规定。ISO 9000：2000《质量管理体系—基础和术语》（*Quality Management Systems – Fundamentals and Vocabulary*）中对质量的定义是：质量是一组固有特性满足要求的程度。当顾客的质量需求能够被生产标准所固化，符合性质量就会成为产品的新的“基本质量”，作为产品升级迭代的质量底线，起到淘汰旧产品的作用（刘伟丽，2018）。

（二）适用性的质量定义

产品的性能反映的是消费者的选择偏好（Lancaster，1966），因此，产品质量就是产品对消费者的吸引力。在该思路指引下，质量并非由工程师、技术人员来测度，而是根据顾客的满意度来进行测量（Feigenbaum，1983）。因此，消费者认为更有价值的或实际需求更强烈的或愿意支付更多费用的产品就是拥有更好的质量（Aiginger，2001；Kuhn and McAusland，2009；Hallak and Schott，2011）。

二、产品质量的测度

目前几种主流的产品质量测度方法中，单位价值法、质量调整价格指数法、需求信息推断法（KSW 法）和供给需求信息法是按照适用性质量定义来测度质量；产品特征法和质量认证是按照符合性质量定义来测度质量。

（一）单位价值法

单位价值法的内在逻辑是消费者愿意支付的保留价格越高，则产品质量就越高。Hummels 和 Skiba（2004）较早地运用了单位价值法研究了贸易成本和产品质量的关系，并验证了著名的阿尔钦—艾伦假说（Alchian – Allen Hypothesis），也即“华盛顿苹果假说”。Schott（2004）基于资本和技术较充裕的国家倾向于生产高质量产品的前提假设，认为运用单位价值衡量质量的方法是可行的。Johnson（2012）在研究异质性企业时也运用了单位价值变量，通过对出口方、贸易流和单位价值等的研究发现，产品质量和企业规模正相关。此外，Auer 和 Chaney（2009）、Bastos 和 Silva（2010）、Alessandria 和 Kaboski（2011）、Baldwin 和 Harrigan（2011）、李坤望和王有鑫（2013）等均采用单位价值法对产品质量相关问题进行了研究。单位价值法虽然计算简单，但用该方法衡量质量较粗糙且容易引起测度偏误。

（二）质量调整价格指数法

Hallak 和 Schott（2011）提出质量调整价格指数法，先将产品价格分解为质量和质量调整后的价格两部分，然后通过计算质量调整后的价格指数来进一步求得产品质量。魏浩和林薛栋（2017）在求解国家层面产品质量时就借鉴了 Hallak 和 Schott（2011）的质量测算方法。刘家悦和谢靖（2018）也借鉴 Hallak 和 Schott（2011）的价格指数分解模型，测算了中国制造业行业的出口产品质量。质量调整价格指数法弥补了单位价值法的不足，但是它的计算过程比较复杂。

（三）需求信息推断法（KSW 法）

目前，学界使用最广泛的产品质量测算方法是需求信息推断法（KSW 法）。需求信息推断法（KSW 法）的理论逻辑是：假设两种产品的价格相等，则市场份额较大的品种，其质量也较高。Khandelwal（2010）将价格和数量纳入嵌套 Logit 模型去测度美国进口产品质量，并基于需求函数来测算美国企业层面的产品质量。在此基础上，为了克服价格内生性问题，Khandelwal 等（2013）直接使用 Broda 和 Weinstein（2006）的产品替代弹性数据估计出口产品质量。需求信息推断法（KSW 法）能够较好地弥补价格替代的缺陷，但其没有考虑到供给层面对产品质量的作用，加之各种经济冲击常会引起出口价格、出口数量、出口目的国收入水平等发生波动，因此该方法测算的出口产品质量易出现较大波动。

（四）供给需求信息法

Feenstra和Romalis（2014）全面考虑了需求和供给对于质量的影响，在非位似偏好（Non－Homothetic）假设下，提供了另一种测算宏观层面出口产品质量的分析框架。余淼杰和张睿（2017）采用Feenstra和Romalis（2014）的理论框架，提出适用于微观数据的测算办法，使产品质量指标在跨时和跨国意义上可比。周记顺（2018）改进了Feenstra和Romalis（2014）的质量测算方法，使用出口贸易额为权重测算行业和国家（地区）的出口质量指标。喻美辞和蔡宏波（2019）也使用Feenstra和Romalis（2014）的方法测算出中国SITC 4位码产品的出口产品质量指数。供给需求信息法的优点是同时考虑了供需因素对质量的影响，但其有较多的参数设定，容易引起测度结果的不稳定。

（五）产品特征法

Goldberg和Verboven（2001）、Auer等（2012）将引擎马力、汽车排量等特征指标作为汽车质量的评价指标。Crozet等（2012）将《香槟手册》上对于不同品牌香槟的评级作为香槟质量的衡量指标。Chen和Juvenal（2016）将品酒专家对红酒质量的打分作为质量的指标变量。产品特征法的优点是可以针对不同产品特征构建指标变量，对产品质量的测度更加精准、客观、科学，但是由于贸易商品种类繁多，特征各异，因此这种方法在不同的企业、行业之间难以推广使用。

（六）质量认证

Verhoogen（2008）指出高生产率企业比低生产率企业的产品质量更高，并把ISO 9000质量认证作为产品质量的衡量指标。Hallak和Sivadasan（2009）指出ISO 9000质量认证作为部分国际贸易的必备单证，是产品质量过硬的直接表征，因此，ISO 9000既可以衡量产品质量，又可以衡量产品质量升级的过程。刘军等（2018）、辛大楞和辛国立（2019）将企业是否拥有国际认可的质量认证（ISO 9000）作为企业产品质量或产品质量升级的衡量指标。将ISO 9000质量认证作为产品质量的衡量指标具有科学性和客观性，但由于微观样本数据的可获得性，现有针对 ISO 9000 质量认证的实证研究数据仅限于某一省份或地区，数据来源主要是抽样调查，样本容量较少。

三、述评

基于适用性的质量定义测度出口产品质量完全以消费者主观上的效用满足为评判标准，忽视了质量在客观上是要达到具体质量标准要求的。且在该思路下测算出口产品质量大多会使用到出口价格、出口数量、出口目的国收入水平等指标，这些指标易受经济波动冲击，导致测算的出口产品质量较不稳定。基于符合性质量定义测度的出口产品质量具有较好的科学性、客观性和稳定性，但该思路下需要明确产品或企业所符合的具体质量特征指标，现实中由于产品特征各异，难以确定企业层面的质量特征指标。因此，在测度产品质量时能否全面考虑符合性质量和适用性质量，还有待进一步研究和探讨。

第二节 产品质量提升的相关研究

一、产品质量提升的概念

产品质量提升（Product Quality Improvement）反映的是产品质量水平的正向增长变化。通常是企业改进某一生产环节的工艺，使原有产品质量阶梯攀升，进而实现单个产品的更新换代以及企业整体产品质量的提升，因此，产品质量提升是一个渐进的动态调整过程。

二、产品质量提升的评价指标

目前学界所使用的产品质量提升的评价指标各不相同，主要包括以下四种类型的评价指标。

（一）将产品质量等同于产品质量提升或产品质量升级

李怀建（2014）采用出口单位价值法测算跨国层面的出口产品质量，研究指出研发投入带动产品质量升级，产品质量升级是中间环节，高品质的增长以及福利的提升是最终目的。石小霞和刘东（2019）借鉴 Hallak 和 Schott（2011）的方法，研究指出中间品贸易自由化显著地促进了企业出口产品质量的提升。在基于 Khandelwal 等（2013）方法测算出口产品质量后，国内学者们研究了产业集聚（苏丹妮等，2018）、企业上市（祝树金、汤超，2020）、企业创新（耿晔强、常德鸿，2020）、企业数字化转型（杜明威等，2022）等对出口产品质量提升或出口产品质量升级的影响。

（二）将产品质量的增速等动态变化指标作为产品质量提升的衡量指标

部分文献将产品质量增速、产品质量平均增长率作为产品质量提升的衡量指标。Amiti 和 Khandelwal（2013）根据需求信息推断法测度产品质量后，将产品质量在不同时期的变化幅度作为产品质量提升的指标变量，研究证实了前沿距离模型（Distance to the Frontier Models）所预测的结果。余淼杰等（2019）以 Feenstra 和 Romalis（2014）的理论框架为基础，测算了微观企业—产品层面的出口产品质量，并将目的国—年份—企业—产品层面的产品质量增速作为产品质量提升的指标变量。程锐和马莉莉（2019）使用国家层面的五年期出口产品质量平均增长率作为宏观层面的出口产品质量升级的指标变量，从人力资本结构演进的视角考察一国出口产品质量升级问题。

（三）使用质量认证作为产品质量提升或产品质量升级的衡量指标

质量认证发挥着质量信号作用，其既是反映产品质量水平的重要载体，也是企业提升产品质量水平的重要工具（Sproles，1977）。Besley 和 Ghatak（2001）针对发展中国家的实证研究发现，获得国际权威机构认证的企业能够获得更高的绩效。Corbett 等（2005）指出：获得 ISO 9000 质量体系认证的企业产品质量水平更高，市场反应更好。辛大楞（2018）、辛大楞和辛国立（2019）将企业是否拥有国际质量认证作为产品质量升级的衡量指标。宋明顺和熊明华（2001）研究发现，国家层面的质量体系认证数量的增加会显著地促进出口贸易额的增长。孙莹和张旭昆（2011）使用 36 个国家层面的数据，研究发现出口国和进口国 ISO 9000 质量标准认证的增加都有利于出口的增长，尤其是发展中国家对发达国家的出口。

（四）使用企业所获得的质量奖来反映产品质量提升

Wisner 和 Eakins（1994）研究发现获得美国波多里奇国家质量奖的公司在企业绩效、产品质量、员工福利等方面表现更好。Evans 和 Jack（2003）强调获奖企业最大的收益是其内部对于生产经营管理的改善。获得质量奖、驰名商标（名牌产品）意味着企业在产品质量上存在领先优势，但囿于微观企业数据的可获得性，目前学界缺乏将质量奖、驰名商标（名牌产品）作为产品质量提升或产品质量升级的衡量指标的实证研究，这部分研究还停留在理论分析阶段。

三、述评

第一，现有文献不加区分地使用产品质量提升与产品质量升级表示企业产品质量的正向动态演变，缺乏对这两者的内涵、联系、区别的理论探讨。第二，产品质量提升反映了产品质量的动态变化，因此完全将静态的产品质量数值作为其衡量指标是有待改进的，而仅用是否获得 ISO 9000 质量认证或获取 ISO 9000 质量认证的数量多寡作为其衡量指标又太片面，且没有细化产品质量升级的等级层次。因此，如何从理论上清晰地界定产品质量提升与产品质量升级的内涵，如何构建产品质量提升与产品质量升级的评价指标，如何反映产品质量升级的不同等级层次，这些都有待进一步研究和探讨。

第三节　产品质量提升的出口增长效应相关研究

出口规模的增长既意味着出口企业的国际市场竞争力和认可度的提高，也是出口企业获取贸易利得的前提和基础，因此，在探讨产品质量提升所产生的微观经济效应时，出口增长效应是首要关注的方面。鉴于此，本小节主要围绕产品质量提升对出口规模的影响，梳理现有的相关文献，探究产品质量提升的出口增长效应。

一、产品质量提升对出口规模的影响

从宏观层面来看，Grossman 和 Helpman（1991）在理论上研究了经济体攀爬质量阶梯对经济增长的贡献。Schott（2004）研究发现不发达国家出口大幅增长是通过质量升级引致的。Hummels 和 Klenow（2005）在一个三元边际分析框架中讨论了出口质量对贸易增长的作用，证明富裕国家出口质量较高的产品。Hallak（2006）发现产品质量是影响一国贸易方向的重要因素，人均收入与质量需求正相关。Jaimovich 和 Merella（2012）发现，随着世界收入水平的提高，高质量产品的出口增速快于低质量产品，而那些出口高质量产品的国家，其出口总量的增速也快于出口低质量产品的国家。从中观层面来看，李小平等（2015a）发现，行业层面上中国制造业出口质量提升对行业增长具有促进作用。进一步地，针对“中国贸易量增长之谜”，李小平等（2015b）提出中国行业层面的出口质量提升显著地促进了各国从中国进口贸易占比的增长。从微观层面来看，刘慧（2013）研究发现中国出口产品质量在整体上对出口具有促进作用。Gervais（2015）研究指出：企业在选择出口时质量比生产率明显更为重要。高质量产品是企业的核心竞争力，其价格较高，因此也具有更高的销售额（Manova and Yu，2017）。

二、产品质量升级对出口规模的影响

Swann 等（1996）研究发现国家标准和国际标准数量的增加会在不同程度上促进出口增长。Clougherty 和 Grajek（2008，2012）的研究表明，ISO 9000 质量体系认证具有贸易扩大效应，这是因为质量认证发挥了质量与安全信号的作用，有效地缓解了贸易经济中的质量信息不对称问题。朱卫平等（2012）根据我国 1993—2008 年 ISO 9000 的认证数、国际贸易进出口额等数据，研究发现 ISO 9000 认证数的增加是出口贸易额增加的格兰杰原因，但不同行业的 ISO 9000 认证对出口贸易的影响程度不同。

三、述评

目前针对产品质量提升的出口增长效应的研究，主要集中在宏观层面和中观层面，基于微观企业层面的研究相对较少，产品质量提升对不同类别企业出口规模的异质性影响分析还有待深入。且主流文献多用产品质量作为产品质量提升的衡量指标，目前学界探讨不同等级层次的产品质量升级对企业出口规模影响的文献几乎没有。因此，如何丰富微观企业产品质量升级数据库，并运用中国微观企业数据来系统全面地研究产品质量提升与产品质量升级对企业出口规模的影响，从而全面考察产品质量提升所带来的出口增长效应，这些都有待进一步研究。

第四节　产品质量提升的贸易利得效应相关研究

中国虽是“出口大国”，但却不是“出口强国”，究其原因在于出口企业的实际贸易利得不高。成本加成（Markups）反映了产品价格对边际成本的偏离程度，是衡量出口企业参与国际分工所获得的真实贸易利得的重要指标。鉴于此，本小节主要围绕产品质量提升对成本加成的影响，梳理现有的相关文献，探究产品质量提升的贸易利得效应。

一、出口与成本加成

Melitz（2003）模型及在此基础上的扩展，都是基于 CES 效用函数，即认为成本加成（Markups）是外生不变的，该假设与现实明显不符。因此，后续学者开始关注成本加成异质性，通过设立需求函数和市场结构来研究内生可变成本加成问题（Edmond et al.，2015；Arkolakis et al.，2015）。在理论研究方面，不少文献已提出成本加成与企业出口正相关。Melitz 和 Ottaviano（2008）通过引入 Ottaviano 等（2002）内生成本加成的拟线性效用函数，考察了贸易的福利来源，研究发现低成本（高生产率）的企业不会通过低价格的方式将低成本带来的好处完全让渡给消费者，而是设定更高的成本加成，来获取更高的销售收益和利润。De Loecker 和 Wasrzynski（2012）研究证实了出口企业的生产率水平更高，成本加成也比非出口企业更高。Arkolakis 等（2015）也证实了效率高的企业更有能力将下降的贸易成本内在化为企业的高成本加成。但针对中国的大量实证研究却发现：中国出口企业的成本加成显著低于非出口企业。由于“入世”后大量低效率企业涌入出口市场，竞相压价带来了过大的“竞争效应”，造成了出口企业的平均价格和生产率均较低（刘啟仁、黄建忠，2015），加之出口退税（钱学峰等，2015）、政府补贴（高翔、黄建忠，2019）、人民币升值（韩民春、袁瀚坤，2022）、融资约束（祝树金等，2019）等原因，中国出口企业并未真正提升贸易利得，陷于“低加成率陷阱”（盛丹、王永进，2012；钱学峰等，2015；黄先海等，2016）。

二、产品质量提升对成本加成的影响

近年来，国内外学者也开始关注产品质量与成本加成之间的关系。Manova 和 Zhang（2012）运用 2003—2005 年中国企业层面数据，研究发现成本加成随目的地和产品质量而变化，出口目的地市场越远越富有，消费者购买力越强，产品出口价格就越高。同样基于 2000—2006 年微观企业层面数据，许明和邓敏（2016）研究发现产品质量提升与出口企业加成率正相关，但诸竹君（2018）却发现出口企业成本加成和产品质量并非是简单的线性关系，而是呈“U”形曲线关系。此外，高运胜等（2017）采用2000—2007年的制造业行业数据，研究却发现出口质量对成本加成有显著的负向影响，出口质量越高，成本加成反而越低，存在一定的“虚假技术繁荣”。

三、产品质量升级对成本加成的影响

目前学界从质量奖、驰名商标（名牌产品）、质量认证等视角，分析产品质量升级对成本加成的影响研究几乎没有，但沿着产品质量升级可能会影响企业产品价格和边际成本，进而影响成本加成的思路，仍可找到些许关联文献。以ISO 9000质量认证为例，一方面，企业获取ISO 9000质量认证可以降低消费者的交易成本，提高产品的档次，帮助企业取得更高的价格（古继宝等，2000）。另一方面，企业支付的ISO 9000质量认证费用和为通过认证对生产管理作出调整的“适应成本”（孙莹、张旭昆，2011），又会影响企业的边际成本。此外，质量奖、驰名商标（名牌产品）等也都会对企业的产品价格和边际成本产生影响，从而进一步影响企业的成本加成。

四、述评

第一，目前学界主要从出口退税、政府补贴、人民币升值、融资约束等维度分析成本加成的影响因素，但却较少研究产品质量提升对出口企业成本加成的影响，忽视了产品质量提升对出口企业贸易利得所产生的影响。第二，即使有部分学者开始研究产品质量与成本加成之间的关系，但在实证分析时，却多从行业层面数据切入，缺乏微观企业层面的实证研究，且采用的样本数据多集中在2000—2007年，样本信息较为陈旧，也缺乏对影响机制的深入研究。第三，基于企业获得的质量奖、驰名商标（名牌产品）、质量认证等指标构建的产品质量升级对成本加成的影响研究相对较少，更没有考察不同层次的产品质量升级对出口企业成本加成可能产生的不同影响。因此，如何结合中国的微观企业数据，系统全面地研究产品质量提升与产品质量升级对出口企业成本加成的影响，从而阐释产品质量提升所带来的贸易利得效应，还有待进一步研究。

第五节　产品质量提升的工资溢价效应相关研究

劳动者既是生产要素的提供者，又是要素报酬的获得者。那么，劳动者能否从出口企业的高质量发展中受益，分享企业的贸易利得？产品质量提升是否提高了劳动者的工资水平，产生了工资溢价效应？鉴于此，本小节主要围绕产品质量提升与工资溢价的关系，梳理现有的相关文献，探究产品质量提升的工资溢价效应。

一、工资溢价效应的含义

现有研究普遍把在控制其他因素不变的情况下，某一因素对工资水平的提升作用视为该因素产生的“工资溢价效应”（Wage Premium Effect）。比如，孙兆阳和刘玉锦（2019）研究发现工会成员的收入水平高于非工会成员，加入工会能够引起工资水平的提升，存在着工会工资溢价效应。互联网对劳动力工资的提升作用被称为互联网工资溢价效应（初立明，2020）。此外，Kong 等（2018）研究发现，出口显著提高了企业的平均工资，但是这种出口工资溢价效应只有高层管理人员能从中受益，普通员工则没有。Sun（2018）针对中国 1995—2013 年的微观企业数据，研究发现国有企业支付的工资高于私营企业，存在着国有企业工资溢价效应，并指出这是因为国有企业雇佣了高素质的劳动力。此外，还有学者探讨了企业规模所引致的工资溢价效应（Pehkonen et al.，2017）。综上分析，本研究所重点关注的是开放经济条件下，产品质量提升是否提高了出口企业的工资水平，即产品质量提升是否产生了工资溢价效应。

二、出口与工资溢价

Bernard 和 Jensen（1995）首次证明了美国出口企业存在工资溢价，即出口企业比非出口企业支付的工资更高。进一步地，Bernard 和 Jensen（1999）基于美国制造业数据的研究发现出口与工资溢价存在双向因果关系。随后，Isgut（2001）对哥伦比亚、Arnold 和 Hussinger（2005）对德国、Alvarez 和 López（2005）对智利的相关研究都验证了出口企业存在显著的工资溢价。基于中国的经验研究，王铂（2010）、李静和彭飞（2012）、胡国恒和闫雪培（2020）均发现了出口企业工资溢价的存在。此外，还有一些学者发现出口和工资溢价之间存在相互促进作用（于洪霞、陈玉宇，2010；赵春燕、黄汉民，2013）。

三、工资溢价的原因解析

（一）劳动力构成

Yeaple（2005）研究贸易自由化后企业的技术选择及其对工人工资的影响，发现出口企业劳动生产率更高、雇佣的高技能工人更多、支付的工资水平也更高。Bustos（2011）假设劳动力市场不存在摩擦，工人被分为高技能工人和低技能工人。企业面临着两种技术选择：先进技术和落后技术。出口企业中有一部分企业使用先进技术、一部分企业使用落后技术，而非出口企业中一律使用落后技术。这就导致出口企业的高技能工人占比较高，因此其平均工资水平也较高，出口工资溢价效应由此产生。

（二）劳动力市场摩擦

以劳动力市场摩擦为假设前提的研究细分成两支：第一支是将公平工资或效率工资纳入异质性企业模型中。公平工资或效率工资在微观企业之间存在着异质性，与企业的规模、收益、利润等密切相关（Egger and Kreickemeier，2009；Amiti and Davis，2011；Davis and Harrigan，2011）。第二支是将劳动力市场供需双方搜寻和匹配摩擦成本纳入异质性企业模型

（Helpman and Itskhoki，2010；Helpman et al.，2010；Felbermayr et al.，2011）。Helpman 等（2010）将搜寻与匹配摩擦以及企业对工人的筛选纳入 Melitz（2003）模型，指出经济体由封闭走向开放，将会扩大工资差距，高效率的企业支付的工资较高。但上述两个分支都认同企业和工人之间产生某种形式的利润分享。由于出口商的生产率更高，总利润更大，因此分享给工人的利润也更高，进而支付给工人的工资更高，由此带来工资溢价。

四、产品质量提升与工资溢价

（一）产品质量提升、技能结构与工资溢价

为了满足发达国家消费者对高质量商品的需求以及避免激烈的国际市场竞争，出口企业要不断提高创新能力，生产并出口高质量的商品，这就需要用较高的工资雇佣高素质的工人，进而提高了出口企业的平均工资水平，扩大了工资溢价（Verhoogen，2008；Munch and Skaksen，2008；Brambilla et al.，2012；Brambilla and Proto，2016）。Whang（2016）研究指出熟练劳动密集度高的企业选择生产更高质量的产品，更具有质量竞争力，因而工资差距可被解释为由熟练劳动力和产品质量引起的。针对中国的经验研究，大多使用行业层面数据来进行实证分析，喻美辞和蔡宏波（2019）、刘钧霆等（2020）分别利用中国行业层面数据，研究发现出口产品质量提升引致企业对高技能劳动力的相对需求增加，使得高技能工人的工资水平上升，进而扩大工资差距。喻美辞和李琴（2020）进一步利用1995—2014 年中国制造业行业层面数据，研究指出本土出口产品质量提高在直接扩大技能工资差距的同时，通过全球价值链攀升机制间接扩大了技能工资差距。刘钧霆等（2021）进一步研究发现出口产品质量对工薪差距的影响存在行业异质性。此外，还有少数学者，利用企业层面数据进行了实证分析，刘灿雷等（2018）基于 2000—2006 年企业层面贸易数据和 2005 年全国 1% 人口抽样调查数据，实证研究发现出口产品质量主要通过技能溢价机制扩大了中国出口企业内部不同部门间的工薪差距。

（二）产品质量提升、企业利润与工资溢价

Krueger 和 Summers（1988）研究发现，高工资往往出现于高利润和低劳动成本的行业。劳动者要求与资方公平地分享企业的经营成果，且企业通过与员工共享利益可以更好地促进员工在工作中发挥更大价值，进一步提高企业利润。陈波和贺超群（2013）研究发现当企业扩大出口并且其销售和利润上升时，具有更强讨价还价能力的技术工人会由于绩效工资的相对上升而拉大与非技术工人的工资差距。Wang 和 Zhao（2015）指出企业雇佣高素质劳动力生产出高质量的产品，通过利润刺激，可以提高工人的努力程度，进而提高高素质劳动力的效率工资。喻美辞和蔡宏波（2019）研究发现出口产品质量升级主要通过增加对高技能劳动力相对需求、改善企业利润和绩效等机制提升技能溢价。但也有学者实证研究指出，企业利润对工资溢价并未产生理论预期的正向影响，“利润分享”机制在我国出口企业中并未彻底实现（胡国恒、闫雪培，2020）。

五、产品质量升级与工资溢价

目前学界基于企业获得的质量奖、驰名商标（名牌产品）、质量认证等指标构建的产品质量升级及其对出口企业工资溢价的影响研究相对较少，但沿着产品质量升级可能会影响企业利润，进而通过租金分享机制影响工资溢价的思路，仍可找到少许关联文献。企业获取 ISO 9000 质量认证，可以有效提高其出口市场竞争力，有助于企业取得更高的产品价格和收益（古继宝等，2000）。辛大楞（2018）证明了基于国际质量认证，产品质量升级有效地提升了企业的利润水平。但 Javorcik 和 Sawada（2018）研究发现 ISO 9000 的获取虽然促进了企业的销售、出口、就业、盈利，但对劳动生产率和工资的影响并不显著。

六、述评

第一，目前学界主要关注出口所导致的工资溢价效应，侧重探讨出口企业与非出口企业之间的工资溢价，较少关注出口企业之间的工资溢价。

出口企业之间在产品质量提升、生产率、资本密集度等方面存在着差异，这可能导致出口企业内部也存在工资溢价的差异。第二，现有针对中国的实证分析，多从行业层面数据切入，缺乏产品质量提升对出口企业工资水平的微观层面实证研究，对于产品质量提升是否产生了工资溢价效应，还有待从微观层面进行经验检验。第三，现有研究缺乏基于质量奖、驰名商标（名牌产品）、质量认证等指标构建的产品质量升级及其对工资水平的影响研究，对于产品质量升级是否产生了工资溢价效应，还有待探讨，更没有考察不同层次的产品质量升级对工资水平可能产生的异质性影响。因此，如何结合中国的微观企业数据，系统全面地研究产品质量提升与产品质量升级对出口企业工资水平的影响，从而阐释产品质量提升所带来的工资溢价效应，还有待进一步研究。

第六节　对现有相关研究的总体述评

一、已有研究述评

目前学界已有部分文献考察了产品质量提升对出口规模、成本加成与工资水平的影响，探究了产品质量提升所产生的微观经济效应，为我们提供了有益的借鉴。然而，现有研究也存在一些不足及可能的扩展方向。

第一，缺乏对产品质量提升与产品质量升级的内涵界定，相关评价指标的构建也有待完善。目前学界在理论分析中没有界定和厘清产品质量提升与产品质量升级的内涵、联系和区别，存在概念的混淆。产品质量反映的是某一时点上企业产品质量的水平，是静态指标；而产品质量提升与产品质量升级反映的是企业在不同时期产品质量水平的正向增长变动，是动态指标，且产品质量提升与产品质量升级也是存在内涵差异的。目前多数文献完全将静态的产品质量数值作为动态的产品质量提升或产品质量升级的衡量指标，这是失之偏颇的。此外，部分文献仅用是否获得 ISO 9000 或获取 ISO 9000 等质量认证的多寡作为产品质量提升或产品质量升级的衡量指标是较为片面的，不能全面客观地反映产品质量升级的等级层次变化，缺乏系统科学的产品质量提升与产品质量升级的评价指标体系。

第二，缺乏将产品质量提升纳入对企业出口规模和成本加成影响的微观理论分析框架，产品质量提升的出口增长效应与贸易利得效应的相关理论分析还有待深入。Melitz（2003）模型及其扩展，都是基于 CES 效用函数，即认为成本加成（Markups）外生不变，这与现实不符。Melitz 和 Ottaviano（2008）通过引入 Ottaviano 等（2002）内生成本加成的拟线性效用函数，考虑了成本加成异质性的影响。Antoniades（2015）进一步将产品质量引入 Melitz 和 Ottaviano（2008）模型中，同时考虑了产品质量、生产率和成本加成三重异质性对企业出口的影响。但以上这些模型扩展，并没有考虑到产品质量提升对微观企业出口规模与成本加成的影响，也没有在模型中探讨产品质量提升的源泉，缺乏将产品质量提升纳入对企业出口规模和成本加成影响的微观企业分析框架的研究。

第三，缺乏将产品质量提升纳入微观企业工资决定的理论模型，产品质量提升的工资溢价效应理论分析还有待深入。目前学界在研究出口与工资溢价的关系时，侧重从出口产品“量”的角度切入研究其对工资溢价的影响，缺乏从出口产品“质”的视角研究工资溢价等收入分配问题，忽视了产品质量提升也会对出口企业的工资水平产生重要影响。目前国内关于产品质量提升与出口企业工资溢价的研究多以实证分析为主，缺乏理论模型支撑，导致研究结论缺乏说服力。

第四，缺乏产品质量提升对微观企业出口规模、成本加成与工资水平影响的经验研究。目前学界多将目光集中于分析产品质量提升的影响因素，较少探讨产品质量提升所带来的微观经济效应。现有实证研究在探讨产品质量提升对出口规模的影响时，多使用国家层面或行业层面的数据，缺少企业层面的经验研究；而关于产品质量提升对成本加成影响的实证分析相对较少，且使用的样本数据较为陈旧，研究结论也存在分歧；在探讨产品质量提升与工资溢价的关系时，又集中于分析出口企业与非出口企业之间的工资溢价，忽视了出口企业内部也可能存在着工资溢价，因此，产品质量提升是否提高了出口企业的工资水平，是否产生了工资溢价效应，还有待进一步研究。此外，现有研究大多使用静态的产品质量指标作为动态的产品质量提升的衡量指标，没有从产品质量提升（量变视角）和产品质量升级（质变视角）分别揭示出口产品质量的变化对企业出口规模、成本加成与工资水平的影响，对相关影响机制的探讨也有待深入。

二、需要进一步探讨的问题

有关产品质量提升对企业出口规模、成本加成与工资水平的影响研究，已取得一些丰硕成果，但笔者认为仍有以下几个方面的问题值得进一步探讨。

第一，如何从理论上清晰地界定产品质量提升与产品质量升级的内涵，如何科学合理地设计产品质量提升与产品质量升级的评价体系。唯物辩证法中的量变质变规律阐释了量变和质变是事物发展变化的两种基本的状态。就企业产品质量的发展变化而言，亦是如此，但现有理论研究并没有从量变质变维度去探究产品质量变化的内在规律。产品质量提升与产品质量升级虽然都能反映产品质量水平的正向发展变化，但在内涵上还是有明显差别的，产品质量提升反映的是量的变化，而产品质量升级则反映的是产品质量等级的跃进，是质的飞跃。而现有文献并没有对产品质量提升与产品质量升级的内涵、联系与区别进行深入剖析，这直接导致在实证分析中选取的产品质量提升与产品质量升级的衡量指标存在较大差异，以及实证研究结果上的差异。因此，要解决这些争议，需要从理论上清晰地界定产品质量提升与产品质量升级的内涵，需要准确科学地构建产品质量提升与产品质量升级的评价体系。

第二，如何基于企业异质性理论，揭示产品质量提升对企业出口规模和成本加成的影响机理，从而系统阐释产品质量提升所引致的出口增长效应和贸易利得效应。Antoniades（2015）的模型，同时考虑了产品质量、生产率和成本加成三重异质性对企业出口的影响，该模型更加符合实际，但该模型着重探讨的是产品质量对出口的影响，且认为企业产品质量的提升只是来自于创新，忽视了其他因素也是产品质量提升的重要源泉。因此，如何将产品质量提升、生产率异质性和成本加成异质性同时纳入异质性微观企业分析框架，并且更加充分地考察企业产品质量提升的来源，更加全面深入地探究产品质量提升对企业出口规模和成本加成的影响，进而阐释产品质量提升所引致的出口增长效应和贸易利得效应，值得进一步研究和探讨。

第三，如何将产品质量提升纳入微观企业工资决定的理论模型，揭示产品质量提升对工资水平的影响及作用机理，从而系统阐释产品质量提升所引致的工资溢价效应。 Helpman 等（2010）的 HIR 模型给出了出口、生产率异质性和劳动力筛选成本异质性对工人工资影响的微观分析框架，但不足的是，HIR 模型对异质性的考虑只涉及生产率异质性和劳动力筛选成本异质性，并未考虑到产品质量提升对出口企业均衡工资水平的影响，也缺乏对相关影响机制的深入分析。因此，如何将产品质量提升和企业异质性特征变量引入 HIR 模型，探究产品质量提升对出口企业工资水平的影响及作用机理，进而阐释产品质量提升所引致的工资溢价效应，值得进一步研究和探讨。

第四，如何在产品质量提升理论研究的基础上，运用微观数据，探讨产品质量提升对中国工业企业出口规模、成本加成与工资水平的实际影响，进而全面考察产品质量提升所产生的出口增长效应、贸易利得效应以及工资溢价效应。 现有主流文献侧重分析产品质量提升的影响因素或决定因素，即将产品质量提升作为“果”，但却忽视了产品质量提升作为“因”所产生的微观经济效应研究。即使部分文献开始关注产品质量提升所产生的出口增长效应、贸易利得效应以及工资溢价效应，探讨了产品质量提升或产品质量升级对企业出口规模、成本加成和工资水平的影响，但实际使用的衡量指标却依然是静态的产品质量指标，这些指标无法刻画产品质量提升的程度、产品质量升级的水平和升级层次。此外，在研究层面上，产品质量提升对出口规模的影响分析，主要使用的是宏观和中观层面的数据，缺乏微观企业层面的实证研究；产品质量提升对出口企业成本加成影响的实证分析相对较少，且样本数据较为陈旧，也缺乏对影响机制的深入分析；而产品质量提升与工资溢价的相关研究，又较少关注出口企业之间的工资溢价。基于企业获得的质量奖、驰名商标（名牌产品）、质量认证等指标构建的产品质量升级（及不同层次产品质量升级）对企业出口规模、成本加成与工资水平的影响研究就更为少见。因此，如何从微观企业层面分别实证研究产品质量提升、产品质量升级（及不同层次产品质量升级）对企业出口规模、成本加成与工资水平的影响，从而全面考察产品质量提升所产生的出口增长效应、贸易利得效应以及工资溢价效应，值得进一步研究和探讨。

第三章　产品质量提升的评价体系及统计测度

现有研究并未从理论上清晰地界定产品质量提升与产品质量升级的内涵，也缺乏对两者之间联系与区别的深入剖析。鉴于此，本章首先借鉴唯物辩证法中的量变质变原理，界定了产品质量提升与产品质量升级的内涵，构建了产品质量提升的评价体系，深入探讨了产品质量提升与产品质量升级的联系与区别，这是本研究的主要理论研究内容之一。其次，虽然主流学界运用不同的产品质量测度方法对不同研究层面、不同时间区间的出口产品质量进行了统计测度，但却鲜有文献从产品质量提升的动态指标出发，深入探究微观出口企业是否实现了产品质量提升，也缺乏关于产品质量提升幅度的分析。更进一步地，由于缺乏微观企业层面的产品质量升级数据库，针对产品质量升级和产品质量升级层次的测度和分析也几乎没有，而这些问题正是本章所关注和要解决的。

第一节　评价体系研究

一、产品质量提升的内涵及测度指标

（一）产品质量提升的内涵

产品质量提升是一个渐进的动态调整过程，反映了产品质量的量变。本研究中，产品质量提升（Product Quality Improvement）的含义如下：设 $quality_{it}$ 表示企业 i 在第 t 年的产品质量评价指标，如果第 t 期的产品质量水

平高于第 $t-1$ 期的产品质量水平，则称为产品质量提升；否则称产品质量没有提升。

（二）产品质量提升的测度指标

本研究借鉴 KSW 法（Khandelwal et al.，2013）来测算产品质量提升指标。KSW 法的主要思路如下：从需求层面看，产品质量影响消费者的消费决策和消费行为，消费者认同其产品价值且愿意分配更多的收入支出，则可以认为该种产品质量较高，更高质量的产品能够给消费者带来更高的效用满足。

本研究用 c、m、i、t、ω 分别表示出口国、目的国、出口企业、年份和在 HS 6 位码上的产品，c、$m \in 1,\cdots,K$，$i \in 1,\cdots,N$，目的国 m 拥有消费者的数量为 L_m，这些消费者可以购买的产品集合为 Ω_m，Ω_m 在不同的国家之间可以存在差异。

根据 CES 效用函数，假定目的国 m 代表性消费者的效用函数如式(3-1)所示：

$$U_m = \left[\int_{\omega \in \Omega_m} [\lambda_{imt}(\omega) q_{imt}(\omega)]^{\frac{\sigma-1}{\sigma}} d\omega \right]^{\frac{\sigma}{\sigma-1}} \tag{3-1}$$

式（3-1）中，ω 表示产品种类；Ω_m 表示目的国 m 的消费者可以得到的所有产品种类簇；$\lambda_{imt}(\omega)$、$q_{imt}(\omega)$ 分别表示企业 i 在 t 年出口到 m 国的 HS 6 位码产品 ω 的质量、数量；σ 表示不同种类产品间的替代弹性，假定 $\sigma > 1$。

结合预算约束条件，构建拉格朗日函数对式（3-1）求解消费者效用最大化，可得产品 ω 的需求函数如式（3-2）所示：

$$q_{imt}(\omega) = [p_{imt}(\omega)]^{-\sigma} [\lambda_{imt}(\omega)]^{\sigma-1} Y_{mt} P_{mt}^{\sigma-1} \tag{3-2}$$

式（3-2）中，$p_{imt}(\omega)$ 表示企业 i 在 t 年出口到 m 国的 HS 6 位码产品 ω 的价格；P_{mt} 表示目的国 m 在 t 年的价格指数；Y_{mt} 表示目的国 m 在 t 年的总收入。

在垄断竞争的市场中，单个企业的产品价格波动，通常不会引起总价格指数的变动，因此假定总的价格指数 P_{mt} 为常数，同时假定目的国的总

收入 Y_{mt} 为常数。那么在给定产品价格的基础上，同一种产品的销售量（需求量）越大，则意味着该产品的质量越高。

具体测度产品质量时需要使用海关产品层面数据信息，包含企业—年份—目的国—产品四个维度信息，对式（3-2）两边同时取对数，可得式（3-3）：

$$\ln q_{imt}(\omega) = \ln Y_{mt} + (\sigma - 1)\ln P_{mt} - \sigma \ln p_{imt}(\omega) + (\sigma - 1)\ln \lambda_{imt}(\omega) \tag{3-3}$$

式（3-3）中，$\ln Y_{mt} + (\sigma - 1)\ln P_{mt}$ 是随目的国和时间变化的量，借鉴 Fan 等（2015）的做法，将其作为目的国—时间虚拟变量进行处理，在模型中表示为年份—国家固定效应 Φ_{mt}，同时在回归模型中加入产品固定效应 Φ_{ω}，整理后可得式（3-4）：

$$\ln q_{imt}(\omega) + \sigma \ln p_{imt}(\omega) = \Phi_{mt} + \Phi_{\omega} + \varepsilon_{imt}(\omega) \tag{3-4}$$

式（3-4）中，$\varepsilon_{imt}(\omega) = (\sigma - 1)\ln \lambda_{imt}(\omega)$ 是残差项，可据此推算出企业 i 在 t 年出口到 m 国的 HS 6 位码产品 ω 的质量 $quality_{imt}(\omega)$，如式（3-5）所示：

$$quality_{imt}(\omega) = \ln \hat{\lambda}_{imt}(\omega) = \frac{\hat{\varepsilon}_{imt}(\omega)}{(\sigma - 1)} \tag{3-5}$$

若已知替代弹性的具体数值，便可根据式（3-4）和式（3-5）估计出产品质量。Anderson 和 Wincoop（2004）提出替代弹性的合理取值范围为[5,10]。Broda 和 Weinstein（2006）提供了在 HS 10 位码上的替代弹性数据，替代弹性 σ 均值为 7.5①。本研究借鉴樊海潮和郭光远（2015）的做法，假设替代弹性 $\sigma = 5$，进而得到出口产品质量的测度值。

对式（3-5）产品层面的出口产品质量指标进行标准化处理得到式（3-6）：

$$rquality_{imt}(\omega) = \frac{quality_{imt}(\omega) - \min quality_{imt}(\omega)}{\max quality_{imt}(\omega) - \min quality_{imt}(\omega)} \tag{3-6}$$

①Broda 和 Weinstein（2006）提供了在 HS 10 位码上替代弹性的数据，数据下载地址为 http://www.columbia.edu/~dew35/TradeElasticities/TradeElasticities.html.

$\max quality_{imt}(\omega)$ 、$\min quality_{imt}(\omega)$ 分别代表企业—产品—出口目的国—年份层面的产品质量的最大值和最小值。$rquality_{imt}(\omega)$ 是标准化的 HS 6 位码产品层面的出口产品质量指标，其范围在 $[0,1]$。

企业层面的出口产品质量加总方程式如式（3－7）所示：

$$quality_{it} = \sum \left[\frac{value_{imt}(\omega)}{\sum_{imt \in \Omega} value_{imt}} \times rquality_{imt}(\omega) \right] \tag{3-7}$$

式（3－7）中，$quality_{it}$ 表示企业 i 在 t 年的出口产品质量水平，Ω 表示该层面上的样本集合，$value_{imt}$ 表示企业 i 在 t 年出口到 m 国的 HS 6 位码产品价值之和，$\sum_{imt \in \Omega} value_{imt}$ 表示企业层面的出口价值之和，即企业 i 在 t 年出口到所有国家的产品价值之和。

进一步地，根据上文中产品质量提升的含义，企业层面的出口产品质量提升的测算公式如式（3－8）所示：

$$QI_{it} = \Delta quality_{it} = quality_{it} - quality_{it-1} \tag{3-8}$$

如果 $QI_{it} = \Delta quality_{it} > 0$，则称为产品质量提升；如果 $QI_{it} = \Delta quality_{it} \leqslant 0$，则称产品质量没有提升。

二、产品质量升级的内涵及评价指标

（一）产品质量升级的内涵

产品质量升级是一个突变的动态调整过程，反映了产品质量的质变。本研究中，产品质量升级（Product Quality Upgrading）的含义如下：在一定的时间与空间范围内，企业产品质量达到或超过某种特定标准（如国家质量认证或国际质量认证等），或获得某种公认的质量声誉或荣誉（如获得国家驰名商标、名牌产品、质量奖，或获得国际驰名商标、名牌产品、质量奖等），则称为产品质量升级，否则产品质量没有升级。

（二）产品质量升级的评价指标

在构建产品质量升级的评价指标体系时，应首先明确质量等级（Quality Sorting）的划分标准，然后评定产品质量是否达到这一等级，才可谓之升级。Crozet 等（2012）用《香槟手册》上对于不同品牌香槟的评级来衡量香槟的质量，该方法较好地体现了质量阶梯层次，具有较好的科学性、准确性和稳定性。但遗憾的是，该研究仅针对香槟企业，跨产品、跨行业不可推广使用。本研究借鉴 Crozet 等（2012）的思路，尝试扩大微观研究样本，构建企业层面的质量等级评价指标和层次体系。那么如何选取质量等级评价指标？2017 年 9 月发布的《中共中央 国务院关于开展质量提升行动的指导意见》中可以提供思路，该文件指出："坚持以企业为质量提升主体，建立质量分级制度。……完善国家质量激励政策，继续开展国家质量奖评选表彰，树立质量标杆，弘扬质量先进。……要培育壮大民族企业和知名品牌，加强对中华老字号、地理标志等品牌培育和保护，提升中国品牌的知名度和美誉度。……完善第三方质量评价体系，开展高端品质认证。"因此本研究将质量奖、驰名商标（名牌产品）、质量认证作为企业产品质量升级的评价指标，并对省级、国家级和国际级这三个层次的质量奖、驰名商标（名牌产品）、质量认证进行赋值，以此来构建产品质量升级的评价指标和层次体系。

1. 质量奖

目前，质量奖按照颁发机构和影响力的不同可以分为省政府质量奖、全国质量奖和国际质量奖，下面将分别介绍这三个等级层次的质量奖。

（1）省政府质量奖

目前，中国 31 个省（自治区、直辖市）均已设立了省政府质量奖，具体的政府质量奖名称、设立时间、评选标准及评审周期如表 3－1 所示。从表 3－1 中可知，辽宁省最早设立政府质量奖，设立时间为 2000 年；西藏自治区最迟设立政府质量奖，设立时间为 2021 年。其中，有 19 个省份直接使用《卓越绩效评价准则》（GB/T 19580）和《卓越绩效评价准则实施指南》（GB/Z 19579）作为省政府质量奖的评选标准。此外，部分省份虽然在奖项评选标准的名称上有所本土化，比如陕西省制定了《陕西省质量管理奖评价标准》，但在政府公示文件中，明确指出《陕西省质量管理奖评价标准》等同采用国家《卓越绩效评价准则》（GB/T 19580）标准；

又如山东省制定了《山东省省长质量奖评审通则》，但在山东省省长质量奖管理办法中，也明确指出申报企业要认真贯彻《卓越绩效评价准则》（GB/T 19580）标准；再如四川省也是在《卓越绩效评价准则》（GB/T 19580）和《卓越绩效评价准则实施指南》（GB/Z 19579）的基础上，制定了本土化的《四川省天府质量奖评审规范》。综观各省政府质量奖，主要依据《卓越绩效评价准则》（GB/T 19580）和《卓越绩效评价准则实施指南》（GB/Z 19579）等评选标准，从领导、战略、顾客与市场、资源、过程管理、测量分析改进、结果等角度全面衡量企业的质量情况，进而对质量成效最显著的企业或个人给予物质和精神等表彰。

表 3－1　省政府质量奖情况一览表

序号	省（自治区、直辖市）	奖项名称	设立时间	评选标准	评审周期
1	辽宁	辽宁省省长质量奖	2000 年	《卓越绩效评价准则》（GB/T 19580）；《卓越绩效评价准则实施指南》（GB/Z 19579）	两年一次
2	上海	上海市政府质量奖	2001 年	《卓越绩效评价准则》（GB/T 19580）；《上海市政府质量奖个人评价准则》（DB31/T598）	一年一次
3	吉林	吉林省质量奖	2003 年	《吉林省质量奖评审标准》	一年一次
4	山西	山西省质量奖	2005 年	《山西省质量奖组织类评价规范》；《山西省质量奖个人类评价规范》	一年一次
5	广东	广东省政府质量奖	2008 年	《卓越绩效评价准则》（GB/T 19580）；《卓越绩效评价准则实施指南》（GB/Z 19579）	两年一次
6	四川	四川省天府质量奖	2008 年	《四川省天府质量奖评审规范》＋管理模式	两年一次
7	福建	福建省政府质量奖	2009 年	《卓越绩效评价准则》（GB/T 19580）	一年一次
8	山东	山东省省长质量奖	2009 年	《山东省省长质量奖评审通则》	两年一次
9	河南	河南省省长质量奖	2009 年	《卓越绩效评价准则》（GB/T 19580）	两年一次
10	湖北	湖北省长江质量奖	2009 年	《长江质量奖评审标准》	两年一次
11	重庆	重庆市市长质量管理奖	2009 年	《卓越绩效评价准则》（GB/T 19580）	两年一次

续表

序号	省（自治区、直辖市）	奖项名称	设立时间	评选标准	评审周期
12	陕西	陕西质量奖	2009 年	《陕西省质量管理奖评价标准》；《陕西省质量管理奖评定细则》	一年一次
13	河北	河北省政府质量奖	2010 年	《河北省政府质量奖组织奖评价标准》；《河北省政府质量奖个人奖评价标准》 + 管理模式	一年一次
14	浙江	浙江省人民政府质量奖	2010 年	《卓越绩效评价准则》（GB/T 19580）；《卓越绩效评价准则实施指南》（GB/Z 19579）；《浙江省人民政府质量奖个人奖评价准则》	两年一次
15	安徽	安徽省人民政府质量奖	2010 年	《卓越绩效评价准则》（GB/T 19580）；《卓越绩效评价准则实施指南》（GB/Z 19579）	两年一次
16	湖南	湖南省省长质量奖	2010 年	《湖南省省长质量奖评审准则》	两年一次
17	内蒙古自治区	内蒙古自治区主席质量奖	2011 年	《卓越绩效评价准则》（GB/T 19580）并结合自治区实情	两年一次
18	甘肃	甘肃省人民政府质量奖	2011 年	《卓越绩效评价准则》（GB/T 19580）；《甘肃省人民政府质量奖实施办法》	一年一次
19	江苏	江苏省省长质量奖	2012 年	《卓越绩效评价准则》（GB/T 19580）；《卓越绩效评价准则实施指南》（GB/Z 19579）	一年一次
20	广西壮族自治区	广西壮族自治区主席质量奖	2012 年	《卓越绩效评价准则》（GB/T 19580）	两年一次
21	云南	云南省人民政府质量奖	2012 年	《云南省人民政府质量管理奖评价准则》（DB53/T409 - 2012）	两年一次
22	宁夏回族自治区	宁夏回族自治区质量奖	2012 年	《自治区质量贡献奖评价准则》（DB64/T 804 - 2013）	一年一次
23	新疆维吾尔自治区	新疆维吾尔自治区人民政府质量奖	2013 年	《新疆维吾尔自治区政府质量奖评审标准》	两年一次
24	北京	北京市人民政府质量管理奖	2014 年	《卓越绩效评价准则》（GB/T 19580 - 2004）；《北京市人民政府质量管理奖评审实施细则》	两年一次
25	天津	天津质量奖	2014 年	《卓越绩效评价准则》（GB/T 19580）；《天津质量奖卓越模式》（DB/T 630 - 2016）	两年一次

续表

序号	省（自治区、直辖市）	奖项名称	设立时间	评选标准	评审周期
26	江西	江西省井冈质量奖	2014 年	《卓越绩效评价准则》（GB/T 19580）；《卓越绩效评价准则实施指南》（GB/Z 19579）	两年一次
27	青海	青海省质量奖	2014 年	《卓越绩效评价准则》（GB/T 19580）；《卓越绩效评价准则实施指南》（GB/Z 19579）；《青海省质量奖评审规则》	两年一次
28	海南	海南省政府质量奖	2015 年	《卓越绩效评价准则》（GB/T19580）；《卓越绩效评价准则实施指南》（GB/Z19579）	两年一次
29	黑龙江	黑龙江省人民政府质量奖	2016 年	《黑龙江省人民政府质量奖评审细则》 +管理模式	两年一次
30	贵州	贵州省省长质量奖	2016 年	《卓越绩效评价准则》（GB/T 19580）；《卓越绩效评价准则实施指南》（GB/Z 19579）	两年一次
31	西藏自治区	西藏质量奖	2021 年	《卓越绩效评价准则》（GB/T 19580）	两年一次

资料来源：根据各省（自治区、直辖市）人民政府网站所发布的质量奖评选公告等整理得到。

（2）全国质量奖

全国质量奖设立于 2001 年，在初始阶段由工作委员会办公室组织质量专家起草了全国质量奖评审标准。2003 年，评审标准以美国波多里奇国家质量奖—卓越绩效模式标准为主进行了修订。目前，中国的《卓越绩效评价准则》国家标准既是申报企业进行自我评价的依据，又是全国质量奖的评审专家对申报企业进行质量奖评审的基础。

（3）国际质量奖

国际质量奖方面，以日本戴明质量奖（Edward Deming Prize，1951）、美国波多里奇国家质量奖（Malcolm Baldrige National Quality Award，1987）和欧洲质量奖（European Quality Award，1991）最具代表性，被称为世界三大质量奖。①1951 年，日本设立戴明质量奖，该奖项的核心是：以客户为中心，通过全员参与，运用科学的方法和工具，对企业的运营方针、日常管理、新产品开发、品质保证、人才育成等管理体系进行持续的革新改善，以确保企业持续经营。②1987年，美国设立马尔科姆·波多里奇国家质量奖，该奖项旨在推广质量意识，表彰质量卓越的企业和组织。美国波多里奇国家质量奖的卓越绩效标准，被视为是美国企业的质量标杆。参照此标准，美国众多企业实现了产品质量提升，改善了企业绩效和竞争力，因此，该卓越绩效标准也在全球范围内被推广和借鉴。③欧洲质量奖由欧洲委员会、欧洲质量组织和欧洲质量基金组织于1991年正式设立，该奖项旨在提升质量管理技术方法意识、推动企业质量改进。获奖企业在质量水平、企业绩效、顾客满意和服务、人力资源开发等方面都具有良好表现。

综上所述，质量奖是通过一系列科学、公认的评选标准，对具有先进质量管理水平、达到先进产品质量标准的企业给予的奖励，也是对企业产品质量是否实现升级所作出的一个外部客观评价，因此，质量奖可以用来衡量企业的产品质量升级。且企业通常是在获得低层次质量奖的基础上再申报更高一级的质量奖，因此，不同等级层次的质量奖（省政府质量奖、全国质量奖和国际质量奖）也可以反映不同的产品质量升级层次。

2. 驰名商标和名牌产品

（1）驰名商标

目前，驰名商标按照认定机构层级和影响范围的不同可以分为省驰名商标、中国驰名商标和世界驰名商标，下面将分别介绍这三个等级层次的驰名商标。①省驰名商标是指经过省级工商行政管理部门认定的具有较高知名度的商标。省驰名商标只需满足本省范围内的公众知悉并享有较高声誉的程度即可，因此其受保护的范围和对消费者的影响程度明显小于中国驰名商标和世界驰名商标。②中国驰名商标是经国家知识产权局或人民法院，根据企业的申请或司法程序认定的在中国国内为公众广为知晓并享有较高声誉的商标。③世界驰名商标通常是经国际权威的第三方咨询认证机构，针对世界各国消费者的调查及反馈评选出的，在世界范围内被广大消费者所知悉、信赖和喜爱的企业商标。拥有世界驰名商标的企业具有先进的技术水平、卓越的产品质量、良好的售后服务，在国际市场上的占有率很高。

综上所述，无论是省驰名商标、中国驰名商标，还是世界驰名商标，驰名商标的所有权人都是在产品质量优良的基础上，通过广告宣传、优秀企业文化培育等方式形成商标知名度，进而影响消费者的购买行为，取得较高的市场份额。驰名商标的外在价值主要表现为经济价值（可以作价转让、授权他人使用、形成产品价格溢价）、产权价值（属于工业产权，具有专用性和排他性）、信誉价值（享有良好声誉），其内在价值则表现为较高的产品质量和较好的服务水平。因此，企业获取驰名商标是其产品质量升级的一个体现，且企业通常是在获得低层次驰名商标的基础上再申报更高一级的驰名商标，因此，不同等级层次的驰名商标（省驰名商标、中国驰名商标和世界驰名商标）也可以反映不同的产品质量升级层次。

（2）名牌产品

目前，名牌产品按照认定机构层级和影响力的不同可以分为省名牌产品、中国名牌产品、中国世界名牌产品和世界名牌产品，下面将分别介绍这四个等级层次的名牌产品。①省名牌产品。由各省依照《省名牌产品管理办法》、《省名牌产品标志管理办法》等官方文件，由各省质量技术监督局负责各省名牌产品推进工作，并依法对省名牌产品成绩突出的企业予以表彰。②中国名牌产品。自 2001 年起，中国国家质检总局（现已并至国家市场监督管理总局）每年举办一次“中国名牌产品”评选活动。荣获“中国名牌产品”称号的产品按国家有关规定免于各种形式的质量监督检查，对符合出口免检条件的依法予以优先免检，并自动列入“打击假冒，保护名优”的产品范围。③中国世界名牌产品。自 2005 年起，中国国家质检总局进一步推出中国世界名牌产品的评选活动。申报中国世界名牌产品的企业，其产品在全行业的总产量和出口量居于世界前列，具有有效的质量运行体系和先进的质量管理制度。采用国际标准和国外先进标准，质量达到国际同类产品先进水平。例如，格力牌空调器、华为牌程控交换机、波司登牌羽绒服等都荣获过中国世界名牌产品称号。④世界名牌产品。通常由国际权威品牌价值评估机构如 Brand Finance、Future Brand、World Brand Lab 等发布世界名牌产品排行榜。获得世界名牌产品称号的企业在全球范围内具有极高的品牌信用度，向消费者释放了“优质质量承诺”，从而获取较高的品牌溢价。

综上所述，荣获名牌产品称号的企业，质量管理体系健全并能有效运行，产品采用国际标准或国外先进标准组织生产，消费者满意度和信任度高。因此，企业获取名牌产品称号是其产品质量升级的一个体现，且企业通常是在获得低层次名牌产品称号的基础上再申报更高一级的名牌产品称号，因此，不同等级层次的名牌产品（省名牌产品、中国名牌产品、中国世界名牌产品和世界名牌产品）也可以反映不同的产品质量升级层次。

3. 质量认证

目前，质量认证按认证的层次和影响力的不同可以分为中国产品质量认证和国际质量认证两类，下面将分别介绍这两个等级层次的质量认证。

（1）中国产品质量认证：强制性产品认证和自愿性产品认证

中国产品质量认证分为强制性产品认证（安全认证）和自愿性产品认证（合格认证）两种。强制性产品认证主要是指 CCC 认证（China Compulsory Certification），发挥“保底线”、“保安全”的作用。自愿性产品认证发挥“拉高线”的作用，反映了企业对自身产品的“质量信心”。企业在获取自愿性产品认证的过程中会优化其内部生产流程，有助其扩大市场竞争优势，实现产品溢价，进而提升企业整体质量水平。

（2）国际质量认证：ISO 9000 质量体系认证

ISO 9000 质量体系认证的对象是企业整体，是企业自愿申请，通过注册及颁发证书来证明企业的质量体系和质量保证能力符合国际要求。目前，国内外企业均把 ISO 9000 质量认证视为企业开拓国际市场的“通行证”。通过质量认证后，企业不但可以顺利通过一些国家以 ISO 9000 质量标准设置的贸易壁垒，而且有助于认证企业提高质量信誉、增强质量管理水平和消费者认可度。

如果一个企业的产品或企业整体通过了国内或国际著名认证机构的

质量认证，就可获得相关的“认证证书”，并允许在认证的产品上加贴认证标志。消费者可以通过认证标志来识别商品的质量好坏和安全与否，因此，质量认证发挥着信号显示机制作用（Terlaak and King，2006；Potoski and Prakash，2009；Goedhuys and Sleuwaegen，2013）。企业获取质量认证是其产品质量升级的一个体现，且企业通常是在获得低层次质量认证的基础上再申报更高一级的质量认证，因此，不同等级层次的质量认证（中国产品质量认证和国际质量认证）也可以反映不同的产品质量升级层次。

基于上述分析，本研究对在一定的时间与空间范围内，企业产品质量达到或超过某种特定标准（如国家质量认证或国际质量认证等），或获得某种公认的质量声誉或荣誉（如获得国家驰名商标、名牌产品、质量奖，或获得国际驰名商标、名牌产品、质量奖等）进行赋值，记为 QU，QU 大小表示产品质量升级层次的高低，QU 越大，则产品质量升级层次越高，反之则越低。此外，本研究还进一步界定了产品质量升级的三大层次。产品质量升级的评价指标如表 3－2 所示。

表 3－2　产品质量升级的评价指标

变量	符号	含义
产品质量升级	QU	获得省驰名商标（省名牌产品）$QU=1$，省政府质量奖 $QU=2$；获得中国驰名商标（中国名牌产品）$QU=3$，中国世界名牌产品 $QU=4$，中国产品质量认证 $QU=5$，全国质量奖 $QU=6$；获得世界驰名商标（世界名牌产品）$QU=7$，国际产品质量认证 $QU=8$，世界三大质量奖 $QU=9$。若某一企业同时获得多个质量荣誉，则取其中赋值最大者。以上皆无，则 $QU=0$
低层次产品质量升级	LQU	获得省驰名商标（省名牌产品）或获得省政府质量奖 LQU 取 1，否则取 0
中层次产品质量升级	MQU	获得中国驰名商标（中国名牌产品、中国世界名牌产品）或中国产品质量认证或全国质量奖 MQU 取 1，否则取 0
高层次产品质量升级	HQU	获得世界驰名商标（世界名牌产品）或国际产品质量认证或世界三大质量奖 HQU 取 1，否则取 0

三、产品质量提升与产品质量升级之间的关系

（一）产品质量提升与产品质量升级的联系

唯物辩证法中的量变质变规律阐释了任何事物的发展变化都是量变和质变的统一。就企业产品质量的发展变化而言，亦是如此。产品质量提升是指随着时间的推移，企业的产品质量水平较上一期有所提高，侧重于量的变化和积累。而产品质量升级是指随着时间的推移，企业的产品质量从较低的质量等级升到较高的质量等级，侧重于质的突破和飞跃。因此，产品质量提升是一个渐变、量变的过程；而产品质量升级是一个突变、质变的过程，只有渐变累积到一定程度才能产生突变。因此，产品质量提升是产品质量升级的基础和必要准备，产品质量升级是产品质量提升的必然结果。显然，产品质量升级必然有产品质量提升，而产品质量提升不一定有产品质量升级。

（二）产品质量提升与产品质量升级的区别

现有文献研究不加区分地使用产品质量提升（Product Quality Improvement）和产品质量升级（Product Quality Upgrading）表示产品质量的正向演变，忽视了两者之间是存在一定区别的。结合中国的经济贸易现实，产品质量提升并不能完全说明产品质量实现了跨越等级的质变，主要原因有以下两点：

1. 产品质量提升幅度有限，尚未完成量的有效积累，无法实现从低质量等级向高质量等级的质变飞跃

对于中国部分领域的出口产品而言，即使测度出的产品质量水平在第 t 期高于第 $t-1$ 期，存在量上的提升，但由于量变的累积程度不够，尚未突破量变到质变的阈值，即尚未达到质变点，因此企业的产品质量依然处于全球价值链和技术领域的中低端。例如，在2018年中美贸易摩擦中，中国中兴通讯被美国施加长达四个月的芯片制裁，中兴通讯在缴纳四亿美元的保证金后，才正式恢复运营。究其原因是中国企业尚无独立生产高端芯

片的能力，只能完全依赖进口。但中国的芯片领域是否就是“完全扶不起的阿斗”？事实是在中低端芯片领域，中国品牌和美国品牌的性能差异不甚明显，但由于缺乏高端核心技术和高精尖人才，在高端芯片领域，中国尚未占有一席之地，只能说产品质量得到了一定程度的提升，但还没有实现产品质量升级。

2. 产品质量虽已提升至国际领先水平，但由于缺乏质量奖、驰名商标（名牌产品）、质量认证等，无法实现从低质量等级向高质量等级的质变飞跃

量变和质变的方法论指出：在量的积累已达到一定程度时，需要把握机会，突破事物原有的范围和限度，才能积极促成质变。上文提到的中国企业在高端芯片领域被国外垄断企业掣肘，确实反映了中国产品在生产技术水平上、产品质量上和世界前沿质量水平的客观差距。那么是否中国产品实现了和国外产品同样的技术水平，就可以认为两者处于同一质量等级上了呢？答案依然是否定的。中国作为“世界工厂”，通过多年的高质量中间品进口、加工贸易设备进口、先进管理经验学习等，部分企业的产品质量确实得到了提升，量的积累已足够充分。但难以回避的一个窘况是，中国的一些企业用相同的生产线生产了同样的一批产品，其中一部分烙上国外委托企业的知名商标，成为世界名牌产品，以较高的价格在国际市场上出售，被国内外消费者青睐；而另一部分印上中国企业的自有品牌，但却顾客寥寥，中国自有品牌产品在出口价格、出口规模、消费者认可度上都可能明显低于同批次的国外名牌产品。虽然从符合性质量内涵角度来看，中国企业出口的产品在生产标准、产品性能上和国外名牌产品相差无几，但由于缺乏质量奖、驰名商标（名牌产品）、质量认证等，导致中国出口产品对消费者的吸引力不高、给消费者带来的效用满足程度不高，出口产品并未实现跨越质量等级的飞跃。

第二节　统计测度

正是由于现有研究并未从理论上清晰地界定产品质量提升与产品质量升级的内涵，导致目前国内学者仅对中国工业企业的出口产品质量进行了统计测度，缺乏对出口产品质量从量变到质变的演进过程的测度分析。因此，为了全面揭示中国工业企业出口产品质量从量变“提升”到质变“升级”的演进过程，本小节将对中国工业企业的出口产品质量、出口产品质量提升状况、出口产品质量升级水平和升级层次进行统计测度和分析。

一、出口产品质量的统计测度

本研究的研究对象为出口企业，使用的数据来源于三个数据库的信息合并汇总，分别是2000—2013年中国工业企业数据库、中国海关数据库以及本研究自行搜集整理的中国工业企业产品质量升级数据库，共计124332家出口企业的417072个观测值（数据来源及说明详见第四章）。本研究首先根据出口产品质量测度公式（3-4）至式（3-7），借鉴樊海潮和郭光远（2015）的做法，假设替代弹性$\sigma=5$对该期间中国工业企业出口产品质量进行整体测度及分析；其次分不同所有制、不同规模和不同地区企业进行测度及分析。

（一）中国工业企业出口产品质量的整体测度

图3-1反映出中国工业企业出口产品质量的年平均值整体呈波动上升趋势，由2000年的0.5252上升至2013年的0.5459。从时间区间来看，2000—2002年间出口产品质量呈缓慢增长态势；2003—2007年，出口产品质量在波动中逐渐上升；2008—2010年，国际金融危机的爆发使得出口产品质量出现连续下降；2011—2013年，随着世界经济逐渐复苏，中国工业企业的出口产品质量又重拾上升态势。

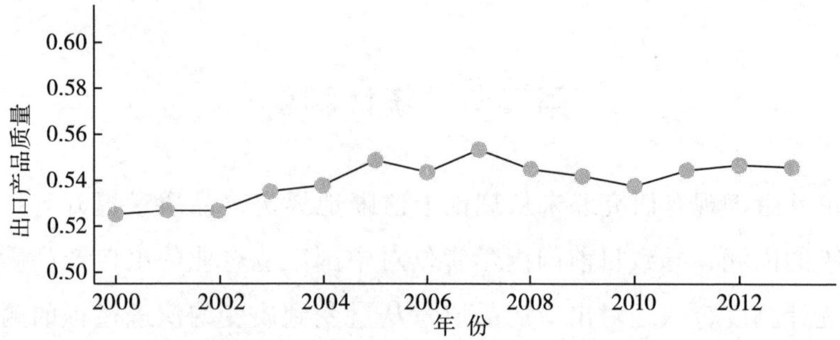

图 3-1　2000—2013 年中国工业企业出口产品质量整体变化趋势

资料来源：笔者计算所得，基础数据来自中国海关数据库。

（二）中国工业企业出口产品质量的分组测度

1. 不同所有制企业出口产品质量的统计测度

对出口产品质量分不同所有制企业进行测度，结果如表 3-3 中的第（1）列至第（3）列所示：2000—2013 年外资企业、国有企业和私营企业的出口产品质量均呈波动上升趋势。其中，外资企业出口产品质量依次高于国有企业、私营企业。外资企业通常拥有较为充裕的资金、较强的研发实力以及较为丰富的管理经验，具有明显的出口产品质量优势。从增长幅度来看，国有企业的出口产品质量增长幅度较大，外资企业次之，私营企业较小。

2. 不同规模企业出口产品质量的统计测度

对出口产品质量分不同企业规模进行测度①，结果如表 3-3 中的第（4）列至第（7）列所示：2000—2013 年大型企业、中型企业、小型企业和微型企业的出口产品质量均呈现波动上升趋势。其中，大型企业的出口产品质量依次高于中、小、微型企业。在我国，大型企业通常是行业翘楚，雇佣的劳动力较多，高素质高技能人才占比较高，加之其资本雄厚，有实力加大研发投入，因此，大型企业的出口产品质量明显高于中、小、

①根据 2017 年国家统计局发布的大、中、小、微型企业划分标准，可以依据从业人员（X）或者营业收入（Y）划分企业规模，本研究利用从业人员进行划分：$X \geqslant 1000$ 是大型企业；$300 \leqslant X < 1000$ 是中型企业；$20 \leqslant X < 300$ 是小型企业；$X < 20$ 是微型企业。

微型企业。从增长幅度来看，大型企业的出口产品质量增长幅度较大，微型企业次之，小型企业和中型企业相对较小。

表 3－3　2000—2013 年不同所有制、不同规模企业出口产品质量测度结果

年份	不同所有制企业			不同规模企业			
	外资	国有	私营	大型	中型	小型	微型
	(1)	(2)	(3)	(4)	(5)	(6)	(7)
2000	0.5280	0.5205	0.5181	0.5386	0.5300	0.5201	0.5102
2001	0.5303	0.5225	0.5184	0.5442	0.5329	0.5209	0.5201
2002	0.5308	0.5211	0.5183	0.5485	0.5323	0.5204	0.5267
2003	0.5397	0.5310	0.5262	0.5587	0.5436	0.5274	0.5306
2004	0.5403	0.5374	0.5322	0.5655	0.5522	0.5285	0.5255
2005	0.5551	0.5440	0.5380	0.5864	0.5620	0.5390	0.5296
2006	0.5527	0.5407	0.5295	0.5883	0.5578	0.5336	0.5303
2007	0.5623	0.5579	0.5420	0.5991	0.5709	0.5428	0.5362
2008	0.5491	0.5468	0.5378	0.5893	0.5642	0.5336	0.5303
2009	0.5491	0.5394	0.5297	0.5847	0.5582	0.5323	0.5180
2010	0.5523	0.5329	0.5220	0.5826	0.5587	0.5274	0.5234
2011	0.5553	0.5531	0.5332	0.5928	0.5482	0.5334	0.5257
2012	0.5609	0.5544	0.5316	0.5858	0.5535	0.5355	0.5280
2013	0.5602	0.5540	0.5319	0.5865	0.5445	0.5353	0.5347
增长率（%）	6.10	6.44	2.66	8.89	2.74	2.92	4.80

资料来源：笔者计算所得，基础数据来自中国海关数据库。

3. 不同地区企业出口产品质量的统计测度

根据盛斌和牛蕊（2009）对东部、中部和西部地区的划分，本研究进一步对出口产品质量分不同地区企业进行测度。表 3－4 的结果显示：2000—2013年东部、中部和西部地区企业的出口产品质量均在波动中上升。其中，东部地区企业的出口产品质量水平较高，中部地区企业次之，西部地区企业相对较低，呈现出明显的地区异质性。东部地区由于对外开放较早、具有沿海区位优势和生产资源优势等，使得东部地区企业承接了较多的国外订单，吸收了国外较先进的技术和管理经验，因此，东部地区企业的出口产品质量在样本期内一直处于较高的水平。与此同时，受益于西部大开发和中部崛起等国家战略的深入推进，中西部地区出口总额与增速显著提升，出口产品质量水平也在逐步上升。从增长幅度来看，西部地区企业的出口产品质量增长幅度依次大于东部、中部地区企业。

表 3-4 2000—2013 年不同地区企业出口产品质量测度结果

年份	东部	中部	西部
2000	0.5259	0.5200	0.5136
2001	0.5280	0.5173	0.5131
2002	0.5275	0.5193	0.5158
2003	0.5356	0.5330	0.5317
2004	0.5379	0.5387	0.5385
2005	0.5498	0.5389	0.5392
2006	0.5445	0.5369	0.5344
2007	0.5541	0.5461	0.5472
2008	0.5456	0.5379	0.5370
2009	0.5432	0.5280	0.5253
2010	0.5376	0.5379	0.5350
2011	0.5450	0.5363	0.5338
2012	0.5475	0.5386	0.5360
2013	0.5466	0.5392	0.5343
增长率（%）	3.94	3.69	4.03

资料来源：笔者计算所得，基础数据来自中国海关数据库。

二、出口产品质量提升的统计测度

（一）中国工业企业出口产品质量提升的整体测度

图 3-2 刻画了 2001—2013 年中国工业企业的出口产品质量提升状况。从图中可以看出，2001 年的正向条形图较短，出口产品质量提升幅度较小；2001 年底中国加入 WTO，关税壁垒大幅降低，大量低质量企业也新涌入出口市场，因此，2002 年的出口产品质量没有提升，为较小的负值。2003—2007 年（2006 年除外），随着在位出口企业国际经验、管理能力和

技术水平的不断提升以及“一轮游”企业的逐渐退出，2003—2005 年、2007 年出口产品质量都实现了提升，其中 2005 年的正向条形图最高，2003 年、2007 年的正向条形图较高，意味着在这些年份中国工业企业的出口产品质量都得到了大幅的提升。2006 年出口产品质量没有实现提升，可能的原因是 2005 年 7 月实施的人民币汇改政策的时滞效应开始显现。人民币升值引致出口价格的上升和出口产品国际竞争力的短暂下降，这些因素会影响到国外消费者对出口产品的需求，进而可能使得用 KSW 法测算的出口产品质量和出口产品质量提升都有所下降。2008—2010 年，国际金融危机导致国外市场需求萎靡，出口产品质量没有实现提升。2011—2012 年，中国工业企业的出口产品质量提升又继续保持正值。2013 年出口产品质量出现小幅下降。综上所述，虽然国际经济贸易形势纷繁变化，但整体来看，中国工业企业的出口产品质量在大多数年份里都实现了提升。

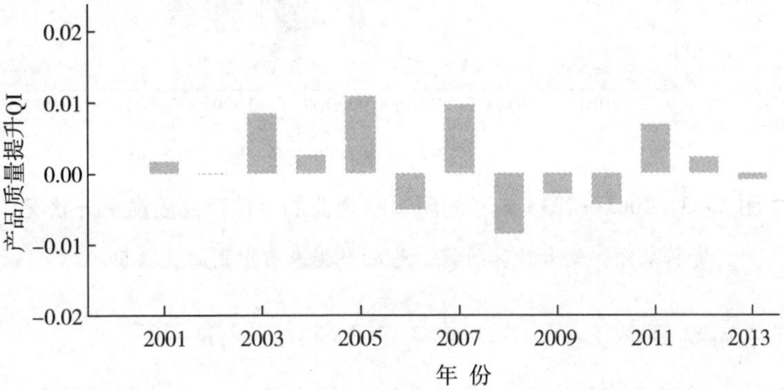

图 3－2　2001—2013 年中国工业企业的出口产品质量提升状况

资料来源：笔者计算所得，基础数据来自中国海关数据库。

（二）中国工业企业出口产品质量提升的分组测度

1. 不同所有制企业出口产品质量提升的统计测度

图 3－3 刻画了 2001—2013 年不同所有制企业的出口产品质量提升状况。其中，外资企业的出口产品质量提升在 2006 年、2008 年和 2013 年为负，表明这些年份没有实现出口产品质量提升，而在其余年份均为正，意味着在大

多数年份里，外资企业都实现了出口产品质量提升。国有企业的出口产品质量提升在多数年份里为正，其中，国有企业的正向条形图在2011年最高，2003—2005年、2007年较高，意味着这些年份国有企业的出口产品质量得到了较大幅度的提升，但在2008—2010年期间则为较大负值，这也意味着国有企业的出口产品质量更容易受到外部经济环境的冲击。私营企业的出口产品质量提升在多数年份里为正。2003—2005年，私营企业的出口产品质量得到了稳步提升，随后则表现出较强的波动性，在2006年、2008—2010年、2012年都为负值，表明这些年份没有实现出口产品质量提升。

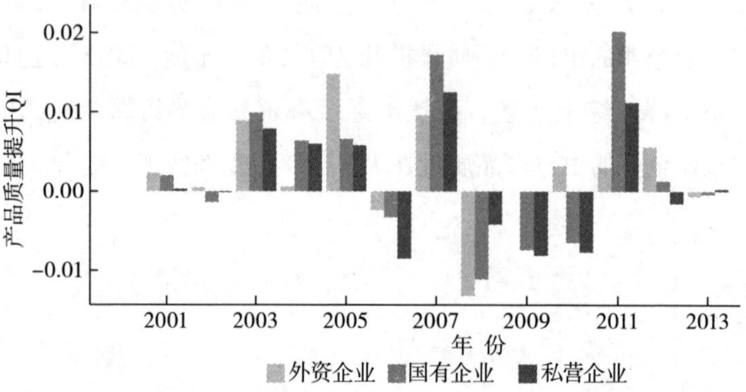

图3-3 2001—2013年不同所有制企业的出口产品质量提升状况

资料来源：笔者计算所得，基础数据来自中国海关数据库。

2. 不同规模企业出口产品质量提升的统计测度

图3-4刻画了2001—2013年不同规模企业的出口产品质量提升状况。从条形图看，大型企业的出口产品质量提升在2008年国际金融危机爆发以前，大都为正，且正向条形图在2005年最长，2001—2004年、2007年和2011年都较长，但在2008—2010年、2012年则为负，综合来看，大型企业的出口产品质量在大多数年份里都在迅速提升。中型企业的出口产品质量提升在多数年份里为正，其中2003—2005年、2007年和2012年的正向条形图都较长，意味着这些年份里中型企业实现了较大幅度的出口产品质量提升。小型企业的出口产品质量提升在多数年份里为正，其中2003年、2005年、2007年和2011年的正向条形图都较长。微型企业的出口产品质

量提升仅在2004年、2008—2009年为负，其余年份均为正，也表现出较为稳定的产品质量提升态势。综合来看，大型企业的出口产品质量提升幅度明显大于中、小、微型企业，这也是大型企业出口产品质量水平较高的原因。

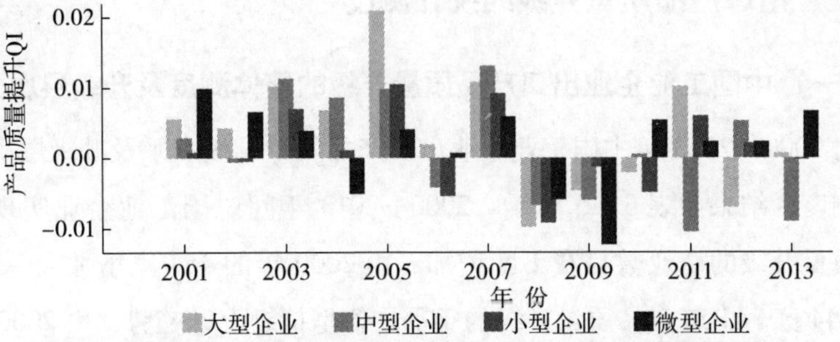

图3-4　2001—2013年不同规模企业的出口产品质量提升状况

资料来源：笔者计算所得，基础数据来自中国海关数据库。

3. 不同地区企业出口产品质量提升的统计测度

图3-5刻画了2001—2013年不同地区企业的出口产品质量提升状况。条形图显示，东部、中部和西部地区企业的出口产品质量提升在大多数年份里表现出同升同降态势，其中在2006年、2008—2009年均表现为负，其余多数年份为正，表明在大多数年份里，东部、中部和西部地区企业都实现了产品质量提升。从出口产品质量的正向提升幅度来看，东部地区企

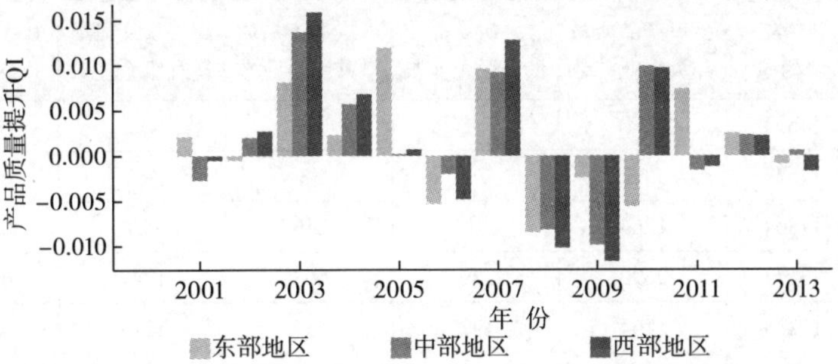

图3-5　2001—2013年不同地区企业的出口产品质量提升状况

资料来源：笔者计算所得，基础数据来自中国海关数据库。

业在2003年、2005年、2007年和2011年的正向条形图都较长，中部地区和西部地区企业在2003—2004年、2007年和2010年的正向条形图都较长，意味着在这些年份里，出口产品质量都得到了大幅的提升。

三、出口产品质量升级的统计测度

（一）中国工业企业出口产品质量升级的整体测度及升级层次分析

对2000—2013年中国工业企业出口产品质量升级水平及升级层次进行整体测度，结果如表3－5所示：2000—2013年间中国工业企业实现出口产品质量升级的企业数目在不断增加，由2000年的454家增加到2013年的23644家。出口产品质量升级的年平均值呈持续上升趋势，由2000年的0.2319提升至2013年的4.2231。出口产品质量升级企业占总样本的比例由2000年的3.09%提升至2013年的55.38%。其中，实现低层次、中层次和高层次产品质量升级的企业分别由2000年的9家、33家、412家增加到2013年的617家、1421家、21606家。高层次产品质量升级企业占总样本的比例由2000年的2.80%提升至2013年的50.61%。从增长速度来看，2000—2003年，出口产品质量升级水平增长较为平缓，2004—2010年呈稳步上升态势，2010年以后，则呈加速拉升态势。整体上看，中国工业企业出口产品质量升级水平和升级层次都在不断提高。

表3－5　2000—2013年中国工业企业出口产品质量升级测度结果

年份	样本观测值	出口产品质量升级企业总数	低层次产品质量升级企业数	中层次产品质量升级企业数	高层次产品质量升级企业数	出口产品质量升级 *QU* 均值
2000	14694	454	9	33	412	0.2319
2001	17572	766	71	33	662	0.3113
2002	17864	1264	81	256	927	0.4861
2003	23177	2699	289	663	1747	0.7532
2004	15275	1864	192	454	1218	0.7912
2005	38056	6237	927	1384	3926	1.0230
2006	42800	8456	1240	1717	5499	1.2482

续表

年份	样本观测值	出口产品质量升级企业总数	低层次产品质量升级企业数	中层次产品质量升级企业数	高层次产品质量升级企业数	出口产品质量升级 QU 均值
2007	46309	10582	1372	1846	7364	1.4907
2008	29855	7785	1029	1131	5625	1.7204
2009	26875	8231	952	1062	6217	2.0732
2010	31876	11173	1161	1062	8950	2.4395
2011	29446	13401	485	1108	11808	3.4044
2012	40579	21057	619	1453	18985	3.9292
2013	42694	23644	617	1421	21606	4.2231

资料来源：笔者计算所得，基础数据来自本研究自行搜集整理的中国工业企业产品质量升级数据库。

（二）中国工业企业出口产品质量升级的分组测度

1. 不同所有制企业出口产品质量升级的统计测度

对出口产品质量升级水平分不同所有制企业进行测度，结果如表 3 - 6 中的第（1）列至第（3）列所示：2000—2013 年外资企业、国有企业和私营企业的出口产品质量升级水平均呈稳步上升趋势。其中，国有企业的出口产品质量升级水平依次高于私营企业和外资企业。在初始的 2000 年，不同所有制企业的出口产品质量升级水平差距不甚明显，但从 2001 年以后，国有企业的出口产品质量升级水平开始加速提升，这反映出国有企业对于质量奖、驰名商标（名牌产品）和质量认证等的重视。私营企业的出口产品质量升级水平仅在 2000—2001 年、2007 年低于外资企业，其余年份则均显著高于外资企业。

2. 不同规模企业出口产品质量升级的统计测度

对出口产品质量升级水平分不同规模企业进行测度，结果如表 3 - 6 中的第（4）列至第（7）列所示：2000—2013 年大型企业、中型企业、小型企业和微型企业的出口产品质量升级水平均呈持续上升趋势。其中，大型企业的出口产品质量升级水平依次高于中型企业、小型企业和微型企业。企业要实现出口产品质量升级，需要付出物质资本、人力资本等，且存在升级失败的风险，而中国的小微企业多是初创型企业，面临着资金短缺、融资困难、抗风险能力弱等问题，导致小微企业在获取质量奖、驰名商标（名牌产品）、质量认证等方面不具有积极性和主动性。而大型企业通常是行业翘楚，物质资本较雄厚，人力资本水平也较高，往往具有市场垄断地位并能实现规模经济，因此，在质量奖、驰名商标（名牌产品）、质量认证的获取过程中，大型企业具有一定的比较优势。

表 3-6　2000—2013 年不同所有制、不同规模企业出口产品质量升级测度结果

年份	不同所有制企业			不同规模企业			
	外资	国有	私营	大型	中型	小型	微型
	(1)	(2)	(3)	(4)	(5)	(6)	(7)
2000	0.2465	0.2831	0.2186	0.4379	0.2956	0.1586	0.0537
2001	0.3072	0.5060	0.2653	0.6281	0.3812	0.2236	0.0508
2002	0.4618	0.7772	0.5198	1.0106	0.5584	0.3666	0.1088
2003	0.6957	1.2165	0.7823	1.4761	0.8951	0.5683	0.4020
2004	0.7258	1.4626	0.8068	1.6937	1.0126	0.5904	0.1214
2005	0.9638	1.8243	0.9972	2.0284	1.3089	0.7932	0.2738
2006	1.1718	2.3558	1.2267	2.4221	1.6040	0.9960	0.4617
2007	1.4266	2.8590	1.4001	2.9454	1.9488	1.1948	0.5291
2008	1.6331	3.1631	1.6863	3.2985	2.2735	1.3820	0.6097
2009	1.9922	3.7165	2.0343	3.6815	2.6791	1.7174	0.7967
2010	2.3107	3.8544	2.4016	3.8730	3.0847	2.1357	1.2528
2011	3.2555	5.2396	3.3516	4.6156	3.7331	2.9425	2.5104
2012	3.6027	5.9614	4.0698	5.0755	4.2369	3.5163	3.3225
2013	3.8664	5.9308	4.3861	5.2583	4.2437	3.8479	3.7315
增长率（%）	1468.52	1994.95	1906.45	1100.80	1335.62	2326.17	6848.79

资料来源：笔者计算所得，基础数据来自本研究自行搜集整理的中国工业企业产品质量升级数据库。

3. 不同地区企业出口产品质量升级的统计测度

对出口产品质量升级水平分不同地区企业进行测度，结果如表 3-7 所示：2000—2013 年东部、中部和西部地区企业的出口产品质量升级水平均呈上升趋势。其中，西部地区企业的出口产品质量升级水平较高，东部地区次之，中部地区相对较低。可能的原因是，东部地区出口企业样本较西部地区多，加之大量东部地区出口企业从事的是贴牌代工生产，并未获取质量奖、驰名商标（名牌产品）和质量认证等，因此拉低了东部地区企业出口产品质量升级的年平均值。

表 3－7　2000—2013 年不同地区企业出口产品质量升级测度结果

年份	东部	中部	西部
2000	0.2322	0.1929	0.2846
2001	0.3056	0.3084	0.4541
2002	0.4869	0.4623	0.5010
2003	0.7510	0.7006	0.8822
2004	0.7869	0.7694	0.9356
2005	1.0172	0.9540	1.2767
2006	1.2378	1.2066	1.5865
2007	1.4756	1.4533	1.9454
2008	1.7100	1.6542	2.1487
2009	2.0680	1.9650	2.4727
2010	2.4364	2.4928	2.5333
2011	3.3970	3.2979	4.0557
2012	3.9061	4.0374	4.7847
2013	4.2009	4.3525	4.9077
增长率（%）	1709.17	2156.35	1624.42

资料来源：笔者计算所得，基础数据来自本研究自行搜集整理的中国工业企业产品质量升级数据库。

第三节　本章小结

本章首先界定了产品质量提升与产品质量升级的内涵，构建了产品质量提升与产品质量升级的评价指标体系，探讨了产品质量提升与产品质量升级之间的联系和区别，这是本研究的重要理论基础之一。其次，本章利用 2000—2013 年中国工业企业数据库、中国海关数据库以及本研究自行搜集整理的中国工业企业产品质量升级数据库，对中国工业企业的出口产品质量水平、出口产品质量提升状况、出口产品质量升级水平和升级层次从整体上、不同所有制、不同规模和不同地区企业进行了统计测度与分析。本章得出以下结论：

结论一：产品质量提升与产品质量升级存在内涵差异，两者既有联系又存在区别。在本研究中，如果本期的产品质量水平高于上一期的产品质量水平，则称为产品质量提升，否则称产品质量没有提升。在一定的时间与空间范围内，企业产品质量达到或超过某种特定标准（如国家质量认证或国际质量认证等），或获得某种公认的质量声誉或荣誉（如获得国家驰名商标、名牌产品、质量奖，或获得国际驰名商标、名牌产品、质量奖等），则称为产品质量升级，否则产品质量没有升级。产品质量提升是一个渐变、量变的过程；而产品质量升级是一个突变、质变的过程，只有渐变累积到一定程度才能产生突变。产品质量提升是产品质量升级的基础和必要准备，产品质量升级是产品质量提升的必然结果。本研究在此基础上构建了企业层面的产品质量提升与产品质量升级的评价指标体系。

结论二：中国工业企业的出口产品质量整体呈波动上升趋势，且在不同类别企业之间存在一定的差异。从整体上看，中国工业企业出口产品质量的年平均值由 2000 年的 0.5252 上升至 2013 年的 0.5459。从不同所有制企业来看，外资企业的出口产品质量水平较高，国有企业次之，私营企业较低。从不同规模企业来看，大型企业的出口产品质量水平较高，中型企业相对较高，小型企业次之，微型企业相对较低。从不同地区来看，东部地区企业的出口产品质量水平较高，中部地区企业次之，西部地区企业较低。

结论三：中国工业企业的出口产品质量提升在大部分年份为正，且在不同类别企业之间存在一定的差异。整体上看，中国工业企业的出口产品质量在 2001 年、2003—2005 年、2007 年、2011—2012 年均实现提升，但在“入世”后的 2002 年、汇率改革实施后的 2006 年、国际金融危机爆发的 2008—2009 年以及 2013 年则没有实现提升。从不同所有制企业来看，外资企业的出口产品质量提升较为稳定，仅在 2006 年、2008 年和 2013 年没有提升，其余年份均为正，而国有企业和私营企业的出口产品质量提升则较易受到外部经济环境的冲击。从不同规模企业来看，大型企业的出口产品质量提升幅度明显大于中型企业、小型企业和微型企业，且在2008年以前均为正。从不同地区来看，东部、中部和西部地区企业的出口产品质量提升在多数年份里表现出同升同降态势，大部分年份都为正。

结论四：中国工业企业实现出口产品质量升级的企业数目在不断增加，出口产品质量升级水平和升级层次都在不断提高，且在不同类别企业之间存在一定的差异。整体上看，出口产品质量升级的年平均值呈持续上升趋势，实现出口产品质量升级的企业数目由2000年的454家增加到2013年的23644家。实现低、中、高层次出口产品质量升级的企业分别由2000年的9家、33家、412家增加到2013年的617家、1421家、21606家。从不同所有制企业来看，国有企业的出口产品质量升级水平较高，私营企业次之，外资企业较低。从不同规模企业来看，大型企业的出口产品质量升级水平依次高于中型企业、小型企业和微型企业。从不同地区来看，西部地区企业的出口产品质量升级水平依次高于东部、中部地区企业。

第四章　产品质量提升的出口增长效应分析

第三章，通过对产品质量提升的评价体系研究以及相关统计测度可知，中国工业企业的出口产品质量整体呈波动上升趋势，产品质量升级水平和升级层次在不断提高。本章则开始分析产品质量提升对企业出口规模的影响，探究产品质量提升能否促进企业出口增长。出口规模作为企业出口绩效的重要衡量指标（李坤望等，2015；耿晔强、史瑞祯，2018），既反映了企业在国际市场中的竞争力，也是企业获取贸易利得的前提和基础。

鉴于此，本章首先借鉴 Melitz 和 Ottaviano（2008）、Antoniades（2015）的模型，利用可变替代弹性效用函数，将产品质量提升、生产率异质性和成本加成异质性同时纳入异质性微观企业分析框架中，探究了产品质量提升对企业出口规模的影响，从理论上系统阐释了产品质量提升所产生的出口增长效应。其次，在理论分析的基础上，本章利用 2000—2013 年中国工业企业数据库、中国海关数据库以及本研究自行搜集整理的中国工业企业产品质量升级数据库，对企业出口规模的演变趋势进行描述刻画，随后采用固定效应、工具变量、分位数回归的估计方法，实证研究了产品质量提升、产品质量升级对企业出口规模的影响，从微观层面实证检验了产品质量提升所产生的出口增长效应。

第一节 理论模型与命题提出

一、消费者行为

假定仅存在本国 H 和外国 F（这里指所有外部市场）两个国家。本国 H 和外国 F 分别有 L^H 和 L^F 个消费者，即本国和外国的市场规模分别为 L^H 和 L^F，且假定国内外市场分割，外国 F 的市场规模大于本国市场（$L^F > L^H$），两国的消费者偏好、企业生产技术相同，每个消费者提供一单位劳动且劳动力在两国之间不流动。本研究将产品质量提升变量引入拟线性效用函数，一国代表性消费者的效用函数设定如式（4－1）所示：

$$U = q_0^c + \alpha \int_{i \in \Omega} q_i^c \mathrm{d}i + \beta \int_{i \in \Omega} \lambda_i q_i^c \mathrm{d}i - \frac{1}{2}\gamma \int_{i \in \Omega} \left(q_i^c\right)^2 \mathrm{d}i - \frac{1}{2}\eta \left(\int_{i \in \Omega} q_i^c \mathrm{d}i\right)^2 \quad (4-1)$$

式（4－1）中，q_0^c 代表消费者对同质化产品（基准计价产品）的消费量，q_i^c 代表消费者对差异化产品 i 的消费量；λ_i 为差异化产品 i 的产品质量提升；Ω 为消费者所消费的差异化产品的集合；α、β、γ、η 均为大于零的参数；参数 α 和参数 η 衡量差异化产品和基准计价产品之间的替代方式，参数 α 的上升和参数 η 的下降都意味着消费者更加偏好差异化产品；参数 β 衡量消费者对质量提升的偏好；参数 γ 衡量差异化产品之间的替代程度。

假定代表性消费者对基准计价产品的需求为正，即 $q_0^c > 0$，由式（4－1）效用函数和消费者的预算约束条件，构造拉格朗日函数可推导出一国代表性消费者对差异化产品 q_i^c 的反需求函数，具体为式（4－2）：

$$p_i = \alpha - \gamma q_i^c + \beta \lambda_i - \eta Q^c \quad (4-2)$$

式（4－2）中，p_i 为差异化产品 i 的价格，$Q^c = \int_{i \in \Omega} q_i^c \mathrm{d}i$ 是所有差异化产品的消费量总和。加总式（4－2）中代表性消费者的需求，可得差异化产品 i 在本国 H 和外国 F 的市场需求函数，如式（4－3）所示：

$$q_i^l = L^l q_i^c = \frac{\alpha L^l}{\eta N^l + \gamma} - \frac{L^l}{\gamma} p_i^{\ l} + \frac{L^l \beta}{\gamma} \lambda_i^l + \frac{\eta N^l L^l}{(\eta N^l + \gamma)\gamma} \overline{p^l} - \frac{\eta N^l \beta L^l}{(\eta N^l + \gamma)\gamma} \overline{\lambda^l},$$
$$\forall i \in \Omega^*, l = \{H, F\} \quad (4-3)$$

式（4－3）中，N^l 是 l 国差异化产品的种类总数。在开放市场中，N^l 就是在 l 国进行销售的企业数量，包括 l 国企业数和外国出口到 l 国的企业数；$\overline{p^l} = (N^l)^{-1} \int_{i \in \Omega^{*l}} p_i^l di, (\Omega^{*l} \subset \Omega)$ 是 l 国产品的平均价格；$\overline{\lambda^l} = (N^l)^{-1} \int_{i \in \Omega^{*l}} \lambda_i^l di, (\Omega^{*l} \subset \Omega)$ 是 l 国产品的平均质量提升幅度。式（4－3）反映出：企业面临的市场规模 L^l 越大、产品质量提升 λ_i^l 越高、产品的价格 p_i^l 越低，则产品的需求量 q_i^l 就会越大。令消费者的需求为零，可求得 l 国市场上产品的最高价格 $p_{\max}^l$，如式（4－4）所示：

$$p_i^l \leqslant \frac{\gamma\alpha + \eta N^l \overline{p}^l - \eta N^l \beta \overline{\lambda}^l}{\eta N^l + \gamma} + \beta \lambda_i^l \equiv p_{\max}^l \quad (4-4)$$

式（4－4）中，$p_{\max}^l$ 是 l 国代表性消费者在产品质量提升为 λ_i^l 时所能接受的最高产品价格。

二、生产者行为

首先考虑封闭经济条件下的生产情形，假设一国国内生产存在两个经济部门：基准计价产品生产部门与差异化产品生产部门。基准计价产品生产部门中劳动力是唯一投入要素，在竞争市场中供给无弹性。基准计价产品生产规模报酬不变，市场结构为完全竞争市场。生产 1 单位基准计价产品需要 1 单位的劳动力，劳动力工资标准化为 1。差异化产品市场是不完全竞争市场，企业进入差异化产品市场时，需要支付产品开发和生产启动成本，因此企业进入国内市场前需承担国内生产的沉没成本 f_E 且不清楚自身的生产边际成本 c。只有进入市场后，企业才能知晓自身的生产边际成本 c，再决定是否退出市场或者继续生产，c 在 $[0, c_m]$ 上服从 $G(c)$ 分布。倘若企业能够进行后续的生产，假设其生产边际成本 c 规模报酬不变。进入市场后继续生产差异化产品 i 的企业的成本函数如式（4－5）所示：

$$TC_i = q_i c_i + q_i \delta \lambda_i + \theta_i (\lambda_i)^2 \quad (4-5)$$

式（4-5）中等式右边的第一项 $q_i c_i$ 为企业生产的可变成本，反映由于产量增加引致的可变成本；第二项 $q_i \delta \lambda_i$ 为产品质量提升的可变成本，参数 δ 越小，表示企业的产品质量提升能力越强；第三项 $\theta_i (\lambda_i)^2$ 反映企业产品质量提升的固定成本。不同于 Antoniades（2015）的假设，本研究认为企业产品质量的提升不仅来自创新①，还来自企业对自身商标、品牌的打造推广以及为了释放优质的质量信号所实施的各种质量认证。$\theta_i (\lambda_i)^2$ 具体包括企业的创新研发费用、商标打造费用、品牌推广费用和各种质量认证费用等。生产企业增加创新投入、提高创新效率可以提升企业产品质量，且创新能力强的企业，创新成本较低。此外，企业通过投入一定的商标和品牌打造费用、广告费用或其他营销推广费用等，来提高企业的商标知名度和品牌美誉度，使消费者能够识别出本企业产品质量优于竞争对手，进而引起消费者的偏好和购买，提高顾客对其产品价值和收益的感知。各种质量认证无论是强制性认证（如中国 CCC 强制性产品认证），还是自愿性认证（ISO 9000 质量体系认证、自愿性产品认证），都是由国家授权的独立认证机构依据通用的产品质量和质量管理标准，对企业的产品及质量体系进行审核，并通过注册及颁发证书来证明企业的质量体系和质量保证能力符合国内和国际要求，因此这些质量认证的获取本身可以证明企业的产品质量是达到高质量标准的，质量管理体系是完善的，因此各种质量认证的费用也被视为企业生产的一项固定成本投入。企业产品质量提升的固定成本会随着产品质量提升而增加，而不随产量的增加而增加。参数 θ_i 反映不同企业在产品质量提升能力上的异质性，θ_i 越小表明企业提升产品质量的能力越强。

根据式（4-5）的企业成本函数，可得企业的边际成本函数如式（4-6）所示：

$$mc_i = c_i + \delta \lambda_i \quad (4-6)$$

①Antoniades(2015)研究认为，质量来自创新，这种创新随着质量的提升而增加，而不随着数量的增加而变化。参数 θ 捕捉了国家或行业在创新能力或创新技术方面的特定差异，且在创新能力较高的市场中，创新的成本较低。

式（4-6）中，企业边际成本 mc_i 由两部分组成：等式右边的第一项 c_i 衡量了企业生产率的高低，c_i 越低，企业的生产率 φ_i 越高，即 $\partial c/\partial\varphi<0$①。本研究为了将其与企业总的边际成本 mc_i 加以区别，将其称为生产边际成本 c。等式右边的第二项是产品质量提升的边际成本 $\delta\lambda_i$，本研究为了将其与企业总的边际成本 mc_i 加以区别，将其称为质量提升边际成本 $\delta\lambda$②。

当产品质量提升为 λ 时，如果一个企业利润最大化时的产品价格高于一国代表性消费者所能接受的最高产品价格 $p_{\max}$，此时消费者的需求为零，企业退出市场。设 c_D 是生产企业和退出企业之间的临界生产边际成本。生产边际成本为 c_D 的企业利润为零，且 $p(c_D,\lambda)=p_{\max}$，此时企业产品的需求 $q(c_D,\lambda)$ 为零。假设 c_m 高于 c_D，可知，所有生产边际成本 $c<c_D$ 的企业都获得正利润，并继续留在该行业；而生产边际成本 $c>c_D$ 的企业则退出市场。

进一步考虑开放经济条件下的生产情形，企业进入国内市场和出口市场都会有沉没成本，且由于市场分割，企业可分别设定国内产品和出口产品的质量提升幅度和价格。出口需要支付冰山贸易成本 τ，$\tau>1$，冰山贸易成本 τ 包含运输费用、关税等。假定两国企业所面临的冰山贸易成本 τ 不同，τ^l 表示 h 国的出口企业将一单位产品运至 l 国需要支付的冰山贸易成本，τ^h 表示 l 国的出口企业将一单位产品运至 h 国需要支付的冰山贸易成本，此处的 h 代表与 l 相对的贸易国。假设冰山贸易成本与产品质量提升无关，因此企业的出口边际成本为 $\tau c+\delta\lambda$，c 仍然定义为生产边际成本，$\delta\lambda$ 仍然定义为质量提升边际成本。

根据利润最大化原则，可得 l 国企业在国内市场 D 和出口市场 X 上的利润函数如式（4-7）和式（4-8）所示：

$$\pi_D^l(c,\lambda)=[p_D^l(c,\lambda)-c-\delta^l\lambda_D^l]q_D^l(c,\lambda)-\theta(\lambda_D^l)^2,l=\{H,F\} \tag{4-7}$$

①此处为了表述的一般性，略去了生产边际成本 c 和生产率 φ 的下标 i。

②此处为了表述的一般性，略去了质量提升边际成本 $\delta\lambda$ 的下标 i。

$$\pi_X^l(c,\lambda) = [p_X^l(c,\lambda) - \tau^h c - \delta^l \lambda_X^l] q_X^l(c,\lambda) - \theta(\lambda_X^l)^2, l = \{H,F\} \tag{4-8}$$

式（4-7）和式（4-8）中的上标 $l = \{H,F\}$ 分别表示本国和外国，这里指代本国企业和外国企业；下标 D,X 分别表示在国内市场销售和出口市场销售。式（4-7）中 p_D^l、q_D^l、λ_D^l、π_D^l 分别表示 l 国企业在国内市场的产品价格、销售量、产品质量提升和利润。式（4-8）中 p_X^l、q_X^l、λ_X^l、π_X^l 分别表示 l 国企业在出口市场的产品价格、销售量、产品质量提升和利润。

l 国的生产企业在国内市场 D 和出口市场 X 同时实现利润最大化的条件如式（4-9）和式（4-10）所示：

$$q_D^l(c,\lambda) = \frac{L^l}{\gamma}[p_D^l(c,\lambda) - c - \delta^l \lambda_D^l] \tag{4-9}$$

$$q_X^l(c,\lambda) = \frac{L^h}{\gamma}[p_X^l(c,\lambda) - \tau^h c - \delta^l \lambda_X^l] \tag{4-10}$$

假定 l 国生产企业在国内市场和出口市场的临界生产边际成本分别为 c_D^l 和 c_X^l，只有当企业的生产边际成本小于临界生产边际成本时，企业才会生产。在不考虑质量提升边际成本 $\delta\lambda$ 时，此时 l 国生产企业在国内市场和出口市场的临界生产边际成本满足式（4-11）和式（4-12）的条件：

$$c_D^l = sup\{\pi_D^l(c) > 0\} = p^l \tag{4-11}$$

$$c_X^l = sup\{\pi_X^l(c) > 0\} = \frac{p^h}{\tau^h} \tag{4-12}$$

l 国生产企业根据利润最大化原则，选择在国内市场 D 和出口市场 X 的产品价格和销售数量，如式（4-13）至式（4-16）所示：

$$p_D^l(c,\lambda) = \frac{1}{2}(c_D^l + c) + \frac{1}{2}(\beta^l + \delta^l)\lambda_D^l \tag{4-13}$$

$$p_X^l(c,\lambda) = \frac{\tau^h}{2}(c_X^l + c) + \frac{1}{2}(\beta^h + \delta^l)\lambda_X^l \tag{4-14}$$

$$q_D^l(c,\lambda) = \frac{L^l}{2\gamma}(c_D^l - c) + \frac{L^l}{2\gamma}(\beta^l - \delta^l)\lambda_D^l \tag{4-15}$$

$$q_X^l(c,\lambda) = \frac{L^h}{2\gamma}\tau^h(c_X^l - c) + \frac{L^h}{2\gamma}(\beta^h - \delta^l)\lambda_X^l \tag{4-16}$$

l国生产企业的国内市场和出口市场的利润如式（4－17）和式（4－18）所示：

$$\pi_D^l(c,\lambda) = \frac{L^l}{4\gamma}[(c_D^l - c) + (\beta^l - \delta^l)\lambda_D^l]^2 - \theta(\lambda_D^l)^2 \quad (4-17)$$

$$\pi_X^l(c,\lambda) = \frac{L^h}{4\gamma}[\tau^h(c_X^l - c) + (\beta^h - \delta^l)\lambda_X^l]^2 - \theta(\lambda_X^l)^2 \quad (4-18)$$

企业根据利润最大化原则，选择最优的国内产品质量提升λ_D^{l*}和出口产品质量提升λ_X^{l*}，如式（4－19）和式（4－20）所示：

$$\lambda_D^{l*}(c) = \Phi_D^l(c_D^l - c) \quad (4-19)$$

$$\lambda_X^{l*}(c) = \tau^h \Phi_X^l(c_X^l - c) \quad (4-20)$$

式（4－19）中的参数$\Phi_D^l = \frac{L^l(\beta^l - \delta^l)}{4\theta^l\gamma - L^l(\beta^l - \delta^l)^2}$，式（4－20）中的参数$\Phi_X^l = \frac{L^h(\beta^h - \delta^l)}{4\theta^l\gamma - L^h(\beta^h - \delta^l)^2}$，为了确保产品质量提升的数值为正，分别假设$4\theta^l\gamma > L^l(\beta^l - \delta^l)^2$且$\beta^l > \delta^l$（使$\Phi_D^l$的取值始终大于零），$4\theta^l\gamma > L^h(\beta^h - \delta^l)^2$且$\beta^h > \delta^l$（使$\Phi_X^l$的取值始终大于零）。

式（4－20）是最优出口产品质量提升的决定公式，该式表明：在出口市场中，在其他参数既定的情况下，最优出口产品质量提升λ_X^{l*}是生产边际成本c的函数。对式（4－20）求导可得，$\partial\lambda_X^{l*}/\partial c < 0$，表明出口产品质量提升与生产边际成本之间存在着负相关关系。结合上文中所分析的生产边际成本与生产率之间的负相关关系，可知$\frac{\partial\lambda_X^{l*}}{\partial\varphi} = \frac{\partial\lambda_X^{l*}}{\partial c}\frac{\partial c}{\partial\varphi} > 0$，表明随着企业的生产边际成本$c$的不断降低，也即企业生产率水平的不断提高，企业的出口产品质量提升幅度也会越大。

l国生产企业的国内市场销售收益如式（4－21）所示：

$$r_D^l(c,\lambda) = p_D^l(c,\lambda) \times q_D^l(c,\lambda)$$

$$= \frac{L^l}{4\gamma}\left\{(c_D^l)^2 - c^2 + 2(\beta^l c_D^l - \delta^l c)(\lambda_D^l) + [(\beta^l)^2 - (\delta^l)^2](\lambda_D^l)^2\right\} \quad (4-21)$$

进一步地，可得 l 国生产企业的出口市场销售收益（本研究中将其作为企业出口规模的衡量指标）如式（4－22）所示。这也是本章中所重点关注的核心表达式。

$$r_X^l(c,\lambda) = p_X^l(c,\lambda) \times q_X^l(c,\lambda)$$

$$= \frac{L^h}{4\gamma}\left\{(\tau^h)^2[(c_X^l)^2 - c^2] + 2\tau^h(\beta^h c_X^l - \delta^l c)(\lambda_X^l) + [(\beta^h)^2 - (\delta^l)^2](\lambda_X^l)^2\right\} \tag{4-22}$$

由式（4－22）可知：在出口市场中，在其他参数既定的情况下，企业的出口规模（出口市场销售收益）r_X^l 是生产边际成本 c 和出口产品质量提升 λ_X^l 的函数。为了得到边际影响的表达式，对式（4－22）求 r_X^l 关于 λ_X^l 的偏导可得式（4－23）：

$$\frac{\partial r_X^l(c,\lambda)}{\partial \lambda_X^l} = \frac{L^h}{2\gamma}\left\{\begin{matrix}\underbrace{(\tau^h)^2[-c(\partial c/\partial\lambda_X^l)]}_{>0} + \underbrace{\tau^h[-\delta^l(\partial c/\partial\lambda_X^l)(\lambda_X^l) + (\beta^h c_X^l - \delta^l c)]}_{>0} \\ + \underbrace{[(\beta^h)^2 - (\delta^l)^2](\lambda_X^l)}_{>0}\end{matrix}\right\} > 0 \tag{4-23}$$

式（4－23）显示：产品质量提升对企业出口规模（出口市场销售收益）的边际影响，取决于等式右边花括号中三项式相加之和的正负号。结合上文中推导出的产品质量提升 λ_X^{l*} 和生产边际成本 c 的负相关关系，可知花括号中第一项 $(\tau^h)^2[-c(\partial c/\partial\lambda_X^l)] > 0$；第二项 $\tau^h[-\delta^l(\partial c/\partial\lambda_X^l)(\lambda_X^l) + (\beta^h c_X^l - \delta^l c)] > 0, (\lambda_X^l > 0, \beta^h > \delta^l, c_X^l > c)$；第三项 $[(\beta^h)^2 - (\delta^l)^2](\lambda_X^l) > 0, (\lambda_X^l > 0, \beta^h > \delta^l)$。因此，式（4－23）最终可以推导出 $\partial r_X^l(c,\lambda)/\partial\lambda_X^l > 0$。

由此，可以获得本章的核心命题 1：

命题 4－1：产品质量提升幅度越大，企业的出口规模（出口市场销售收益）就越大，即产品质量提升会产生显著的出口增长效应。

与此同时，本章也考察企业生产率对企业出口规模（出口市场销售收益）的边际影响，首先对式（4－22）求 r_X^l 关于 c 的偏导可得式（4－24），其次结合生产边际成本 c 和生产率 φ 的负相关关系，可得生产率对企业出口规模（出口市场销售收益）的边际影响表达式如式(4－25)所示：

$$\frac{\partial r_X^l(c,\lambda)}{\partial c} = \frac{\partial r_X^l(c,\lambda)}{\partial \lambda_X^l}\frac{\partial \lambda_X^l}{\partial c} < 0 \tag{4-24}$$

$$\frac{\partial r_X^l(c,\lambda)}{\partial \varphi} = \frac{\partial r_X^l(c,\lambda)}{\partial c}\frac{\partial c}{\partial \varphi} > 0 \tag{4-25}$$

由此，可以获得本章的核心命题2：

命题4－2：生产率水平越高，企业的出口规模（出口市场销售收益）就越大，即生产率提高会产生显著的出口增长效应。此外，其他企业异质性特征变量（资本密集度、企业规模、企业年龄、出口产品种类等）也会对出口规模（出口市场销售收益）产生影响。

三、自由进入均衡

开放经济下，假设两国有相同的技术，企业选择一个生产地并要支付沉没成本 f_E。l 国生产企业的预期利润为 $\int_0^{c_D^l}\pi_D^l(c、\lambda_D^l)\mathrm{d}G(c) + \int_0^{c_X^l}\pi_X^l(c、\lambda_X^l)\mathrm{d}G(c) - f_E$。只有在预期利润为正的情况下，企业才会进入市场，反之则没有企业进入。随着新企业的不断进入，在均衡状态下，企业的预期利润最终将降为零。因此，l 国企业的自由进入条件为期望利润等于进入市场支付的沉没成本，如式（4－26）所示：

$$\int_0^{c_D^l}\pi_D^l(c、\lambda_D^l)\mathrm{d}G(c) + \int_0^{c_X^l}\pi_X^l(c、\lambda_X^l)\mathrm{d}G(c) = f_E \tag{4-26}$$

假设两国企业的生产边际成本 c 都服从帕累托分布，$G(c) = (c/c_m)^k, c \in [0,c_m], k \geqslant 1$，且根据式（4－11）和式（4－12），可知 l 国生产企业在国内市场和出口市场的临界生产边际成本 $c_D^l = p^l$、$c_X^l = \frac{p^h}{\tau^h}$。对称的，$h$ 国生产企业在国内市场和出口市场的临界生产边际成本分别为

$c_D^h = p^h$、$c_X^h = \dfrac{p^l}{\tau^l} = \dfrac{c_D^l}{\tau^l} < c_D^l$①，则在开放经济中的 l 国生产企业自由进入条件可改写成式（4－27）：

$$L^l[1+(\beta^l-\delta^l)\Phi_D^l](c_D^l)^{k+2} + L^h[1+(\beta^h-\delta^l)\Phi_X^l](c_D^h)^{k+2}(\tau^h)^{-k} = \gamma\Psi \tag{4-27}$$

其中，$\Psi = 2c_m^k(k+1)(k+2)f_E$。参照上述分析，也可得到位于相对国的 h 国生产企业同样的表达式。联立两个表达式，可求得 l 国生产企业在国内市场的临界生产边际成本 c_D^l 和 h 国生产企业在国内市场的临界生产边际成本 c_D^h 如式（4－28）和式（4－29）所示：

$$c_D^l = \left\{\frac{\gamma\Psi}{L^l}\left[\frac{[1+(\beta^h-\delta^h)\Phi_D^h]-(\tau^h)^{-k}[1+(\beta^h-\delta^l)\Phi_X^l]}{[1+(\beta^l-\delta^l)\Phi_D^l][1+(\beta^h-\delta^h)\Phi_D^h]-(\tau^l)^{-k}(\tau^h)^{-k}[1+(\beta^h-\delta^l)\Phi_X^l][1+(\beta^l-\delta^h)\Phi_X^h]}\right]\right\}^{\frac{1}{k+2}} \tag{4-28}$$

$$c_D^h = \left\{\frac{\gamma\Psi}{L^h}\left[\frac{[1+(\beta^l-\delta^l)\Phi_D^l]-(\tau^l)^{-k}[1+(\beta^l-\delta^h)\Phi_X^h]}{[1+(\beta^l-\delta^l)\Phi_D^l][1+(\beta^h-\delta^h)\Phi_D^h]-(\tau^l)^{-k}(\tau^h)^{-k}[1+(\beta^h-\delta^l)\Phi_X^l][1+(\beta^l-\delta^h)\Phi_X^h]}\right]\right\}^{\frac{1}{k+2}} \tag{4-29}$$

式（4－28）表明，在开放经济条件下，l 国生产企业在国内市场的临界生产边际成本 c_D^l 越低，意味着进入国内市场的临界生产率水平越高，竞争更加激烈。

l 国生产企业在出口市场的临界生产边际成本 c_X^l，如式（4－30）所示：

$$c_X^l = \frac{1}{\tau^h}\left\{\frac{\gamma\Psi}{L^h}\left[\frac{[1+(\beta^l-\delta^l)\Phi_D^l]-(\tau^l)^{-k}[1+(\beta^l-\delta^h)\Phi_X^h]}{[1+(\beta^l-\delta^l)\Phi_D^l][1+(\beta^h-\delta^h)\Phi_D^h]-(\tau^l)^{-k}(\tau^h)^{-k}[1+(\beta^h-\delta^l)\Phi_X^l][1+(\beta^l-\delta^h)\Phi_X^h]}\right]\right\}^{\frac{1}{k+2}} \tag{4-30}$$

假定出口市场比国内市场竞争更加激烈，即出口市场平均价格更低 $\bar{p}_X^l < \bar{p}_D^l$，可知 $p^h < p^l$，由于 $\tau > 1$，所以 $c_D^l > c_X^l$。综上所述，企业的生

①贸易壁垒的存在使得企业从 h 国出口到 l 国市场的成本要求比 l 国国内企业存活的成本要求更低，也即出口企业的生产率水平要更高。

产与出口行为可以划分为三类：$c < c_X^l$ 的企业，生产率最高，产品质量提升幅度也最大，既供应国内市场又出口到国外市场；$c_X^l < c < c_D^l$ 的企业，生产率次之，产品质量提升幅度次之，仅供应国内市场；$c > c_D^l$ 的企业，生产率最小，产品质量提升幅度也最小，会退出生产。

第二节　特征性事实描述

考虑到中国工业企业数据库中2004年的出口交货值指标缺失（聂辉华等，2012）；2010年中国工业企业数据质量存在质疑（洪静等，2017；王万珺、刘小玄，2018），原始出口交货值对比2009年和2011年有不合理的急剧减少，而中国海关数据库中的出口额是由海关根据每一笔出口交易统计得到的，数据质量更高。因此，在本小节的特征性事实描述中，使用中国海关数据库中的出口额来进行测度分析。

一、整体统计分析

从微观层面来看，企业出口规模的扩大，意味着企业产品在国际市场上的认可度和市场占有率的提高。图4－1反映出2000—2013年中国工业企业出口规模整体呈上升趋势，从2000年的30154上升至2013年的99899（单位：千元）。2009年由于国际金融危机冲击的不良后果开始显现，中国

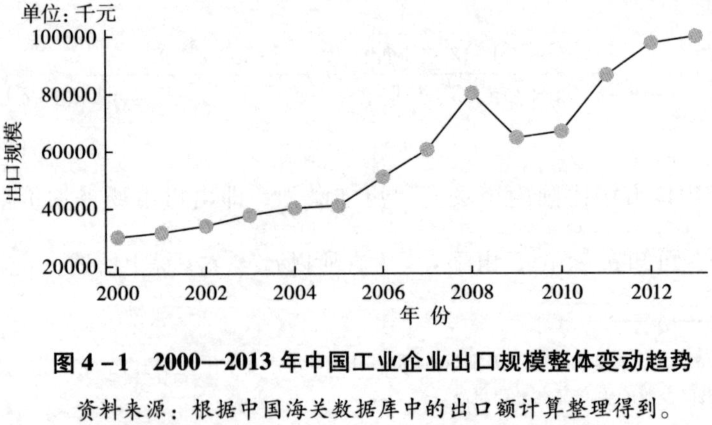

图4－1　2000—2013年中国工业企业出口规模整体变动趋势

资料来源：根据中国海关数据库中的出口额计算整理得到。

工业企业的出口规模出现较大幅度的下降。2010 年以后，出口规模又开始快速增长。整体来看，在国际经济形势复杂多变的背景下，中国工业企业的出口规模始终保持着较强的增长韧性。

二、分组统计分析

（一）不同所有制企业的出口规模统计分析

对中国工业企业的出口规模分不同所有制企业进行统计分析，结果如图 4－2 所示：2000—2013 年外资企业、国有企业和私营企业的出口规模均呈波动上升态势。其中，国有企业的出口规模较大，外资企业的出口规模次之、私营企业的出口规模相对较小。从增长速度来看，国有企业的出口规模在 2000—2003 年呈缓慢增长态势，出口规模小于外资企业，但从 2004 年开始，国有企业的出口规模迅速提升并赶超外资企业。此外，国有企业的出口规模波动性较大，在 2009—2010 年国际金融危机、2012—2013 年欧债危机期间出口规模均大幅下降。外资企业的出口规模除 2004 年和 2009 年外，其余年份均呈稳定增长态势。私营企业的出口规模也实现了一定程度的增长，但与国有企业和外资企业相比，整体增速较为缓慢。

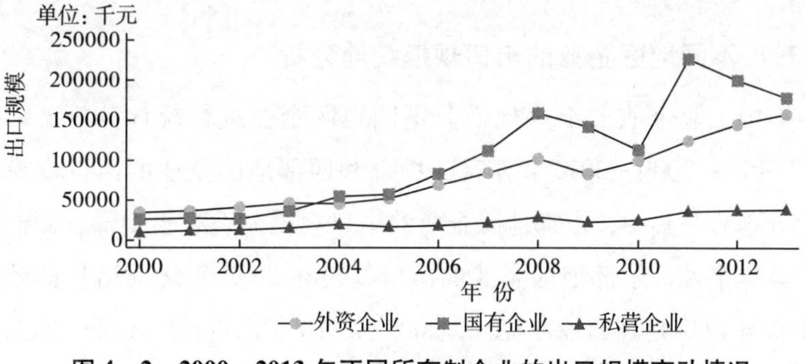

图 4－2　2000—2013 年不同所有制企业的出口规模变动情况

资料来源：根据中国海关数据库中的出口额计算整理得到。

（二）不同规模企业的出口规模统计分析

对中国工业企业的出口规模分企业规模异质性进行统计分析，结果如

图 4－3 所示：2000—2013 年大型企业、中型企业、小型企业和微型企业的出口规模均呈波动上升态势。其中，大型企业的出口规模显著高于中型企业、小型企业和微型企业。具体来说，大型企业的出口规模在 2008 年以前呈现快速增长态势，并在 2008 年达到最高峰，2009—2011 年受到国际金融危机冲击出现较大幅度的下降，2012 年开始出口规模又出现反弹增长。中型企业的出口规模也保持较为稳定的增长态势，但出口规模增幅相对较低。小型企业和微型企业的出口规模变动趋势基本保持一致，也在波动中不断上升。

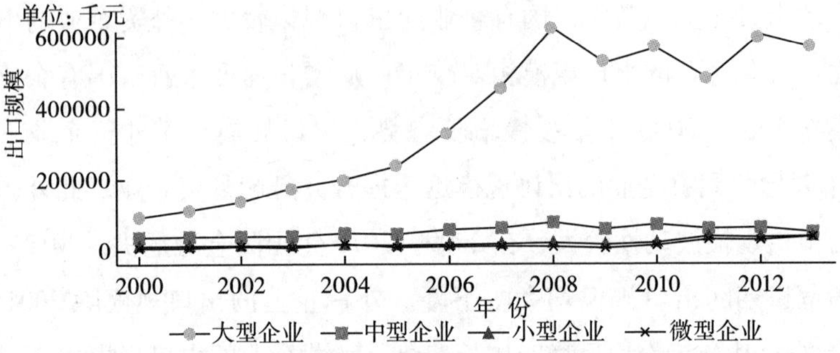

图 4－3　2000—2013 年不同规模企业的出口规模变动情况

资料来源：根据中国海关数据库中的出口额计算整理得到。

（三）不同地区企业的出口规模统计分析

对中国工业企业的出口规模分不同地区企业进行统计分析，结果如图 4－4 所示：2000—2013 年东部、中部和西部地区企业的出口规模均呈波动上升态势。其中，东部地区企业的出口规模显著高于中部、西部地区企业。具体来说，东部地区企业的出口规模在 2005 年之前增长都较为平缓，2005 年以后则开始加速提升，2009—2010 年出现短暂下降，随后又开始快速上升。此外，中部地区企业出口规模的变动趋势和东部地区保持高度一致性，呈现出同升同降的态势。西部地区企业的出口规模在 2009 年之前都维持着缓慢增长态势，在 2009 年触底后，又开始快速回升。

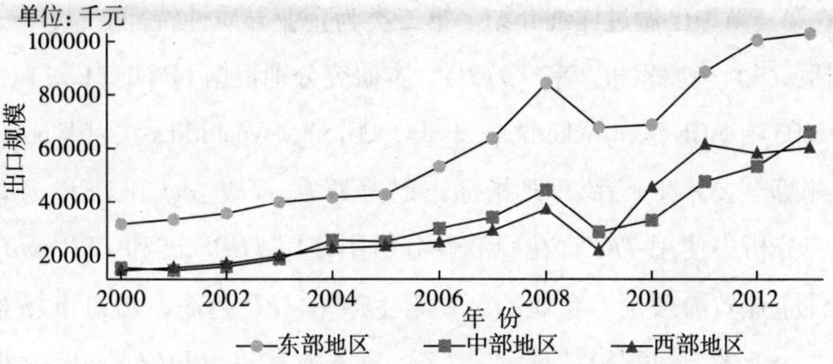

图 4-4　2000—2013 年不同地区企业的出口规模变动情况

资料来源：根据中国海关数据库中的出口额计算整理得到。

第三节　计量分析

一、产品质量提升对企业出口规模影响的计量分析

（一）模型设定、变量构造与数据来源

1. 计量模型设定

本章的研究目的是考察产品质量提升是否带来了出口规模的增长效应。为此，本研究以企业的出口规模取对数作为被解释变量，以产品质量提升为核心解释变量，建立如下计量模型：

$$\ln export_{ijt} = \beta_0 + \beta_1 QI_{ijt} + \sum\nolimits_m \beta_m firmhete_{ijt} + \sum\nolimits_n \beta_n control_{ijt} + u_i + u_j + u_t + \varepsilon_{ijt} \quad (4-31)$$

式（4-31）中，下标 i、j、t 分别表示企业、行业、年份；u_i、u_j、u_t 分别表示企业、行业、年份固定效应；ε_{ijt} 为随机误差项。

2. 变量构造

被解释变量为企业的出口规模取对数（ln*export*），采用中国海关数据库中的企业出口额取对数来度量。

解释变量主要有三类：第一类为企业的产品质量提升（*QI*），其内涵和测

度方法在第三章中已做过详细介绍。第二类为企业异质性特征变量(*firmhete*)，具体包括：（1）全要素生产率（*TFP*），本研究分别根据 LP 法（Levinsohn and Petrin, 2003）、ACF 法（Ackerberg et al. , 2015）、Wooldridge法（Wooldridge, 2009）测算全要素生产率 *TFP* 指标，记为 *TFP*、*TFP_acf* 和 *TFP_wrdg*，在基准回归分析中使用 *TFP*，在稳健性分析中使用 *TFP_acf* 和 *TFP_wrdg*。根据异质性企业贸易理论，企业的全要素生产率 *TFP* 越高，出口市场竞争力就越强，企业的出口规模就越大。（2）资本密集度（ln*KL*），用企业固定资产净值与企业员工人数的比值取对数来度量。资本密集度高的企业拥有相对丰裕的资本和技术设备，更有条件进行技术创新和产品质量提升，更有可能扩大出口规模。（3）企业规模（*scale*），根据 2017 年国家统计局发布的划分标准，依据从业人员数量将企业规模划分为大型、中型、小型、微型四类，并产生 3 个虚拟变量 *scale*1、*scale*2、*scale*3，分别代表小型企业、中型企业和大型企业，而微型企业则作为基准参考。企业规模越大，一般意味着企业资本实力和抵御风险能力越强。在规模报酬递增的假设下，企业可以降低单位生产成本，扩大出口规模。（4）企业年龄（ln*age*），用样本所处年份减去企业开业年份加 1 并取对数来度量，该变量反映了企业存续时间对出口规模的影响。企业存续时间越长，往往意味着企业的消费群体较稳定，质量声誉和品牌认可度较高，出口规模就可能越大。（5）出口产品种类（ln*variety*），用企业每年出口的 HS6 位码上的产品种类个数取对数来度量。企业生产并出口的产品种类越多，越能满足消费者的多样化偏好，进而可能扩大出口规模。（6）融资约束（*finance*），用企业的利息支出加 1 取对数来度量。融资能力强的企业有相对充沛的资金进行工艺创新和产品创新，从而提升产品质量，扩大出口规模。第三类为控制变量(*control*)，主要包括：（1）外资参与度（*fi*），用企业的外资投入与总资产之比来度量。企业吸纳外资能力越强，拥有的资本越多，越有可能改进生产技术，提高管理水平，扩大出口规模。（2）政府补贴（*sub*），该变量为虚拟变量，若企业获得政府补贴，$sub=1$；否则 $sub=0$。政府补贴是一把“双刃剑”：一方面，企业获得政府补贴后，更可能采用先进的生产设备，加大创新研发，提升产品质量，促进出口规模的扩大；但另一方面，政府补贴资源错配可能使得企业在获取补贴后一劳永逸，反而不利于企业出口规模的扩大。因此，政府补贴会对出口规模产生一定的影响，但是影响的方向并不明确。(3) 企业级别虚拟变量（*center*），根据企业隶属关系将企业划分为中央直属企业和地方企业，当企业为中央直属企业时，*center* =1；否则 *center* =0。中央直属企业往往实力雄厚，部分企业还从事着具有排他性和垄断性的国营贸易，可能会对出口规模产生一定的影响。(4) 企业所有制虚拟变量（*ownership*）。当企业为外资企业时，*foreign* =1；否则 *foreign* =0。当企业为国有企业时，*state* =1；否则 *state* =0。模型中的变量、符号及含义见表 4－1。

表 4－1　模型中的变量、符号及含义

变量	符号	含义
被解释变量：		
出口规模	ln*export*	企业出口额取对数
解释变量		
1. 产品质量提升	*QI*	$QI_{it} = \Delta quality_{it} = quality_{it} - quality_{it-1}$
2. 产品质量升级	*QU*	见“表 3－2　产品质量升级的评价指标”
低层次产品质量升级	*LQU*	见“表 3－2　产品质量升级的评价指标”
中层次产品质量升级	*MQU*	见“表 3－2　产品质量升级的评价指标”
高层次产品质量升级	*HQU*	见“表 3－2　产品质量升级的评价指标”
3. 企业异质性特征变量		
(1) 全要素生产率	*TFP*	根据 LP 法测算得到
(2) 资本密集度	ln*KL*	企业固定资产净值与企业员工人数的比值取对数
(3) 企业规模（虚拟变量）[a]　小型企业	*scale*1	小型企业 *scale*1 =1，否则取 0
中型企业	*scale*2	中型企业 *scale*2 =1，否则取 0
大型企业	*scale*3	大型企业 *scale*3 =1，否则取 0
(4) 企业年龄	ln*age*	样本所处年份减去企业开业年份加 1 并取对数
(5) 出口产品种类	ln*variety*	企业每年出口的 HS 6 位码上的产品种类个数取对数
(6) 融资约束	*finance*	企业的利息支出加 1 取对数

续表

变量	符号	含义
4. 控制变量		
（1）外资参与度	*fi*	企业资本中外资占比
（2）政府补贴（虚拟变量）	*sub*	企业补贴值大于零时，*sub* = 1；否则取 0
（3）企业级别[b]（虚拟变量）	*center*	企业为中央直属企业时，*center* = 1；否则取 0
（4）企业所有制变量	*ownership*	
外资企业[c]（虚拟变量）	*foreign*	外资企业 *foreign* = 1，否则取 0
国有企业[d]（虚拟变量）	*state*	国有企业 *state* = 1，否则取 0

参照基准：a 微型企业；b 地方企业；c 内资企业；d 非国有企业。

3. 数据来源与处理

本章使用的数据来源于三个数据库的信息合并汇总，分别是 2000—2013 年中国工业企业数据库、中国海关数据库以及本研究自行搜集整理的中国工业企业产品质量升级数据库。

首先，对中国工业企业数据库进行处理，本研究参考杨汝岱（2015）、Brandt 等（2012，2017）的处理方法：第一步，剔除企业名称、销售额、资本存量、总资产、固定资产等关键信息为 0、负值或缺失的样本；第二步，剔除企业雇佣人数小于等于 8 人的样本；第三步，剔除企业生存年龄小于 0 的样本；第四步，剔除总资产小于固定资产、总资产小于流动资产、工业增加值大于工业销售值的样本，剔除固定资产总额小于 10 万元及销售总额小于 500 万元的样本；第五步，以 2000 年为基期，以工业生产者出厂价格指数对工业总产值和工业增加值进行平减，以固定资产投资价格指数对固定资产净值进行平减；第六步，保留行业代码为 13—43 的制造业样本。

其次，对中国海关数据库进行处理，本研究参考施炳展和邵文波（2014），樊海潮和郭光远（2015），余淼杰和张睿（2017）的处理方法：第一步，删除信息缺失样本，包括缺失企业名称、来源国和目的国、HS 产品编码等的样本；第二步，剔除单笔贸易金额小于 50 美元和交易数量小于 1 或缺失的样本；第三步，删除贸易中间商样本；第四步，将中国海关数据库中的月度数据进行加总得到年度数据；第五步，将 2000—2013 年贸易产品的HS 8位码转化为HS 6位码，再将各个年份不同版本的HS 6位码统一转换至HS 96版本①；第六步，由于本研究的研究对象为出口企业，所以仅保留2000—2013年的出口企业数据。

再次，将中国工业企业数据库和中国海关数据库进行合并匹配，本研究参考Yu等（2012）、樊海潮和郭光远（2015）的做法：第一步，将企业名称和年份相同的企业合并；第二步，将邮政编码相同并且电话号码后7位也相同的企业进行再次合并。

然后，将上述两库匹配后的出口企业样本，分年度进行产品质量升级赋值（依据“表3-2 产品质量升级的评价指标”）。其中，企业所获得的质量奖信息来源于企业官方网站、省人民政府官方网站、省人民政府数据开放平台及相关主管部门公布的历年奖励表彰公示文件；企业所获得的驰名商标和名牌产品信息来源于企业官方网站、省市场监督管理局、省知识产权局和驰名商标网站；企业所获得的质量认证信息来源于企业官方网站、全国认证认可信息公共服务平台、中国质量认证中心等官方权威网站。如果某一企业在该年度并未取得任何质量荣誉，则产品质量升级$QU=0$。如果某一企业在某一年度同时获得多个质量荣誉，则取其中最大者赋值。如果某一企业在某一年度所获的质量荣誉并未发生新的升级变化，则产品质量升级QU的赋值保持不变。产品质量升级QU的赋值完成后，进一步完成低、中、高三大产品质量升级层次的赋值。

最后，对合并匹配后的数据进行关键指标填补。第一步，对工业增加值指标进行填补。针对2001年工业增加值指标的缺失，采用生产法来计算填补②。针对2004年工业增加值指标的缺失，采用收入法来计算填补③。针对2008—2013年工业增加值指标的缺失，先采用线性插值法对2008—

①海关HS 8位数产品编码在2002年、2007年、2012年进行过三次调整，联合国网站提供了不同版本HS海关编码转换表，http://unstats.un.org.

②生产法计算方法为：工业增加值＝工业总产值－工业中间投入＋本期应交增值税（聂辉华等，2012）。

③收入法计算方法为：工业增加值＝本年折旧＋应付劳动者薪酬＋营业利润＋应交各种税（营业税＋管理费用中的税金＋所得税＋增值税）－补贴收入。

2010 年的补贴收入和本年折旧指标进行填补，然后再采用收入法计算 2008—2013年的工业增加值。第二步，对中间投入品指标进行填补，由于第一步已经对工业增加值进行了填补，因此，可根据生产法来倒推 2008—2013 年的中间投入指标①。

通过上述处理，最终得到 2000—2013 年 124332 家出口企业的 417072 个观测值。匹配上企业样本占中国工业企业数据库中出口企业数量的 45. 44%，出口额占到中国工业企业数据库中出口额的 46. 63%。模型中主要变量的描述性统计结果见表 4 – 2。

表 4 – 2　模型中主要变量的描述性统计结果

变量	观测值	均值	标准差	最小值	最大值
ln*export*	417072	9. 1224	2. 1145	– 1. 1568	19. 0698
QI	233371	0. 0012	0. 0945	– 1	1
QU	417072	1. 9980	3. 3689	0	8
LQU	417072	0. 0217	0. 1457	0	1
MQU	417072	0. 0327	0. 1778	0	1
HQU	417072	0. 2276	0. 4193	0	1
TFP	386930	6. 0607	1. 0644	0. 0017	14. 0168
ln*KL*	405833	3. 5514	1. 4061	– 6. 3604	13. 5569
*scale*1	417072	0. 5934	0. 4912	0	1
*scale*2	417072	0. 3103	0. 4626	0	1
*scale*3	417072	0. 0856	0. 2797	0	1
ln*age*	417072	2. 1518	0. 6663	0	5. 1358
ln*variety*	417072	1. 3056	1. 0179	0	6. 6695
finance	385660	4. 2021	3. 3906	0	15. 6622
fi	417072	0. 2798	0. 3504	0	1
sub	417072	0. 3327	0. 4712	0	1

注：*QI* 表示产品质量提升，是利用回归反推法（KSW 法）先测算出口产品质量，再取差分，因此导致了观测值的减少。由于负数和零的存在，导致其他一些变量在计算过程中样本缺失，观测值减少。

①工业中间投入 = 工业总产值 – 工业增加值 + 本期应交增值税。其中，2008—2013 年工业总产值和本期应交增值税可以直接从中国工业企业数据库获取，2008—2013 年工业增加值则通过上文收入法核算获取。

（二）基准回归

1. 回归结果

本研究采用固定效应 FE 和逐步加入控制变量的方法对式（4－31）进行估计，并采用稳健的标准误（Robust Standard）消除了变量潜在的序列相关和异方差问题，基准回归结果如表4－3所示。其中，第（1）列引入核心解释变量产品质量提升以及企业异质性特征变量（全要素生产率、资本密集度、企业规模、企业年龄、出口产品种类、融资约束）。第（2）列加入了外资参与度变量。第（3）列进一步控制了政府补贴变量。第（4）列至第（6）列依次加入企业级别、外资企业、国有企业虚拟变量。

表4－3中的第（1）列至第（6）列的回归结果显示：无论是否引入控制变量，核心解释变量产品质量提升（*QI*）均对企业出口规模产生促进作用，表明企业的产品质量提升幅度越大，出口规模就越大。这也验证了命题4－1，即产品质量提升产生了显著的出口增长效应。产品质量提升能够增进民生福祉、满足消费者日益增长的质量需求。随着世界收入水平的不断提高，产品质量提升成为拉动出口增长的重要引擎。

下面对表4－3中第（6）列的回归结果进行进一步地分析：在企业异质性特征变量方面：企业全要素生产率（*TFP*）对出口规模有显著的正向影响。这一回归结果也验证了命题4－2，即生产率与企业出口规模之间存在着正相关关系，生产率的提高产生了显著的出口增长效应。企业的全要素生产率越高，意味着企业更有能力实现产品质量提升，在出口市场上的竞争力就越强，因此，企业出口规模就越大。资本密集度（ln*KL*）对出口规模有显著的正向影响。企业规模（*scale*）对出口规模有显著的促进作用，即企业规模越大，出口规模就越大。企业年龄（ln*age*）对出口规模有负向影响但不显著。出口产品种类（ln*variety*）对出口规模有显著的正向影响，企业出口的产品种类越多，不仅意味着企业有更强的产品创新能力，且能满足消费者对差异化产品的需要，因此企业的出口规模也随之扩大。企业的融资约束（*finance*）对出口规模有显著的正向影响。企业融资能力越强，就越有充沛的资金投入研发、生产以及出口市场开拓等，企业的出口规模就越大。

表 4-3 产品质量提升、企业异质性与出口规模的回归结果

变量	(1)	(2)	(3)	(4)	(5)	(6)
QI	1.2735*** (0.0399)	1.2738*** (0.0399)	1.2746*** (0.0399)	1.2749*** (0.0399)	1.2751*** (0.0399)	1.2751*** (0.0399)
TFP	0.1223*** (0.0052)	0.1230*** (0.0052)	0.1225*** (0.0052)	0.1225*** (0.0052)	0.1224*** (0.0052)	0.1224*** (0.0052)
ln*KL*	0.0280*** (0.0049)	0.0277*** (0.0049)	0.0276*** (0.0049)	0.0277*** (0.0049)	0.0277*** (0.0049)	0.0278*** (0.0049)
*scale*1	0.2907*** (0.0452)	0.2916*** (0.0452)	0.2919*** (0.0452)	0.2920*** (0.0452)	0.2916*** (0.0452)	0.2918*** (0.0452)
*scale*2	0.4798*** (0.0466)	0.4812*** (0.0466)	0.4805*** (0.0466)	0.4806*** (0.0466)	0.4802*** (0.0466)	0.4802*** (0.0466)
*scale*3	0.6733*** (0.0513)	0.6752*** (0.0513)	0.6728*** (0.0513)	0.6728*** (0.0513)	0.6724*** (0.0513)	0.6728*** (0.0513)
ln*age*	-0.0081 (0.0143)	-0.0075 (0.0143)	-0.0077 (0.0143)	-0.0075 (0.0143)	-0.0071 (0.0143)	-0.0065 (0.0143)
ln*variety*	0.6958*** (0.0089)	0.6960*** (0.0089)	0.6956*** (0.0089)	0.6955*** (0.0089)	0.6955*** (0.0089)	0.6955*** (0.0089)
finance	0.0140*** (0.0014)	0.0140*** (0.0014)	0.0138*** (0.0014)	0.0138*** (0.0014)	0.0138*** (0.0014)	0.0138*** (0.0014)
fi		0.0425*** (0.0131)	0.0362*** (0.0132)	0.0360*** (0.0132)	0.0350*** (0.0132)	0.0341*** (0.0132)
sub			0.0484*** (0.0074)	0.0485*** (0.0074)	0.0485*** (0.0074)	0.0487*** (0.0074)
center				-0.1106 (0.0966)	-0.1106 (0.0965)	-0.1015 (0.0973)
foreign					0.0391 (0.0287)	0.0384 (0.0287)
state						-0.0303 (0.0207)

续表

变量	(1)	(2)	(3)	(4)	(5)	(6)
常数项	7.2850*** (0.1838)	7.2720*** (0.1840)	7.2612*** (0.1837)	7.2612*** (0.1837)	7.2396*** (0.1835)	7.2407*** (0.1838)
企业固定效应	yes	yes	yes	yes	yes	yes
行业固定效应	yes	yes	yes	yes	yes	yes
年份固定效应	yes	yes	yes	yes	yes	yes
观测值	203778	203778	203778	203778	203778	203778
Within R-squared	0.2124	0.2124	0.2128	0.2128	0.2128	0.2128

注：估计系数下方括号中数据为企业层面的聚类标准差；***、**、*分别代表1%、5%和10%的显著性水平。

在控制变量方面：外资参与度（*fi*）对出口规模有显著的正向影响。企业资本中外资占比越高，其出口规模就越大。获得政府补贴（*sub*）的企业出口规模显著高于没有获取政府补贴的企业。获得政府补贴的企业更有实力采购先进的生产设备、加大创新研发、提升产品质量、扩大出口规模。中央直属企业（*center*）、外资企业（*foreign*）和国有企业（*state*）的估计系数均不显著。

2. 稳健性检验

（1）内生性问题及其处理

产品质量提升（*QI*）和企业出口规模（ln*export*）之间可能相互影响，从而引发内生性问题。一方面，企业产品质量提升幅度越大，会带给消费者更高的效用满足，因此企业的出口规模随之扩大。另一方面，企业的出口规模越大，企业所获得的净利润就可能越高，企业更有实力支付研发费用、品牌推广费用和质量认证费用等，并雇佣更高素质的劳动力，因此，企业的产品质量提升幅度可能会越大。此外，全要素生产率（*TFP*）和企业出口规模（ln*export*）之间也可能互为因果关系。一方面，企业生产率越高，产品在出口市场上就越有成本优势和质量优势，出口规模就越大。另一方面，出口规模越大，企业所获得的净利润就可能越高，越有可能改进工艺流程，进一步提高全要素生产率。为解决内生性问题，本研究采用工具变量法对计量模型进行再次估计。

在构建企业产品质量提升（QI）的工具变量时，本研究借鉴许明和邓敏（2016）、刘军等（2018）使用行业层面指标变量作为企业层面内生变量的工具变量的思路①，使用行业层面的出口产品质量（去除该企业自身）作为企业层面的产品质量提升（QI）的工具变量。原因在于，若行业的出口产品质量水平较高，会使得行业内企业的竞争压力加大，原有的一些产品质量没有提升或提升幅度较小的企业，为了谋求生存和发展，会引入新的生产技术、升级原有的产品线、雇佣更高素质的劳动力、获取质量认证等，进而提升产品质量，故行业层面的工具变量对行业内的企业具有影响，满足工具变量对“相关性”的要求。而单个企业对行业的影响较小，且在测算行业出口产品质量时，剔除了该企业自身，可以认为满足工具变量对“外生性”的要求。此外，本研究还使用了企业在 $t-1$ 期的累计产品质量提升幅度作为工具变量②。企业在过去 $t-1$ 期累计的产品质量提升幅度越大，反映企业持续改进产品质量的意愿和能力越强，越有可能在第 t 期实现产品质量提升，因此，企业在 $t-1$ 期的累计产品质量提升幅度与第 t 期的产品质量提升存在相关性，同时第 t 期的误差项和过去已经发生的 $t-1$ 期的累计产品质量提升幅度也不存在相关关系。在构建全要素生产率（TFP）的工具变量时，本研究使用了企业全要素生产率（TFP）的 1 阶滞后值作为工具变量。

本研究运用工具变量法（IV－2SLS）对式（4－31）进行估计，结果如表 4－4 所示。其中，Kleibergen－Paap rk LM 检验结果表明不存在识别不足的问题；Kleibergen－Paap rk Wald F 检验结果表明不存在弱工具变量

①许明和邓敏(2016)采用上一年“国民经济行业分类 GB/T 4754－2003”中三位码行业的平均产品质量作为行业产品质量基准线的衡量指标，将其作为企业当期产品质量的工具变量。刘军等(2018)将各行业中拥有国际认可的质量认证企业所占比重(除企业自身外)作为该企业是否拥有国际认可的质量认证变量的工具变量。

②$t-1$ 期的累计产品质量提升幅度，是企业第 $t-1$ 期的产品质量水平与企业基期的产品质量水平之差，反映企业在 $t-1$ 期内总的产品质量提升幅度。

的问题；Hansen J 检验结果表明所有工具变量均外生有效。上述针对工具变量的检验表明本研究所构建的工具变量是较为合理的。表4－4 工具变量的回归结果显示，核心解释变量产品质量提升以及企业异质性特征变量的回归系数符号及显著性都未发生实质性变化，且各控制变量的估计结果也基本保持一致，反映了前文中表4－3 产品质量提升、企业异质性与出口规模的基准回归结果是可靠的。

表4－4　工具变量的回归结果

变量	(1)	(2)	(3)	(4)	(5)	(6)
QI	4.0867*** (0.0860)	4.0874*** (0.0860)	4.0849*** (0.0860)	4.0850*** (0.0860)	4.0852*** (0.0860)	4.0849*** (0.0859)
TFP	0.2433*** (0.0137)	0.2457*** (0.0138)	0.2438*** (0.0138)	0.2439*** (0.0138)	0.2437*** (0.0138)	0.2436*** (0.0138)
ln*KL*	0.0345*** (0.0044)	0.0341*** (0.0044)	0.0339*** (0.0044)	0.0341*** (0.0044)	0.0341*** (0.0044)	0.0341*** (0.0044)
*scale*1	0.3092*** (0.0420)	0.3109*** (0.0420)	0.3109*** (0.0420)	0.3110*** (0.0420)	0.3106*** (0.0420)	0.3107*** (0.0420)
*scale*2	0.4982*** (0.0432)	0.5006*** (0.0432)	0.4996*** (0.0432)	0.4997*** (0.0432)	0.4993*** (0.0432)	0.4993*** (0.0432)
*scale*3	0.6726*** (0.0470)	0.6758*** (0.0470)	0.6732*** (0.0470)	0.6732*** (0.0470)	0.6727*** (0.0470)	0.6731*** (0.0470)
ln*age*	−0.0047 (0.0127)	−0.0039 (0.0127)	−0.0041 (0.0127)	−0.0036 (0.0127)	−0.0033 (0.0127)	−0.0028 (0.0127)
ln*variety*	0.6785*** (0.0075)	0.6787*** (0.0075)	0.6783*** (0.0075)	0.6783*** (0.0075)	0.6782*** (0.0075)	0.6782*** (0.0075)
finance	0.0124*** (0.0014)	0.0124*** (0.0014)	0.0122*** (0.0014)	0.0122*** (0.0014)	0.0122*** (0.0014)	0.0122*** (0.0014)
fi		0.0681*** (0.0126)	0.0615*** (0.0126)	0.0612*** (0.0126)	0.0603*** (0.0126)	0.0594*** (0.0126)
sub			0.0488*** (0.0074)	0.0489*** (0.0074)	0.0489*** (0.0074)	0.0491*** (0.0074)

续表

变量	(1)	(2)	(3)	(4)	(5)	(6)
center				-0.1595* (0.0863)	-0.1595* (0.0862)	-0.1510* (0.0869)
foreign					0.0336 (0.0250)	0.0329 (0.0250)
state						-0.0282 (0.0198)
常数项	6.7043*** (0.2161)	6.6698*** (0.2165)	6.6675*** (0.2164)	6.6664*** (0.2164)	6.6492*** (0.2165)	6.6499*** (0.2165)
企业固定效应	yes	yes	yes	yes	yes	yes
行业固定效应	yes	yes	yes	yes	yes	yes
年份固定效应	yes	yes	yes	yes	yes	yes
Kleibergen - Paap rk LM 统计量	5574.679*** [0.0000]	5554.914*** [0.0000]	5544.347*** [0.0000]	5544.556*** [0.0000]	5542.855*** [0.0000]	5543.109*** [0.0000]
Kleibergen - Paap rk Wald F 统计量	1804.136 {13.43}	1793.348 {13.43}	1789.807 {13.43}	1789.793 {13.43}	1788.505 {13.43}	1788.389 {13.43}
Hansen J 统计量	0.1802	0.1778	0.1576	0.1624	0.1622	0.1630
观测值	177029	177029	177029	177029	177029	177029

注：估计系数下方括号中的数据为企业层面聚类标准差；***、**、*分别代表1%、5%和10%的显著性水平。Kleibergen - Paap rk LM 统计量下方的方括号内的数值为相伴概率值，即P值，原假设为“存在识别不足问题”；Kleibergen - Paap rk Wald F 统计量下方的花括号内的数值为 Stock - Yogo 检验10%水平上的临界值，原假设为“工具变量与内生变量有较强的相关性”；Hansen J 统计量汇报的是相伴概率值，即P值，原假设为“所有工具变量都是外生的”。

（2）分位数回归

上述基准回归结果实际上是考察解释变量对被解释变量的条件期望的影响，是“均值回归”。Koenker 和 Bassett（1978）提出的“分位数回归”，针对被解释变量条件分布的重要分位数进行分别估计，能够提供条件分布的全面信息，且该方法使用残差绝对值的加权平均作为最小化的目标函数，故不易受极端值的影响。基于此，本研究采用分位数回归进一步考察产品质量提升对企业出口规模的影响。表 4－5 中的第（1）列至第（5）列分别汇报了 10%、25%、50%、75% 以及 90% 分位数的回归结果。结果显示，随着分位点的提高，产品质量提升的系数逐步降低，意味着产品质量提升对低分位数的企业出口规模的促进作用更强，出口增长效应更为显著，而对高分位数的企业出口规模的促进作用相对较弱。

表 4－5　分位数回归结果

变量	10% 分位数	25% 分位数	50% 分位数	75% 分位数	90% 分位数
	(1)	(2)	(3)	(4)	(5)
QI	1.5674*** (0.0742)	1.3916*** (0.0580)	1.0417*** (0.0483)	0.7025*** (0.0450)	0.5381*** (0.0562)
TFP	0.0636*** (0.0075)	0.1558*** (0.0053)	0.2583*** (0.0045)	0.3673*** (0.0045)	0.4053*** (0.0047)
ln*KL*	−0.0052 (0.0059)	0.0343*** (0.0044)	0.0789*** (0.0031)	0.1278*** (0.0028)	0.1651*** (0.0030)
*scale*1	0.3787*** (0.0993)	0.4084*** (0.0657)	0.4684*** (0.0369)	0.5965*** (0.0385)	0.6327*** (0.0354)
*scale*2	0.9488*** (0.1001)	1.0254*** (0.0664)	1.1000*** (0.0375)	1.2099*** (0.0389)	1.2331*** (0.0356)
*scale*3	1.4659*** (0.1032)	1.7425*** (0.0686)	1.9185*** (0.0397)	2.0786*** (0.0405)	2.1782*** (0.0380)
ln*age*	−0.0891*** (0.0125)	−0.1226*** (0.0094)	−0.1193*** (0.0072)	−0.1105*** (0.0063)	−0.0917*** (0.0069)
ln*variety*	1.2493*** (0.0069)	0.9282*** (0.0055)	0.6016*** (0.0043)	0.3856*** (0.0037)	0.2761*** (0.0038)
finance	0.0300*** (0.0025)	0.0250*** (0.0017)	0.0230*** (0.0013)	0.0215*** (0.0011)	0.0213*** (0.0012)
常数项	4.7355*** (0.1344)	5.2961*** (0.0922)	5.8288*** (0.0604)	6.0066*** (0.0580)	6.3478*** (0.0554)
控制变量	yes	yes	yes	yes	yes
企业固定效应	yes	yes	yes	yes	yes

续表

变量	10%分位数	25%分位数	50%分位数	75%分位数	90%分位数
	(1)	(2)	(3)	(4)	(5)
行业固定效应	yes	yes	yes	yes	yes
年份固定效应	yes	yes	yes	yes	yes
观测值	203778	203778	203778	203778	203778
R - squared	0.2970	0.3315	0.3351	0.2928	0.2510

注：估计系数下方括号中的数据为企业层面聚类标准差；＊＊＊、＊＊、＊分别代表1%、5%和10%的显著性水平。

（3）改变被解释变量

改变被解释变量，使用中国工业企业数据库中的出口交货值作为出口规模（ln*export*）的衡量指标，对式（4－31）进行回归，结果如表4－6中的第（1）列所示，核心解释变量产品质量提升的估计系数在1%水平上显著为正，和基准回归结果一致；企业异质性特征变量和控制变量的估计结果也基本保持一致。这表明基准估计结果是较为稳健的。

（4）改变全要素生产率

全要素生产率测度方法的不同可能会对回归结果产生影响。本研究在基准回归分析中使用*TFP*指标，在此处的稳健性分析中则分别使用*TFP_acf*指标和*TFP_wrdg*指标对式（4－31）进行回归，结果如表4－6中的第（2）列、第（3）列所示，核心解释变量产品质量提升的估计系数均显著为正，表明基准回归结果是较为稳健的。

（5）改变样本期间

考虑到2008年爆发的国际金融危机对出口企业的产品质量提升以及出口规模的负面冲击，可能会对基准回归结果造成影响，故在稳健性分析中将使用2000—2007年、2008—2013年两期样本对式（4－31）进行回归。表4－6中的第（4）列、第（5）列的回归结果显示，在国际金融危机爆发之前，产品质量提升对企业出口规模的正向促进作用更强，即产品质量提升所产生的出口增长效应更为显著，而在后金融危机时期，产品质量提升对企业出口规模的正向促进作用相对稍弱。

表 4-6 稳健性分析

变量	改变被解释变量	改变全要素生产率		2000—2007年样本	2008—2013年样本	剔除极端值
	(1)	(2)	(3)	(4)	(5)	(6)
QI	0.7385*** (0.0338)	1.2777*** (0.0399)	1.2752*** (0.0399)	1.3880*** (0.0562)	1.1541*** (0.0590)	1.0723*** (0.0350)
TFP	0.1996*** (0.0054)			0.1477*** (0.0067)	0.0900*** (0.0086)	0.1209*** (0.0051)
TFP_acf		0.0944*** (0.0050)				
TFP_wrdg			0.1201*** (0.0052)			
ln*KL*	0.0510*** (0.0050)	0.0243*** (0.0049)	0.0266*** (0.0049)	0.0166** (0.0076)	0.0168*** (0.0063)	0.0267*** (0.0047)
*scale*1	0.3530*** (0.0465)	0.3262*** (0.0453)	0.2981*** (0.0451)	0.2243*** (0.0637)	0.1983*** (0.0679)	0.2832*** (0.0418)
*scale*2	0.6098*** (0.0479)	0.5357*** (0.0468)	0.4896*** (0.0465)	0.4487*** (0.0665)	0.2515*** (0.0693)	0.4725*** (0.0432)
*scale*3	0.9227*** (0.0518)	0.7506*** (0.0515)	0.6834*** (0.0511)	0.5841*** (0.0729)	0.3413*** (0.0741)	0.6734*** (0.0481)
ln*age*	0.0508*** (0.0144)	-0.0008 (0.0143)	-0.0053 (0.0143)	-0.0137 (0.0207)	0.0255 (0.0208)	0.0028 (0.0139)
ln*variety*	0.4282*** (0.0074)	0.6970*** (0.0089)	0.6948*** (0.0089)	0.7183*** (0.0128)	0.5373*** (0.0121)	0.6403*** (0.0080)
finance	0.0195*** (0.0014)	0.0147*** (0.0014)	0.0140*** (0.0014)	0.0145*** (0.0021)	0.0063*** (0.0017)	0.0135*** (0.0013)
常数项	7.2764*** (0.1467)	7.6385*** (0.2158)	7.3782*** (0.2168)	6.6244*** (0.1130)	8.2220*** (0.1930)	7.2909*** (0.1849)
控制变量	yes	yes	yes	yes	yes	yes
企业固定效应	yes	yes	yes	yes	yes	yes
行业固定效应	yes	yes	yes	yes	yes	yes
年份固定效应	yes	yes	yes	yes	yes	yes

续表

变量	改变被解释变量	改变全要素生产率		2000—2007年样本	2008—2013年样本	剔除极端值
	(1)	(2)	(3)	(4)	(5)	(6)
观测值	203778	203778	203778	98761	105017	200416
Within R - squared	0. 1595	0. 2112	0. 2133	0. 2479	0. 1567	0. 2048

注：估计系数下方括号中的数据为企业层面聚类标准差；＊＊＊、＊＊、＊分别代表1%、5%和10%的显著性水平。

（6）剔除极端值

为避免极端值对基准回归结果造成较大影响，本研究从样本中剔除企业出口额的极端值，将位于最小和最大的1个百分位区间的企业样本删除，对式（4－31）进行回归，可见表4－6中第（6）列的回归结果依然与基准回归结果保持一致。综上，本研究得出的结论是较为稳健的。

（三）拓展回归

为了更深入考察不同类别企业的产品质量提升对出口规模的影响，本研究对不同所有制、不同规模和不同地区企业做了进一步的拓展分析。

1. 不同所有制企业的回归结果

分所有制类型异质性进行分组回归，结果如表4－7中第（1）列至第（3）列所示，产品质量提升对外资企业、国有企业和私营企业的出口规模均有显著的正向影响，且对私营企业出口规模的促进作用较为显著、国有企业次之、外资企业相对较小。私营企业在市场准入、政府补贴等方面并不具有显著优势，面临的市场竞争更为激烈，加之各种非竞争性歧视的存在，使得私营企业依靠产品质量提升实现“竞争逃离”的意愿较强，因此，私营企业的产品质量提升会对出口规模产生较强的促进作用。而国有企业在获取政策优惠和资金扶持上具有独特优势，有些还能够依靠国家赋予的垄断地位从事国营贸易，因此这类企业的产品质量提升对出口规模的促进作用相对较弱。在中国设立的外资企业主要从事跨国公司内部交易，可能会利用转移价格调节进出口额，以达到降低税负、规避外汇管制、转移利润等目的，因此外资企业的产品质量提升对出口规模的促进作用较小。

2. 不同规模企业的回归结果

分企业规模异质性，分别考察产品质量提升对出口规模的影响，结果如表4-7中第（4）列至第（7）列所示，产品质量提升对大型企业、中型企业、小型企业和微型企业的出口规模均有显著的正向影响，且对微型企业出口规模的正向影响程度较大、小型企业相对较大、中型企业次之、大型企业相对较小。目前，中国的出口企业中，中小微企业占比较高，这些企业的出口规模较小，出口竞争力较弱，有待通过产品质量提升增强国际市场竞争力，实现出口增长。而相比较之下，大型企业通常是行业翘楚，甚至部分大型企业的出口规模已处于世界领先水平，可能导致其出口规模进一步提升的空间相对有限，因此，产品质量提升对大型企业出口规模的边际影响反而较弱。

表4-7　不同所有制、不同规模企业的回归结果

变量	不同所有制企业			不同规模企业			
	外资	国有	私营	大型	中型	小型	微型
	(1)	(2)	(3)	(4)	(5)	(6)	(7)
QI	1.1839*** (0.0507)	1.2570*** (0.1703)	1.4462*** (0.0796)	1.1956*** (0.1179)	1.2417*** (0.0708)	1.3204*** (0.0561)	2.2163*** (0.6115)
TFP	0.1222*** (0.0063)	0.0989*** (0.0288)	0.1196*** (0.0107)	0.1712*** (0.0229)	0.1425*** (0.0105)	0.0983*** (0.0066)	0.0392 (0.0621)
ln*KL*	0.0176*** (0.0062)	0.0757** (0.0305)	0.0207** (0.0088)	0.0609*** (0.0211)	0.0591*** (0.0109)	0.0050 (0.0063)	-0.0520 (0.0581)
*scale*1	0.3240*** (0.0556)	0.3596 (0.4052)	0.2588*** (0.0834)				
*scale*2	0.5288*** (0.0573)	0.6117 (0.4206)	0.4033*** (0.0857)				
*scale*3	0.7313*** (0.0623)	0.7648* (0.4324)	0.6224*** (0.1005)				
ln*age*	0.0523** (0.0216)	-0.0385 (0.0479)	-0.0194 (0.0254)	-0.0075 (0.0418)	-0.0016 (0.0289)	0.0303 (0.0198)	-0.0573 (0.3719)

续表

变量	不同所有制企业			不同规模企业			
	外资	国有	私营	大型	中型	小型	微型
	(1)	(2)	(3)	(4)	(5)	(6)	(7)
ln*variety*	0.6504*** (0.0116)	0.9798*** (0.0457)	0.7128*** (0.0148)	0.8354*** (0.0383)	0.6988*** (0.0164)	0.6485*** (0.0112)	0.7602*** (0.1367)
finance	0.0118*** (0.0017)	0.0092 (0.0084)	0.0137*** (0.0026)	0.0129*** (0.0044)	0.0085*** (0.0025)	0.0170*** (0.0019)	-0.0124 (0.0245)
常数项	7.4913*** (0.2468)	7.3778*** (0.5303)	6.9329*** (0.2375)	7.9400*** (0.2185)	7.7123*** (0.2387)	7.3605*** (0.3805)	8.4731*** (0.8469)
控制变量	yes	yes	yes	yes	yes	yes	yes
企业固定效应	yes	yes	yes	yes	yes	yes	yes
行业固定效应	yes	yes	yes	yes	yes	yes	yes
年份固定效应	yes	yes	yes	yes	yes	yes	yes
观测值	120758	7852	62344	19461	71447	111427	1443
Within R-squared	0.2009	0.2924	0.2290	0.2763	0.2078	0.1879	0.2947

注：估计系数下方括号中的数据为企业层面聚类标准差；***、**、*分别代表1%、5%和10%的显著性水平。

3. 不同地区企业的回归结果

对东部、中部和西部地区进行分组回归估计，结果如表4-8所示。产品质量提升对东部、中部和西部地区企业的出口规模均有显著的正向影响，且对西部地区企业出口规模的正向影响程度较大、中部地区次之、东部地区相对较小。可能的原因是中西部地区出口企业数量较少、出口规模较小，因此产品质量提升对出口规模的正向促进作用较强，而东部地区企业由于较早地融入世界市场，已经形成一定的出口规模，因此产品质量提升对出口规模的正向推动作用相对较小。

表 4－8　不同地区企业的回归结果

变量	东部	中部	西部
QI	1.2432 *** (0.0413)	1.6036 *** (0.1879)	1.7463 *** (0.2618)
TFP	0.1256 *** (0.0054)	0.0720 *** (0.0257)	0.0838 ** (0.0379)
ln*KL*	0.0279 *** (0.0050)	0.0449 ** (0.0226)	-0.0272 (0.0411)
*scale*1	0.2921 *** (0.0473)	0.0142 (0.1582)	0.5795 *** (0.1806)
*scale*2	0.4814 *** (0.0487)	0.1734 (0.1674)	0.7989 *** (0.2089)
*scale*3	0.6695 *** (0.0534)	0.4679 ** (0.2050)	1.0009 *** (0.2443)
ln*age*	-0.0038 (0.0150)	-0.0039 (0.0572)	-0.0904 (0.0762)
ln*variety*	0.6905 *** (0.0092)	0.7589 *** (0.0467)	0.7790 *** (0.0637)
finance	0.0137 *** (0.0014)	0.0096 (0.0071)	0.0291 ** (0.0131)
常数项	6.9968 *** (0.0730)	6.7093 *** (0.3224)	6.2929 *** (0.4925)
控制变量	yes	yes	yes
企业固定效应	yes	yes	yes
行业固定效应	yes	yes	yes
年份固定效应	yes	yes	yes
观测值	189243	9784	4701
Within R - squared	0.2135	0.2159	0.2168

注：估计系数下方括号中的数据为企业层面聚类标准差；* * *、* *、* 分别代表 1%、5% 和 10% 的显著性水平。

二、产品质量升级对企业出口规模影响的计量分析

从第三章的理论分析中可知，企业在产品质量提升的基础上（量变积累），通过获取省级、国家级、国际级的质量奖、驰名商标（名牌产品）与质量认证，进一步实现产品质量升级（质变飞跃）。在上文中，本研究已经考察了产品质量提升对企业出口规模的影响，接下来，将进一步分析产品质量升级（及低层次、中层次、高层次产品质量升级）对企业出口规模的影响。

（一）模型设定、变量构造与数据来源

1. 计量模型设定

本研究将企业的出口规模取对数作为被解释变量，将产品质量升级水平和产品质量升级层次分别作为核心解释变量，建立如下计量模型：

$$\ln export_{ijt} = \alpha_0 + \alpha_1 QU_{ijt} + \sum_m \alpha_m firmhete_{ijt} + \sum_n \alpha_n control_{ijt} + u_i + u_j + u_t + \varepsilon_{ijt} \tag{4-32}$$

$$\ln export_{ijt} = \gamma_0 + \gamma_1 LQU_{ijt} + \gamma_2 MQU_{ijt} + \gamma_3 HQU_{ijt} + \sum_m \gamma_m firmhete_{ijt} + \sum_n \gamma_n control_{ijt} + u_i + u_j + u_t + \varepsilon_{ijt} \tag{4-33}$$

式（4－32）和式（4－33）中，下标 i、j、t 分别表示企业、行业、年份；u_i、u_j、u_t 分别表示企业、行业、年份固定效应；ε_{ijt} 为随机误差项。

2. 变量构造与数据来源

式（4－32）中，核心解释变量为企业的产品质量升级水平（QU）。

式（4－33）中，核心解释变量为企业的产品质量升级层次，包括低层次产品质量升级（LQU）、中层次产品质量升级（MQU）和高层次产品质量升级（HQU）。

被解释变量企业出口规模（$\ln export$）、企业异质性特征变量（$firmhete$）和控制变量（$control$）的描述说明，同本章上文一致。模型中主要变量的描述性统计结果见表4－2。本部分使用的数据来源，同本章上文描述，此处不再赘述。

（二）基准回归

1. 回归结果

表4－9产品质量升级、企业异质性与出口规模的回归结果显示：产品质量升级对企业出口规模有显著的正向影响，产生了显著的出口增长效应。产品质量升级水平越高，意味着企业的质量信誉、消费者认可度和质量管理水平较高，这会向出口市场释放优质的质量信号，由此带来出口规模的扩大。

表4－10产品质量升级层次、企业异质性与出口规模的回归结果显示：低层次、中层次和高层次产品质量升级对出口规模均有显著的正向影响，产生了显著的出口增长效应。且高层次产品质量升级对出口规模的正向影响程度较大，低层次产品质量升级次之，中层次产品质量升级相对较小，表明如果企业获得世界驰名商标（世界名牌产品）或国际产品质量认证（ISO 9000）或世界三大质量奖，则能更大程度地促进出口增长。

表4－9　产品质量升级、企业异质性与出口规模的回归结果

变量	（1）	（2）	（3）	（4）	（5）	（6）
QU	0.0259*** (0.0017)	0.0258*** (0.0017)	0.0256*** (0.0017)	0.0256*** (0.0017)	0.0256*** (0.0017)	0.0256*** (0.0017)
TFP	0.1502*** (0.0042)	0.1514*** (0.0042)	0.1503*** (0.0042)	0.1503*** (0.0042)	0.1501*** (0.0042)	0.1501*** (0.0042)
ln*KL*	0.0462*** (0.0038)	0.0455*** (0.0038)	0.0450*** (0.0038)	0.0451*** (0.0038)	0.0451*** (0.0038)	0.0452*** (0.0038)
*scale*1	0.2636*** (0.0332)	0.2653*** (0.0332)	0.2642*** (0.0332)	0.2643*** (0.0332)	0.2641*** (0.0332)	0.2641*** (0.0332)
*scale*2	0.4937*** (0.0345)	0.4964*** (0.0345)	0.4934*** (0.0345)	0.4935*** (0.0345)	0.4931*** (0.0345)	0.4930*** (0.0345)
*scale*3	0.6883*** (0.0391)	0.6922*** (0.0391)	0.6858*** (0.0391)	0.6860*** (0.0391)	0.6858*** (0.0391)	0.6861*** (0.0391)
ln*age*	0.0507*** (0.0101)	0.0524*** (0.0101)	0.0504*** (0.0101)	0.0507*** (0.0101)	0.0513*** (0.0101)	0.0519*** (0.0101)

续表

变量	(1)	(2)	(3)	(4)	(5)	(6)
lnvariety	0.8246 *** (0.0067)	0.8248 *** (0.0067)	0.8235 *** (0.0067)	0.8235 *** (0.0067)	0.8233 *** (0.0067)	0.8233 *** (0.0067)
finance	0.0204 *** (0.0012)	0.0203 *** (0.0012)	0.0198 *** (0.0012)	0.0198 *** (0.0012)	0.0198 *** (0.0012)	0.0198 *** (0.0012)
fi		0.0809 *** (0.0110)	0.0682 *** (0.0110)	0.0681 *** (0.0110)	0.0662 *** (0.0110)	0.0652 *** (0.0111)
sub			0.0876 *** (0.0063)	0.0877 *** (0.0063)	0.0877 *** (0.0063)	0.0879 *** (0.0063)
center				-0.1187 (0.0776)	-0.1185 (0.0776)	-0.1071 (0.0780)
foreign					0.0715 *** (0.0229)	0.0706 *** (0.0229)
state						-0.0409 ** (0.0185)
常数项	6.2850 *** (0.1278)	6.2646 *** (0.1279)	6.2585 *** (0.1284)	6.2583 *** (0.1283)	6.2204 *** (0.1282)	6.2220 *** (0.1284)
企业固定效应	yes	yes	yes	yes	yes	yes
行业固定效应	yes	yes	yes	yes	yes	yes
年份固定效应	yes	yes	yes	yes	yes	yes
观测值	358048	358048	358048	358048	358048	358048
Within R-squared	0.2471	0.2473	0.2480	0.2480	0.2481	0.2481

注：估计系数下方括号中数据为企业层面的聚类标准差；***、**、*分别代表1%、5%和10%的显著性水平。

表 4-10 产品质量升级层次、企业异质性与出口规模的回归结果

变量	(1)	(2)	(3)	(4)	(5)	(6)
LQU	0.1988 *** (0.0249)	0.1980 *** (0.0249)	0.1963 *** (0.0249)	0.1961 *** (0.0249)	0.1958 *** (0.0249)	0.1957 *** (0.0249)
MQU	0.1064 *** (0.0287)	0.1066 *** (0.0287)	0.1051 *** (0.0287)	0.1051 *** (0.0287)	0.1048 *** (0.0287)	0.1045 *** (0.0287)
HQU	0.2166 *** (0.0138)	0.2155 *** (0.0138)	0.2143 *** (0.0138)	0.2143 *** (0.0138)	0.2141 *** (0.0138)	0.2140 *** (0.0138)
TFP	0.1500 *** (0.0042)	0.1512 *** (0.0042)	0.1500 *** (0.0042)	0.1500 *** (0.0042)	0.1499 *** (0.0042)	0.1499 *** (0.0042)
ln*KL*	0.0458 *** (0.0038)	0.0451 *** (0.0038)	0.0446 *** (0.0038)	0.0448 *** (0.0038)	0.0448 *** (0.0038)	0.0448 *** (0.0038)
*scale*1	0.2624 *** (0.0333)	0.2641 *** (0.0332)	0.2631 *** (0.0332)	0.2631 *** (0.0332)	0.2629 *** (0.0332)	0.2629 *** (0.0332)
*scale*2	0.4912 *** (0.0345)	0.4939 *** (0.0345)	0.4909 *** (0.0345)	0.4910 *** (0.0345)	0.4906 *** (0.0345)	0.4905 *** (0.0345)
*scale*3	0.6853 *** (0.0391)	0.6892 *** (0.0391)	0.6828 *** (0.0391)	0.6830 *** (0.0391)	0.6829 *** (0.0391)	0.6832 *** (0.0391)
ln*age*	0.0514 *** (0.0101)	0.0530 *** (0.0101)	0.0510 *** (0.0101)	0.0513 *** (0.0101)	0.0519 *** (0.0101)	0.0525 *** (0.0101)
ln*variety*	0.8245 *** (0.0067)	0.8247 *** (0.0067)	0.8234 *** (0.0067)	0.8234 *** (0.0067)	0.8232 *** (0.0067)	0.8232 *** (0.0067)
finance	0.0203 *** (0.0012)	0.0202 *** (0.0012)	0.0197 *** (0.0012)	0.0197 *** (0.0012)	0.0197 *** (0.0012)	0.0197 *** (0.0012)
fi		0.0802 *** (0.0110)	0.0676 *** (0.0110)	0.0675 *** (0.0110)	0.0657 *** (0.0110)	0.0647 *** (0.0110)
sub			0.0873 *** (0.0063)	0.0874 *** (0.0063)	0.0875 *** (0.0063)	0.0876 *** (0.0063)
center				-0.1179 (0.0775)	-0.1176 (0.0775)	-0.1063 (0.0779)
foreign					0.0710 *** (0.0229)	0.0701 *** (0.0229)

续表

变量	(1)	(2)	(3)	(4)	(5)	(6)
state						-0.0405** (0.0185)
常数项	6.2891*** (0.1288)	6.2688*** (0.1288)	6.2628*** (0.1293)	6.2626*** (0.1293)	6.2249*** (0.1291)	6.2265*** (0.1293)
企业固定效应	yes	yes	yes	yes	yes	yes
行业固定效应	yes	yes	yes	yes	yes	yes
年份固定效应	yes	yes	yes	yes	yes	yes
观测值	358048	358048	358048	358048	358048	358048
Within R-squared	0.2474	0.2476	0.2483	0.2483	0.2483	0.2484

注：估计系数下方括号中数据为企业层面的聚类标准差；***、**、*分别代表1%、5%和10%的显著性水平。

2. 稳健性检验[①]

(1) 内生性问题及其处理

产品质量升级（*QU*）和企业出口规模（ln*export*）之间可能互为因果，从而引发内生性问题。鉴于此，同上文构建工具变量的思路一致，本研究使用行业层面的产品质量升级水平（除自身外）和行业中实现高层次产品质量升级企业所占比重（除自身外）作为企业层面的产品质量升级的工具变量。同时，使用全要素生产率（*TFP*）的1阶滞后值作为其工具变量。工具变量的回归结果显示，产品质量升级显著地促进了企业的出口增长；企业异质性特征变量和控制变量的估计结果也基本保持一致，反映了前文中表4-9产品质量升级、企业异质性与出口规模的基准回归结果是可靠的。

(2) 其他稳健性检验

本研究还分别采取了分位数回归（基于10%、25%、50%、75%以及

①限于篇幅，此处不再汇报稳健性检验（工具变量法、分位数回归、改变被解释变量、改变全要素生产率、改变样本期间、剔除极端值）的回归结果。

90%分位数）、改变被解释变量（将中国工业企业数据库中的出口交货值作为企业出口规模的衡量指标）、改变全要素生产率（采用 *TFP_acf* 指标和 *TFP_wrdg* 指标）、改变样本期间（使用2000—2007年、2008—2013年两期样本）、剔除极端值（将出口额位于最小和最大的1个百分位区间的企业样本删除）对式（4-32）再次进行估计，回归结果显示，产品质量升级、企业异质性特征变量及控制变量的回归结果均未发生实质性变化，多种稳健性检验均表明基准回归得出的结论是稳健的。

（三）拓展回归

为了更深入考察不同类别企业的产品质量升级对出口规模的影响，本研究对不同所有制、不同规模和不同地区企业做了进一步的拓展分析。

1. 不同所有制企业的回归结果

对外资企业、国有企业和私营企业进行分组回归估计，结果如表4-11中的第（1）列至第（3）列所示。产品质量升级对外资企业、国有企业和私营企业的出口规模均有显著的正向影响，且对国有企业出口规模的促进作用较大、私营企业次之、外资企业相对较小。根据第三章的统计测度结果，可知国有企业的产品质量升级水平高于私营企业和外资企业，在质量奖、驰名商标（名牌产品）和质量认证方面具有明显的优势，这些“优质质量信号”也带来国有企业在出口市场上的知名度和消费者认可度的提升。因此，产品质量升级能够更大程度上促进国有企业出口规模的增长。

2. 不同规模企业的回归结果

表4-11中第（4）列至第（7）列的回归结果显示，产品质量升级对大型、中型和小型企业的出口规模均有显著的正向影响，且对小型企业的正向影响程度较大、中型企业次之、大型企业较小。产品质量升级的估计系数在微型企业组中为正但不显著。可能的原因是，微型企业大多是初创型企业，物质资本和人力资本等较为匮乏，而参与质量奖的评选活动、培育打造驰名商标（名牌产品）、获取质量认证等都需要大量的物质资本与

人力资本作为支撑，因此，微型企业的产品质量升级水平较低，无法对出口规模形成明显的促进作用。而中小企业的产品质量升级对出口规模的促进作用较显著，应继续加大产品质量升级力度。大型企业虽然产品质量升级水平较高，但由于其出口规模已较大，所以产品质量升级对出口规模的促进作用相对较小。

表 4-11　不同所有制、不同规模企业的回归结果

变量	不同所有制企业			不同规模企业			
	外资	国有	私营	大型	中型	小型	微型
	(1)	(2)	(3)	(4)	(5)	(6)	(7)
QU	0.0228*** (0.0022)	0.0315*** (0.0099)	0.0260*** (0.0029)	0.0085** (0.0043)	0.0203*** (0.0030)	0.0291*** (0.0023)	0.0300 (0.0257)
TFP	0.1492*** (0.0052)	0.1137*** (0.0229)	0.1491*** (0.0083)	0.1739*** (0.0129)	0.1557*** (0.0090)	0.1405*** (0.0052)	0.0543 (0.0379)
ln*KL*	0.0324*** (0.0049)	0.0748*** (0.0248)	0.0256*** (0.0067)	0.0998*** (0.0143)	0.0733*** (0.0084)	0.0304*** (0.0049)	0.0382 (0.0375)
*scale*1	0.2851*** (0.0421)	-0.0849 (0.2257)	0.2240*** (0.0590)				
*scale*2	0.5278*** (0.0438)	0.1808 (0.2403)	0.4003*** (0.0611)				
*scale*3	0.7556*** (0.0487)	0.3187 (0.2510)	0.6058*** (0.0745)				
ln*age*	0.1465*** (0.0150)	0.0235 (0.0372)	0.0559*** (0.0177)	0.0256 (0.0214)	0.0178 (0.0201)	0.0876*** (0.0141)	0.1432 (0.2218)
ln*variety*	0.7443*** (0.0090)	1.0691*** (0.0339)	0.8805*** (0.0109)	0.9431*** (0.0122)	0.7977*** (0.0127)	0.7921*** (0.0082)	0.8126*** (0.0827)
finance	0.0144*** (0.0015)	0.0263*** (0.0072)	0.0194*** (0.0021)	0.0162*** (0.0033)	0.0145*** (0.0021)	0.0225*** (0.0016)	0.0014 (0.0191)
常数项	6.7118*** (0.1853)	5.7809*** (0.4045)	5.2866*** (0.2144)	7.0513*** (0.6421)	7.0564*** (0.1811)	6.2190*** (0.2186)	6.8737*** (0.5720)
控制变量	yes	yes	yes	yes	yes	yes	yes

续表

变量	不同所有制企业			不同规模企业			
	外资	国有	私营	大型	中型	小型	微型
	(1)	(2)	(3)	(4)	(5)	(6)	(7)
企业固定效应	yes	yes	yes	yes	yes	yes	yes
行业固定效应	yes	yes	yes	yes	yes	yes	yes
年份固定效应	yes	yes	yes	yes	yes	yes	yes
观测值	203788	14355	114263	31526	115174	208122	3226
Within R - squared	0. 2209	0. 2923	0. 3020	0. 2832	0. 2239	0. 2237	0. 2284

注：估计系数下方括号中的数据为企业层面聚类标准差；＊＊＊、＊＊、＊分别代表1%、5%和10%的显著性水平。

3. 不同地区企业的回归结果

对东部、中部和西部地区企业进行分组回归估计，结果如表4-12所示。其中，产品质量升级对中部地区企业出口规模的促进作用较为显著、西部地区企业次之、东部地区企业相对较小。可能的原因是，东部地区虽然外向型程度更高，出口规模更大，但却以中小企业居多，这些企业主要从事贴牌代工生产，对质量奖、驰名商标（名牌产品）和质量认证等意识不足，产品质量升级水平相对较低，因此产品质量升级对出口规模的促进作用还有待进一步强化。中西部地区的市场化程度和外向型程度相对较低，企业出口规模进一步提升的空间较大，当企业产品质量升级水平越高时，则会向国际市场释放优质的质量信号，反而能更为显著地扩大中西部地区企业的出口规模。

表 4-12　不同地区企业的回归结果

变量	东部	中部	西部
QU	0.0248 *** (0.0018)	0.0376 *** (0.0085)	0.0359 *** (0.0126)
TFP	0.1530 *** (0.0044)	0.1054 *** (0.0188)	0.1118 *** (0.0284)
ln*KL*	0.0449 *** (0.0040)	0.0457 *** (0.0175)	0.0172 (0.0267)
*scale*1	0.2589 *** (0.0347)	0.2486 ** (0.1188)	0.4543 ** (0.1935)
*scale*2	0.4898 *** (0.0360)	0.3886 *** (0.1270)	0.7752 *** (0.2066)
*scale*3	0.6795 *** (0.0408)	0.6356 *** (0.1512)	0.9832 *** (0.2293)
ln*age*	0.0552 *** (0.0105)	0.0774 * (0.0408)	-0.0643 (0.0573)
ln*variety*	0.8166 *** (0.0069)	0.9064 *** (0.0308)	0.9230 *** (0.0437)
finance	0.0193 *** (0.0012)	0.0261 *** (0.0058)	0.0280 *** (0.0100)
常数项	6.0260 *** (0.0559)	5.5492 *** (0.2292)	5.2365 *** (0.3544)
控制变量	yes	yes	yes
企业固定效应	yes	yes	yes
行业固定效应	yes	yes	yes
年份固定效应	yes	yes	yes
观测值	329074	19169	9735
Within R - squared	0.2499	0.2400	0.2322

注：估计系数下方括号中的数据为企业层面聚类标准差；***、**、*分别代表1%、5%和10%的显著性水平。

第四节　本章小结

在理论部分，本章借鉴了 Melitz 和 Ottaviano（2008）、Antoniades（2015）的模型，利用可变替代弹性效用函数，将产品质量提升、生产率异质性和成本加成异质性同时纳入异质性微观企业分析框架中，在此基础上拓展了企业产品质量提升的来源，指出企业的产品质量提升不仅来自创新，还来自企业对自身商标、品牌的打造推广以及为了释放优质的质量信号所实施的各种质量认证等，且这些固定成本投入会随着产品质量提升幅度的增大而增加，而不随产量的增加而增加，并进一步探究了产品质量提升和企业异质性特征对企业出口规模的影响，得到了两个关键命题：①产品质量提升幅度越大，企业的出口规模就越大，即产品质量提升会产生显著的出口增长效应。②企业异质性特征变量如全要素生产率、资本密集度、企业规模、出口产品种类等也会对企业的出口规模产生显著的影响。

在实证部分，本章从微观层面实证检验了产品质量提升所产生的出口增长效应。利用2000—2013年中国工业企业数据库、中国海关数据库以及本研究自行搜集整理的中国工业企业产品质量升级数据库合并匹配后的出口企业数据，采用固定效应、工具变量、分位数回归的估计方法，本章分别实证研究了产品质量提升、产品质量升级对企业出口规模的影响，得出了如下研究结论：

结论一：产品质量提升对企业出口规模有显著的正向影响，产生了显著的出口增长效应，但在不同所有制、不同规模和不同地区企业之间存在一定差异。研究结果表明，企业的产品质量提升幅度越大，出口规模就越大。产品质量提升是促进企业出口增长的重要引擎。就不同所有制企业的回归结果而言，产品质量提升对外资企业、国有企业和私营企业的出口规模均有显著的正向影响，且对私营企业的正向影响程度较大、国有企业次之、外资企业相对较小。就不同规模企业的回归结果而言，产品质量提升对大型企业、中型企业、小型企业和微型企业的出口规模均有显著的正向影响，且对微型企业出口规模的正向影响程度较大、小型企业相对较大、中型企业次之、大型企业相对较小。就不同地区企业的回归结果而言，产品质量提升对东部、中部和西部地区企业的出口规模均产生了显著的促进作用，且对西部地区企业出口规模的拉动作用显著强于中部、东部地区。

结论二：产品质量升级对企业出口规模有显著的正向影响，产生了显著的出口增长效应，但产品质量升级在不同层次之间，在不同所有制、不同规模和不同地区企业之间存在一定差异。研究结果表明，企业的产品质量升级水平越高，出口规模就越大。企业产品质量升级水平越高，意味着企业的质量信誉、消费者认可度和质量管理水平较高，这无疑是向出口市场释放了优质的质量信号，由此产生出口增长效应。从产品质量升级层次来看，低层次、中层次和高层次产品质量升级对出口规模均有显著的正向影响，且高层次产品质量升级对出口规模的正向影响程度较大、低层次产品质量升级次之、中层次产品质量升级相对较小。就不同所有制企业的回归结果而言，产品质量升级对外资企业、国有企业和私营企业的出口规模均有显著的正向影响，且对国有企业出口规模的正向影响程度较大、私营企业次之、外资企业相对较小。就不同规模企业的回归结果而言，产品质量升级对大型企业、中型企业和小型企业的出口规模均有显著的正向影响，且对小型企业出口规模的正向影响程度较大、中型企业次之、大型企业相对较小。产品质量升级对微型企业的出口规模有正向影响但不显著。就不同地区企业的回归结果而言，产品质量升级对东部、中部和西部地区企业的出口规模均有显著的正向影响，且对中部地区企业出口规模的正向影响程度较大、西部地区次之、东部地区相对较小。

结论三：企业异质性特征变量对企业出口规模有显著影响。研究结果表明，企业全要素生产率、资本密集度、企业规模、出口产品种类、融资约束和外资参与度对出口规模有显著的正向影响。获得政府补贴的企业出口规模显著高于没有获取政府补贴的企业。此外，中央直属企业、外资企业、国有企业对出口规模的影响均不显著。

第五章　产品质量提升的贸易利得效应分析

在第四章的理论分析和实证分析中，已经证实了产品质量提升能够产生出口增长效应，而本章则进一步思考，产品质量提升在促进企业出口规模扩大的同时，是否进一步促进了出口企业贸易利得的提高。中国虽然是“出口大国”，但却不是“出口强国”，究其原因是所获的真实贸易利得并不高。

成本加成度量了产品价格对边际成本的偏离程度，是考察企业参与全球价值链中的贸易利得的重要指标。由于“入世”后大量低效率企业涌入出口市场，以及加工贸易、出口退税、政府补贴等原因，中国出口企业陷于“低加成率陷阱”（盛丹、王永进，2012；钱学峰等，2015；黄先海等，2016）。为此，国内学者从融资约束（祝树金等，2019）、区域贸易政策不确定性（孙林等，2022）、人民币实际汇率（韩民春、袁瀚坤，2022）等多维度分析成本加成的影响因素。其中，部分学者基于产品质量的视角，研究了产品质量提升对出口企业成本加成的影响，但得出的结论却相去甚远。高运胜等（2017）采用2000—2007年的制造业行业数据，研究发现出口质量越高，成本加成反而越低，存在一定的“虚假技术繁荣”；但许明和邓敏（2016）基于2000—2006年制造业出口企业数据，研究发现产品质量提升显著改善了企业的贸易获利能力，拉动了加成率的上升；此外，诸竹君（2018）同样基于2000—2006年微观企业层面数据，研究发现出口企业成本加成和产品质量呈“U”形关系。上述研究为了解产品质量和出口企业成本加成之间的关系，提供了有益的经验证据，但上述研究所使用的数据大多集中于2000—2007年，样本数据较陈旧，且没有考察产品质量升级及不同层次产品质量升级对中国出口企业成本加成的影响。

近年来，中国出口企业的产品质量在波动上升、产品质量升级水平和升级层次都在逐渐提高，其是否对出口企业的成本加成产生影响？其影响机制是怎样的？出口企业成本加成的提高，不仅意味着企业贸易利得的提升，也会进一步改善企业的资源配置效率。因此，研究产品质量提升与出口企业成本加成之间的关系就具有重要的理论意义和现实意义。

鉴于此，本章借鉴 Melitz 和 Ottaviano（2008）、Antoniades（2015）的模型，利用可变替代弹性效用函数，将产品质量提升、生产率异质性和成本加成异质性同时纳入异质性微观企业分析框架，探究开放经济条件下产品质量提升对出口企业成本加成的影响机理，从理论上系统阐释了产品质量提升所产生的贸易利得效应。在理论分析的基础上，本章进一步利用 1998—2013 年中国工业企业数据库、2000—2013 年中国海关数据库以及本研究搜集整理的中国工业企业产品质量升级数据库，对出口企业成本加成的演变情况进行全面刻画，采用固定效应和工具变量的估计方法，分别实证研究了产品质量提升、产品质量升级对出口企业成本加成的影响及作用机制，从微观层面实证检验了产品质量提升所产生的贸易利得效应。

第一节　理论模型与命题提出

一、消费者行为

假定仅存在两个国家，一国代表性消费者的效用函数设定同第四章，可以推导出一国代表性消费者对差异化产品 q_i^c 的反需求函数，具体为式（5 - 1）：

$$p_i = \alpha - \gamma q_i^c + \beta\lambda_i - \eta Q^c \tag{5-1}$$

式（5 - 1）中，p_i 为差异化产品 i 的价格，$Q^c = \int_{i\in\Omega} q_i^c di$ 是所有差异化产品的消费量总和。加总式（5 - 1）中代表性消费者的需求，可得差异化产

品 i 在本国 H 和外国 F 的市场需求函数，如式（5－2）所示：

$$q_i^l = L^l q_i^c = \frac{\alpha L^l}{\eta N^l + \gamma} - \frac{L^l}{\gamma} p_i^{\ l} + \frac{L^l \beta}{\gamma} \lambda_i^l + \frac{\eta N^l L^l}{(\eta N^l + \gamma)\gamma} \overline{p^l} - \frac{\eta N^l \beta L^l}{(\eta N^l + \gamma)\gamma} \overline{\lambda^l},$$

$$\forall i \in \Omega^*, l = \{H, F\} \qquad (5-2)$$

式（5－2）中，N^l 是 l 国差异化产品的种类总数。在开放市场中，N^l 就是在 l 国进行销售的企业数量，包括 l 国企业数和外国出口到 l 国的企业数；$\overline{p^l} = (N^l)^{-1} \int_{i \in \Omega^{*l}} p_i^l \mathrm{d}i$，$(\Omega^{*l} \subset \Omega)$ 是 l 国产品的平均价格；$\overline{\lambda^l} = (N^l)^{-1} \int_{i \in \Omega^{*l}} \lambda_i^l \mathrm{d}i$，$(\Omega^{*l} \subset \Omega)$ 是 l 国产品的平均质量提升幅度。

令消费者的需求为零，可求得 l 国市场上产品的最高价格 $p_{\max}^l$，如式（5－3）所示：

$$p_i^l \leqslant \frac{\gamma\alpha + \eta N^l \overline{p}^l - \eta N^l \beta \overline{\lambda}^l}{\eta N^l + \gamma} + \beta\lambda_i^l \equiv p_{\max}^l \qquad (5-3)$$

式（5－3）中，$p_{\max}^l$ 是 l 国代表性消费者在产品质量提升为 λ_i^l 时所能接受的最高产品价格。该式表明，给定 γ 不变，N^l 增加、$\overline{p}^l$ 减小、$\overline{\lambda}^l$ 增加都会导致最高价格 $p_{\max}^l$ 减小，意味着出口企业的处境更为艰难，这种“竞争加剧效应”会抑制出口企业成本加成的提高。此外，产品质量提升 λ_i^l 越高，则消费者愿意支付的最高价格 $p_{\max}^l$ 会上升，这种“质量提升效应”会对出口企业的成本加成产生正向影响。

二、生产者行为

假设一国国内生产存在两个经济部门：基准计价产品生产部门与差异化产品生产部门。生产部门的设定同第四章，可知代表性生产企业 i 的成本函数如式（5－4）所示：

$$TC_i = q_i c_i + q_i \delta \lambda_i + \theta_i (\lambda_i)^2 \qquad (5-4)$$

根据式（5－4）的企业成本函数，可得企业的边际成本函数如式（5－5）所示：

$$mc_i = c_i + \delta\lambda_i \tag{5-5}$$

式（5-5）中，企业边际成本 mc_i 由两部分组成：生产边际成本 c 和质量提升边际成本 $\delta\lambda$。

在开放经济条件下，出口需要支付冰山贸易成本 τ，$\tau > 1$。假定两国企业所面临的冰山贸易成本 τ 不同，τ^l 表示 h 国的出口企业将一单位产品运至 l 国需要支付的冰山贸易成本，τ^h 表示 l 国的出口企业将一单位产品运至 h 国需要支付的冰山贸易成本，此处的 h 代表与 l 相对的贸易国。假设冰山贸易成本与产品质量提升无关，因此企业的出口边际成本为 $\tau c + \delta\lambda$。

在此基础上，可求得 l 国的生产企业在国内市场 D 和出口市场 X 上的利润函数如式（5-6）和式（5-7）所示：

$$\pi_D^l(c,\lambda) = [p_D^l(c,\lambda) - c - \delta^l\lambda_D^l]q_D^l(c,\lambda) - \theta(\lambda_D^l)^2, l = \{H,F\} \tag{5-6}$$

$$\pi_X^l(c,\lambda) = [p_X^l(c,\lambda) - \tau^h c - \delta^l\lambda_X^l]q_X^l(c,\lambda) - \theta(\lambda_X^l)^2, l = \{H,F\} \tag{5-7}$$

式（5-6）和式（5-7）中的上标 $l = \{H,F\}$ 分别表示本国和外国，下标 D,X 分别表示在国内市场销售和出口市场销售。

l 国生产企业根据利润最大化原则，选择在国内市场 D 和出口市场 X 的产品价格，如式（5-8）和式（5-9）所示：

$$p_D^l(c,\lambda) = \frac{1}{2}(c_D^l + c) + \frac{1}{2}(\beta^l + \delta^l)\lambda_D^l \tag{5-8}$$

$$p_X^l(c,\lambda) = \frac{\tau^h}{2}(c_X^l + c) + \frac{1}{2}(\beta^h + \delta^l)\lambda_X^l \tag{5-9}$$

进一步地，可求得 l 国生产企业的国内市场绝对加成和出口市场绝对加成如式（5-10）和式（5-11）所示：

$$\begin{aligned}\mu_D^l(c,\lambda) &= p_D^l(c,\lambda) - mc_D^l \\ &= \left[\frac{1}{2}(c_D^l + c) + \frac{1}{2}(\beta^l + \delta^l)\lambda_D^l\right] - (c + \delta^l\lambda_D^l) \\ &= \frac{1}{2}(c_D^l - c) + \frac{1}{2}(\beta^l - \delta^l)\lambda_D^l\end{aligned} \tag{5-10}$$

$$\mu_X^l(c,\lambda) = p_X^l(c,\lambda) - mc_X^l$$
$$= \left[\frac{\tau^h}{2}(c_X^l + c) + \frac{1}{2}(\beta^h + \delta^l)\lambda_X^l\right] - (\tau^h c + \delta^l \lambda_X^l)$$
$$= \frac{\tau^h}{2}(c_X^l - c) + \frac{1}{2}(\beta^h - \delta^l)\lambda_X^l \tag{5-11}$$

企业的最优国内产品质量提升 λ_D^{l*} 和出口产品质量提升 λ_X^{l*}，如式（5－12）和式（5－13）所示：

$$\lambda_D^{l*}(c) = \Phi_D^l(c_D^l - c) \tag{5-12}$$

$$\lambda_X^{l*}(c) = \tau^h \Phi_X^l(c_X^l - c) \tag{5-13}$$

式（5－12）中的参数 $\Phi_D^l = \frac{L^l(\beta^l - \delta^l)}{4\theta^l\gamma - L^l(\beta^l - \delta^l)^2} > 0$［假设 $4\theta^l\gamma > L^l(\beta^l - \delta^l)^2$ 且 $\beta^l > \delta^l$］，式（5－13）中的参数 $\Phi_X^l = \frac{L^h(\beta^h - \delta^l)}{4\theta^l\gamma - L^h(\beta^h - \delta^l)^2} > 0$［假设 $4\theta^l\gamma > L^h(\beta^h - \delta^l)^2$ 且 $\beta^h > \delta^l$］。

式（5－11）是本章理论分析部分所关注的核心表达式。该式表明：在出口市场中，在其他参数既定的情况下，企业的出口市场绝对加成是生产边际成本 c 和出口市场产品质量提升 λ_X^l 的函数。企业的生产边际成本 c 越低，也即企业的生产率水平越高，则企业的出口产品质量提升 λ_X^l 就越高，企业的出口市场绝对加成 μ_X^l 就越高。

综合上述分析，本研究提出如下命题：

命题 5－1：产品质量提升幅度越大，出口企业的成本加成就越高，即产品质量提升会产生显著的贸易利得提高效应。

命题 5－2：生产率水平越高，出口企业的成本加成就越高，即生产率提高会产生显著的贸易利得提高效应。此外，其他企业异质性特征变量（资本密集度、企业规模、企业年龄、出口产品种类等）也会对出口企业的成本加成产生影响。

至此，本研究完成了产品质量提升对出口企业成本加成影响的理论描述。下面将根据前述理论分析和现有文献，继续分析产品质量提升对出口企业成本加成影响的具体机制，并提出相应的研究假设。

三、影响机制分析与研究假设提出

成本加成度量了产品价格对边际成本的偏离程度。因此，产品质量提升会通过影响出口产品价格和边际成本，进而影响出口企业的成本加成。产品质量提升对出口企业成本加成的影响机理如图 5－1 所示。

（一）产品质量提升通过影响出口产品价格作用于出口企业成本加成

从式（5－9）可以看出，在出口市场中，在其他参数既定的情况下，企业的出口产品价格是生产边际成本 c 和出口产品质量提升 λ_X^l 的函数。企业的出口产品质量提升 λ_X^l 越高，会导致式（5－9）中等式右边第二项 $\frac{1}{2}(\beta^h+\delta^l)\lambda_X^l$ 的上升（此部分是产品质量提升所带来的价格水平上升，本研究称之为质量提升效应）。与此同时，结合式（5－13）最优出口产品质量提升公式可知，$\partial\lambda_X^{l*}/\partial c<0$，意味着产品质量提升需要企业提高生产率、降低生产边际成本 c，这又导致式（5－9）中等式右边第一项 $\frac{\tau^h}{2}(c_X^l+c)$ 的下降（此部分是生产率水平提高所带来的价格水平下降，本研究称之为生产率效应）。因此，理论上，出口产品质量提升对出口产品价格的影响方向是不确定的，取决于质量提升效应和生产率效应的强弱对比。但 Melitz 和 Ottaviano（2008）研究发现，低成本（高生产率）的企业不会通过低价格的方式将低成本带来的好处完全让渡给消费者。且一些实证研究发现产品质量提升最终会提高企业的出口产品价格（Bellone et al.，2016；许明、邓敏，2016）。因此，本研究认为，质量提升效应所带来的产品价格上涨会超过生产率效应所带来的产品价格下降，最终产品质量提升对出口产品价格会产生正向影响。

综合上述分析，本研究提出假设 5－1：

假设 5－1：产品质量提升通过提高出口企业的产品价格，进而提高出口企业的成本加成，产生贸易利得提高效应。

（二）产品质量提升通过影响边际成本作用于出口企业成本加成

从前文的生产者行为分析中，可知企业的出口边际成本 $mc = \tau c + \delta\lambda$，其中，等式右边的第二部分 $\delta\lambda$ 是质量提升边际成本，当产品质量提升幅度越大时，$\delta\lambda$ 就越高，这会导致出口边际成本 mc 的上升（此部分是产品质量提升所带来的边际成本上升，本研究称之为质量提升效应）。但与此同时，$\partial \lambda_X^{l*} / \partial c < 0$，产品质量提升和生产边际成本 c 负相关，导致等式右边的第一部分 τc 下降，由此带来出口边际成本 mc 的降低（此部分是生产率水平提高所带来的边际成本下降，本研究称之为生产率效应）。因此，理论上，出口产品质量提升对边际成本的影响是不确定的，取决于质量提升效应和生产率效应的强弱对比。且在实证检验方面，现有研究结论也出现分化。比如，许明和邓敏（2016）研究发现在位企业的产品质量提升显著降低了企业的边际成本，而新进企业的产品质量提升则显著提升了企业的边际成本。

综合上述分析，本研究提出假设 5－2：

假设 5－2：产品质量提升通过影响出口企业的边际成本，进而影响出口企业的成本加成。

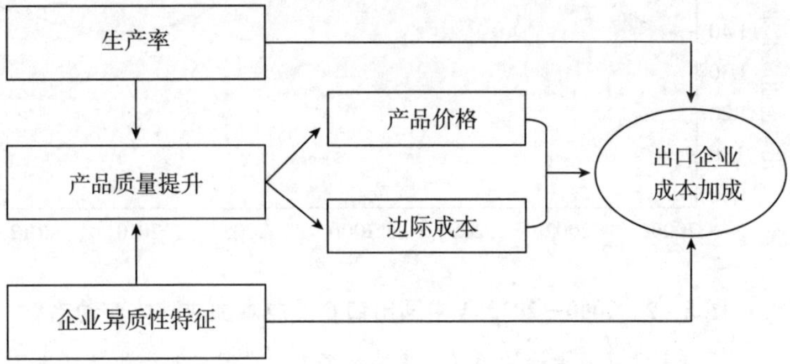

图 5－1　产品质量提升对出口企业成本加成的影响机理

第二节 特征性事实描述

一、整体统计分析

从微观层面来看，出口企业成本加成的提高，意味着企业贸易利得提高，定价能力增强。本研究对2000—2013年中国出口企业的成本加成取平均值，从而得到图5-2。从图5-2中可以看出，中国出口企业的成本加成呈波动上升趋势，从2000年的1.3855上升至2013年的1.4825。其中，2000—2007年，成本加成呈缓慢上升趋势，各年份波动幅度较小。2008年，在国际金融危机的初期，出口企业的成本加成仅出现小幅下降，但到2009年，随着金融危机的不断蔓延，出口企业的成本加成呈现大幅度下降，并于2010年降至最低点1.404，随后又开始上升。整体来看，尽管出口企业的成本加成有所提升，但各年份的数值仍相对较低，且受负面经济冲击影响较为严重。

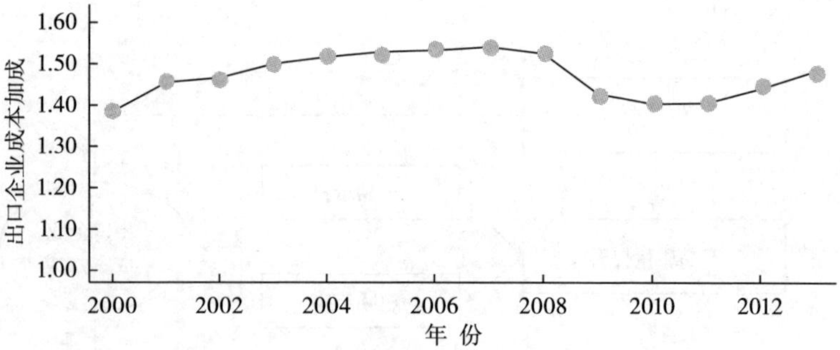

图5-2 2000—2013年中国出口企业成本加成整体变动趋势

资料来源：笔者计算所得，基础数据来自中国工业企业数据库。

二、分组统计分析

（一）不同所有制企业的成本加成

考虑到不同所有制企业在市场势力和定价能力等方面的差异，本研究对成本加成分不同所有制企业进行统计分析。图 5－3 显示：2000—2008 年，国有企业的成本加成呈波动上升趋势，其中 2005 年的成本加成达到最高值 1.8913，但自 2009 年开始，国有企业的成本加成受国际金融危机影响出现连年下降，直至 2013 年才有所回升。私营企业的成本加成在 2008 年以前也呈波动上升态势，并于 2008 年达到最高值，2009—2011 年呈下降趋势，2012—2013 年又逐步提升。外资企业的成本加成在2000—2004年呈现单边上涨态势，2005—2009 年呈单边下降态势，2010—2013 年又开始缓慢提升。从出口企业成本加成的年平均值来看，国有企业的成本加成较高、私营企业次之、外资企业较低。

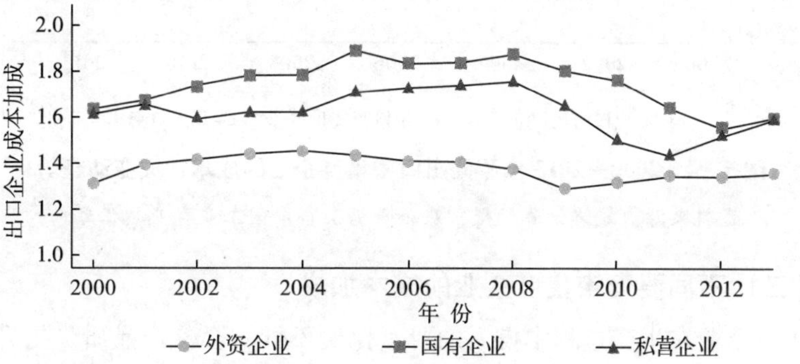

图 5－3　2000—2013 年不同所有制企业的成本加成变动趋势

资料来源：笔者计算所得，基础数据来自中国工业企业数据库。

（二）不同出口密集度企业的成本加成

本研究借鉴刘晴等（2014）对低出口密集度、中出口密集度和高出口密集度企业的划分标准①，对成本加成分不同出口密集度企业进行统计分

①出口密集度用企业的出口交货值与销售收入之比来度量，记为 *inten*。当 $inten < 0.4$ 时，为低出口密集度企业；当 $0.4 \leqslant inten < 0.7$ 时，为中出口密集度企业；当 $inten \geqslant 0.7$ 时，为高出口密集度企业。

析。图5-4显示：样本期内，低出口密集度企业的成本加成显著高于中出口密集度和高出口密集度企业。其中，低出口密集度企业的成本加成由2000年的1.5427上升至2013年的1.6692，虽然在国际金融危机爆发后的2009—2010年有一定程度的下降，但是整体呈波动上升态势；而中、高出口密集度企业的成本加成在2008年以前，均表现出较为稳定的上升态势，但在2008年以后，却均呈现出较长时期的下降，尤其是高出口密集度企业，这一下降趋势更为明显。高出口密集度企业虽然出口规模较大，但却处于“低加成率陷阱”中（刘启仁、黄建忠，2015），企业的贸易利得实际上不增反降。且值得警惕的是，中出口密集度企业也可能正在滑向“低加成率陷阱”中。

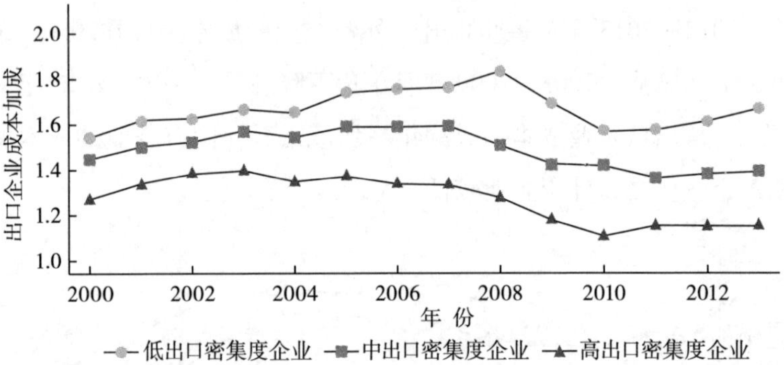

图5-4　2000—2013年不同出口密集度企业的成本加成变动趋势

资料来源：笔者计算所得，基础数据来自中国工业企业数据库。

（三）不同要素密集度企业的成本加成

出口企业在生产过程中投入的要素比例不同，会使产品质量提升、技术复杂度等存在差异，因此，不同要素密集度企业的成本加成也可能存在差异。本研究借鉴鲁桐和党印（2014）的做法，将出口企业划分为资本密集型、技术密集型和劳动密集型①，并进行分组统计分析。图5-5显示：

①鲁桐和党印(2014)将2位数行业代码按照不同要素密集度划分如下:(1)资本密集型行业,包括造纸印刷(C3)、石油化学塑胶塑料(C4)、金属非金属(C6)、房地产业(J)、社会服务业(K);(2)技术密集型行业,包括电子(C5)、机械设备仪表(C7)、医药生物制品(C8)、其他制造业(C9)、信息技术业(G);(3)劳动密集型行业,包括农林牧渔业(A)、采掘业(B)、食品饮料(C0)、纺织服装皮毛(C1)、木材家具(C2)、电力煤气及水的生产和供应业(D)、建筑业(E)、交通运输仓储业(F)、批发和零售贸易(H)、传播与文化产业(L)、综合类(M)。

2000—2007 年，资本密集型和劳动密集型企业的成本加成上升都较为稳定，并分别于 2007 年达到最高值 1.6725 和 1.4349，随后在 2008—2010 年间连续下降，2011 年开始又有所回升。而技术密集型企业的成本加成在 2000—2004 年稳步上升，并于 2004 年达到最高值 1.6036，随后则连年下降，直至 2012 年才重回上升趋势。可能的原因是，在电子、生物医药、信息技术等技术密集型领域，中国企业的出口产品质量离世界前沿水平差距较大，国外消费者认可度较低，且这些领域又是当今贸易战、科技战的集中地，导致这类企业受到的经济冲击和贸易制裁较频繁，因此，技术密集型企业更倾向于采取低加成率策略来建立出口竞争优势。综合来看，资本密集型企业的成本加成较高、技术密集型企业次之、劳动密集型企业较低。

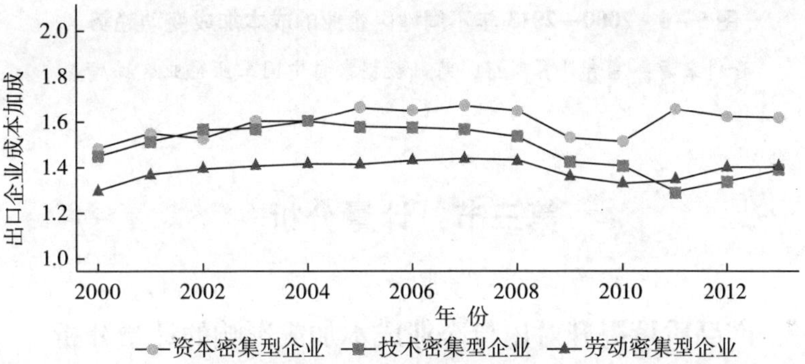

图 5-5　2000—2013 年不同要素密集度企业的成本加成变动趋势

资料来源：笔者计算所得，基础数据来自中国工业企业数据库。

(四) 不同地区企业的成本加成

对东部、中部和西部地区企业的成本加成进行分组统计分析，结果如图 5-6 所示：东部、中部和西部地区出口企业的成本加成均在 2008 年之前波动上升，在国际金融危机期间下降，随后又开始反弹。综合来看，中部地区出口企业的成本加成较高、西部地区次之、东部地区较低，这一测度结果也与姜帅帅（2021）的研究结论一致。可能的原因是，东部地区的出口企业样本较多，且大量从事低附加值的加工贸易，所以整体上拉低了东部地区出口企业成本加成的年平均值。而中西部地区的出口企业样本较少，在贸易便利化程度相对较低的情况下，这些企业依然能够克服出口市场进入成本，意味着其可能具有更强的市场地位和定价能力，因此，测度出的成本加成反而较高了。

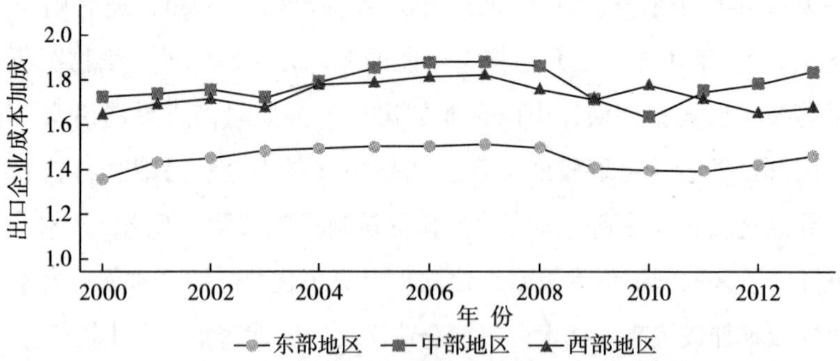

图 5-6　2000—2013 年不同地区企业的成本加成变动趋势

资料来源：笔者计算所得，基础数据来自中国工业企业数据库。

第三节　计量分析

一、产品质量提升对出口企业成本加成影响的计量分析

（一）模型设定、变量构造与数据来源

1. 计量模型设定

从上文的描述性统计中可知，中国出口企业的成本加成虽呈波动上升态势，但各年份的平均值较低，仍处于“低加成率陷阱”中，且受外部冲击影响较大。那么，产品质量提升能否促进出口企业贸易利得的提高，从“低加成率”迈向“高加成率”？为此，本研究以出口企业的成本加成为被解释变量，以产品质量提升为核心解释变量，建立如下面板数据模型：

$$\ln markup_{ijt} = \beta_0 + \beta_1 QI_{ijt} + \sum_m \beta_m firmhete_{ijt} + \sum_n \beta_n control_{ijt} + u_i + u_j + u_t + \varepsilon_{ijt} \tag{5-14}$$

式（5-14）中，下标 i、j、t 分别表示企业、行业、年份；u_i、u_j、u_t

分别表示企业、行业、年份固定效应；ε_{ijt} 为随机误差项。

2. 变量构造

被解释变量为出口企业的成本加成取对数（ln*markup*）。本研究借鉴主流的 De Loecker 和 Warzynski（2012）、De Loecker 等（2016）的方法（简称 DLW 法），基于生产函数法来测算出口企业的成本加成。具体测算思路如下：

假设企业 i 在 t 期的生产函数如式（5－15）所示：

$$Q_{it} = Q_{it}(X_{it}^1, X_{it}^2, \cdots, X_{it}^N, K_{it}, \varphi_{it}) \qquad (5-15)$$

式（5－15）中，Q_{it} 表示企业 i 在 t 期的产出水平；X_{it}^N 表示企业的各种可变要素投入数量，如劳动力、中间投入品等；K_{it} 表示企业的资本存量；φ_{it} 表示企业的生产率。根据成本最小化原则，假设生产函数 $Q_{it}(\cdot)$ 连续且二阶可导，因此可构造拉格朗日函数如式（5－16）所示：

$$L_{it}(X_{it}^1, \cdots, X_{it}^N, K_{it}, \lambda_{it}) = \sum_{N=1}^{N} P_{it}^{X^N} X_{it}^N + r_{it}K_{it} + \lambda_{it}[Q_{it} - Q_{it}(\cdot)] \qquad (5-16)$$

其中，$P_{it}^{X^N}$ 为可变投入要素 X_{it}^N 的价格，r_{it} 为资本的价格。假设不存在可变投入要素的调整成本，则成本最小化的一阶条件如式（5－17）所示：

$$\frac{\partial L_{it}}{\partial X_{it}^N} = P_{it}^{X^N} - \lambda_{it}\frac{\partial Q_{it}(\cdot)}{\partial X_{it}^N} = 0 \qquad (5-17)$$

在给定的产出水平下，企业的边际成本 $mc_{it} = \lambda_{it}$ （$\lambda_{it} = \frac{\partial L_{it}}{\partial Q_{it}}$），在此基础上，将式（5－17）两边分别乘以 $\frac{X_{it}^N}{Q_{it}}$，经整理可得到式（5－18）：

$$\frac{\partial Q_{it}(\cdot)}{\partial X_{it}^N}\frac{X_{it}^N}{Q_{it}} = \frac{1}{\lambda_{it}}\frac{P_{it}^{X^N}X_{it}^N}{Q_{it}} \qquad (5-18)$$

企业的成本加成 $\mu_{it} = \frac{P_{it}}{\lambda_{it}}$，结合式（5－18）可得式（5－19）：

$$\theta_{it}^{X^N} = \mu_{it}\frac{P_{it}^{X^N}X_{it}^N}{P_{it}Q_{it}} \qquad (5-19)$$

式（5－19）中，$\theta_{it}^{X^N} = \frac{\partial Q_{it}(\cdot)}{\partial X_{it}^N}\frac{X_{it}^N}{Q_{it}}$ 表示可变要素 X_{it}^N 的产出弹性，$\frac{P_{it}^{X^N}X_{it}^N}{P_{it}Q_{it}}$

表示可变要素 X_{it}^N 的支出份额。本研究借鉴 De Loecker 和 Warzynski（2012），李胜旗和佟家栋（2016），柏培文和喻理（2021）的做法，选取企业的劳动力投入作为可变要素①，进而测算 2000—2013 年中国出口企业的成本加成。

本研究参照 DLW 方法，对企业层面的劳动产出弹性进行测算。首先，设定超越对数形式的生产函数（Translog Production Function）如式（5-20）所示：

$$y_{it} = \beta_l l_{it} + \beta_k k_{it} + \beta_m m_{it} + \beta_{ll}(l_{it})^2 + \beta_{kk}(k_{it})^2 + \beta_{mm}(m_{it})^2 + \beta_{lk}(l_{it}k_{it}) + \beta_{lm}(l_{it}m_{it}) + \beta_{mk}(m_{it}k_{it}) + \beta_{lmk}(l_{it}m_{it}k_{it}) + \varphi_{it} + \varepsilon_{it} \tag{5-20}$$

其中，y_{it}、k_{it}、l_{it}、m_{it} 分别为企业的产出水平、资本投入、劳动力投入以及中间投入品的对数值。借鉴李胜旗和佟家栋（2016）的做法，本研究使用工业增加值、固定资产年均余额、从业人数以及中间投入品分别作为产出水平、资本投入、劳动力投入以及中间投入品的衡量指标。φ_{it} 是企业的生产率，ε_{it} 是随机干扰项。

劳动投入要素的产出弹性如式（5-21）所示：

$$\theta_{it}^l = \frac{\partial y_{it}}{\partial l_{it}} = \beta_l + 2\beta_{ll} l_{it} + \beta_{lk} k_{it} + \beta_{lm} m_{it} + \beta_{lmk} m_{it} k_{it} \tag{5-21}$$

参照 Levinsohn 和 Petrin（2003）（LP 法）构造中间投入品的需求函数为：$m_{it} = f(\varphi_{it}, l_{it}, k_{it}, ownership_{it})$。考虑到国有企业和外资企业在生产技术和中间投入品等方面的异质性，本研究引入了企业所有制虚拟变量 $ownership_{it}$，则生产率可以表示成：$\varphi_{it} = h(m_{it}, l_{it}, k_{it}, ownership_{it})$。

将生产率方程代入式（5-20），可得以下的产出表达式：

$$y_{it} = \phi_t(m_{it}, l_{it}, k_{it}, ownership_{it}) + \varepsilon_{it} \tag{5-22}$$

对式（5-22）采用三项多项式逼近拟合，得到期望产出的估计值 $\hat{\phi}_{it}$ 和残差项 ε_{it} 的估计值。

其次，假设企业的生产率服从一阶马尔科夫性质，如式（5-23）所示：

①企业只需要有一种投入要素是可自由调整的，即可根据该要素最小化成本，从而测算关于该要素的企业成本加成。

$$\varphi_{it} = g_t(\varphi_{it-1}) + \xi_{it} \tag{5-23}$$

结合产出估计值 $\hat{\phi}_{it}$，可得企业生产率估计表达式如式（5-24）所示：

$$\varphi_{it} = \hat{\phi}_{it} - \begin{bmatrix} \beta_l l_{it} + \beta_k k_{it} + \beta_m m_{it} + \beta_{ll}(l_{it})^2 + \beta_{kk}(k_{it})^2 + \beta_{mm}(m_{it})^2 \\ + \beta_{lk}(l_{it}k_{it}) + \beta_{lm}(l_{it}m_{it}) + \beta_{mk}(m_{it}k_{it}) + \beta_{lmk}(l_{it}m_{it}k_{it}) \end{bmatrix} \tag{5-24}$$

将式（5-24）代入式（5-23），参照 De Loecker 和 Warzynski（2012）设置的矩条件，假定生产率随机干扰项 ξ_{it} 与当期的资本、滞后一期的劳动力投入和中间投入品不相关，具体如式（5-25）所示：

$$E\left[\xi(\beta)\begin{bmatrix} l_{it-1} \\ k_{it} \\ m_{it-1} \\ l_{it-1}^2 \\ k_{it}^2 \\ m_{it-1}^2 \\ l_{it-1}k_{it} \\ l_{it-1}m_{it-1} \\ m_{it-1}k_{it} \\ l_{it-1}m_{it-1}k_{it} \end{bmatrix}\right] = 0 \tag{5-25}$$

进一步，采用非参数的 GMM 估计方法，根据上述矩条件估计出 β 为向量组的参数估计值后，即可计算劳动要素的产出弹性，再结合劳动要素的支出份额，就能够得到出口企业的成本加成。

解释变量主要有三类：第一类为企业的产品质量提升（*QI*）。第二类为企业异质性特征变量（*firmhete*），具体包括：（1）全要素生产率（*TFP*），本研究分别根据 LP 法、ACF 法、Wooldridge 法测算全要素生产率指标，记为 *TFP*、*TFP_acf* 和 *TFP_wrdg*，在基准回归分析中使用 *TFP*，在稳健性分析中使用 *TFP_acf* 和 *TFP_wrdg*。企业的全要素生产率越高，其生产的边际成本就越低，出口企业的成本加成就可能越高（诸竹君、黄先海，2020）。(2) 资本密集度（ln*KL*），用企业固定资产净值与企业员工人数的比值取对数来度量。(3) 企业规模（*scale*），依据从业人员人数将企业划分为大型企业、中型企业、小型企业和微型企业，产生3个虚拟变量*scale*1、*scale*2、*scale*3，分别代表小型企业、中型企业和大型企业，而微型企业则作为基准参考。(4) 企业年龄（ln*age*），用样本所处年份减去企业开业年份加1并取对数来度量。(5) 出口产品种类（ln*variety*），用企业每年出口的HS 6位码上的产品种类个数取对数来度量。产品种类多样化说明企业的新产品研发能力较强，更能满足海外消费者对差异化产品的偏好，从而有利于出口企业成本加成的提高。(6) 企业工资水平（ln*wage*），用企业本年应付工资总额和应付福利总额之和除以就业人数并取对数来度量。企业的人均工资水平越高，意味着企业的人力资本结构更优，有助于企业创新能力的提高，从而可能引起成本加成的提高；但企业人均工资越高，也可能带来企业边际成本的升高，进而抑制成本加成的提高，因此，企业工资水平对成本加成的影响方向并不确定。第三类为控制变量(*control*)，主要包括：(1) 外资参与度（*fi*），用企业的外资投入与总资产之比来度量。(2) 政府补贴（*sub*），该变量为虚拟变量，当企业补贴值大于零时，*sub* =1；否则*sub* =0。(3) 企业所有制虚拟变量(*ownership*)。当企业为外资企业时，*foreign* =1；否则*foreign* =0。当企业为国有企业时，*state* =1；否则*state* =0。(4) 行业竞争程度（*HHI*），利用企业销售收入计算4位码行业的赫芬达尔—赫希曼指数。理论上，成本加成与行业竞争程度负相关，即行业竞争程度越强，成本加成就越低。

3. 数据来源与处理

本章使用的数据来源于1998—2013年中国工业企业数据库①、2000—

①本研究采用主流的DLW方法测算出口企业的成本加成，该方法借助生产率随机冲击与当期固定要素、滞后期可变要素投入不相关的矩条件进行GMM估计，以此来识别生产函数中各投入要素的参数估计向量，因此，为了保证2000—2013年出口企业成本加成数据完整，本研究利用1998—2013年中国工业企业数据库进行出口企业成本加成的计算。

2013 年中国海关数据库及本研究自行搜集整理的 2000—2013 年中国工业企业产品质量升级数据库。具体数据处理、合并匹配过程同第四章的介绍，此处不再赘述。此外，由于 2009—2010 年应付工资总额、2009—2013 年应付福利费总额缺失，而本研究中企业工资水平是影响出口企业成本加成的一个重要因素，因此，对于合并后的数据库，本研究采用线性插值法对应付工资总额和应付福利费总额进行填补。最终得到 2000—2013 年 124332 家出口企业的 417072 个观测值。模型中主要变量的描述性统计结果见表 5 -1。

表 5 -1　模型中主要变量的描述性统计结果

变量	观测值	均值	标准差	最小值	最大值
markup	193261	1.4841	0.9651	0.0070	9.1805
QI	233371	0.0012	0.0945	-1	1
QU	417072	1.9980	3.3689	0	8
LQU	417072	0.0217	0.1457	0	1
MQU	417072	0.0327	0.1778	0	1
HQU	417072	0.2276	0.4193	0	1
TFP	386930	6.0607	1.0644	0.0017	14.0168
ln*KL*	405833	3.5514	1.4061	-6.3604	13.5569
*scale*1	417072	0.5934	0.4912	0	1
*scale*2	417072	0.3103	0.4626	0	1
*scale*3	417072	0.0856	0.2797	0	1
ln*age*	417072	2.1518	0.6663	0	5.1358
ln*variety*	417072	1.3056	1.0179	0	6.6695
ln*wage*	387984	2.9909	0.6856	0	6.3793
fi	417072	0.2798	0.3504	0	1
sub	417072	0.3327	0.4712	0	1
HHI	417072	0.0588	0.0919	0.0017	1

注：*QI* 表示产品质量提升，是利用回归反推法（KSW 法）先测算出口产品质量，再取差分，因此导致了观测值的减少。由于负数和零的存在，导致其他一些变量在计算过程中样本缺失，观测值减少。

（二）基准回归

1. 回归结果

本研究采用固定效应 FE 和逐步加入控制变量的方法进行估计，并采用稳健的标准误（Robust Standard）消除了变量潜在的序列相关和异方差问题，回归结果如表 5 - 2 所示。其中，第（1）列引入核心解释变量产品质量提升以及企业异质性特征变量。第（2）列加入了外资参与度变量。第（3）列进一步控制了政府补贴变量。第（4）列和第（5）列依次加入外资企业、国有企业虚拟变量。第（6）列进一步引入赫芬达尔—赫希曼指数用以控制行业竞争程度。

下面以第（6）列的回归结果进行分析。其中，核心解释变量产品质量提升（*QI*）的估计系数在 1% 水平上显著为正，表明产品质量提升显著地提高了出口企业的成本加成，产生了显著的贸易利得提高效应。这也验证了命题 5 - 1。

企业异质性特征变量方面：全要素生产率（*TFP*）对出口企业的成本加成有显著的正向影响，产生了显著的贸易利得提高效应。全要素生产率的提升意味着企业生产边际成本的降低，因此，出口企业的成本加成就越高。这一回归结果也验证了命题 5 - 2。资本密集度（ln*KL*）对出口企业的成本加成有显著的正向影响。资本密集度高的企业有条件引进先进的生产设备，更有能力进行工艺创新和产品创新，提升产品质量水平和生产率水平，因此，资本密集度越高，出口企业的成本加成就越高。企业规模（*scale*）的估计系数显著为负，意味着企业规模的扩大反而抑制了出口企业成本加成的提高。企业年龄（ln*age*）对出口企业的成本加成有负向影响但不显著。出口产品种类（ln*variety*）对成本加成有显著的正向影响。出口产品种类多样化是贸易利得的来源之一（Krugman，1979）。采取质量竞争策略的企业的产品范围平均大于采取成本竞争策略的企业，更倾向于生产和出口更多种类的产品（钟腾龙、余淼杰，2020）。因此，企业生产和出口产品种类越多，企业的研发实力和质量提升能力就可能越高，从而对成本加成起到正向促进作用。企业工资水平（ln*wage*）对出口企业的成本加成有显著的负向影响。可能的原因是企业用工成本的提升，带来了企业生产成本和边际成本的升高，从而抑制了成本加成的提高，这一研究结论也与祝树金等（2019）相一致。

控制变量方面：外资参与度（*fi*）对出口企业成本加成有显著的负向影响。可能的原因是外资占比较高的公司，较多从事跨国公司或关联公司之间的内部交易，出于避税等目的，采取低成本加成策略隐藏部分利润，因此，企业资本中外资占比越高，成本加成反而越低。此外，政府补贴（*sub*）、外资企业（*foreign*）、国有企业（*state*）和赫芬达尔—赫希曼指数（*HHI*）的估计系数均不显著。

表5-2　产品质量提升、企业异质性与出口企业成本加成的回归结果

变量	(1)	(2)	(3)	(4)	(5)	(6)
QI	0.0490*** (0.0076)	0.0488*** (0.0076)	0.0488*** (0.0076)	0.0488*** (0.0076)	0.0488*** (0.0076)	0.0488*** (0.0076)
TFP	0.0832*** (0.0023)	0.0823*** (0.0023)	0.0823*** (0.0023)	0.0823*** (0.0023)	0.0823*** (0.0023)	0.0823*** (0.0023)
ln*KL*	0.2750*** (0.0023)	0.2753*** (0.0023)	0.2753*** (0.0023)	0.2753*** (0.0023)	0.2753*** (0.0023)	0.2753*** (0.0023)
*scale*1	-0.1895*** (0.0269)	-0.1909*** (0.0269)	-0.1909*** (0.0269)	-0.1908*** (0.0269)	-0.1908*** (0.0269)	-0.1909*** (0.0269)
*scale*2	-0.2118*** (0.0273)	-0.2140*** (0.0272)	-0.2140*** (0.0272)	-0.2139*** (0.0272)	-0.2140*** (0.0272)	-0.2140*** (0.0272)
*scale*3	-0.1952*** (0.0281)	-0.1982*** (0.0281)	-0.1983*** (0.0281)	-0.1982*** (0.0281)	-0.1983*** (0.0281)	-0.1983*** (0.0281)
ln*age*	-0.0029 (0.0053)	-0.0034 (0.0053)	-0.0034 (0.0053)	-0.0035 (0.0053)	-0.0035 (0.0053)	-0.0035 (0.0053)
ln*variety*	0.0131*** (0.0019)	0.0129*** (0.0019)	0.0129*** (0.0019)	0.0129*** (0.0019)	0.0129*** (0.0019)	0.0128*** (0.0019)
ln*wage*	-0.7709*** (0.0032)	-0.7709*** (0.0032)	-0.7709*** (0.0032)	-0.7709*** (0.0032)	-0.7709*** (0.0032)	-0.7709*** (0.0032)

续表

变量	(1)	(2)	(3)	(4)	(5)	(6)
fi		-0.0531*** (0.0049)	-0.0532*** (0.0049)	-0.0530*** (0.0049)	-0.0530*** (0.0049)	-0.0530*** (0.0049)
sub			0.0006 (0.0022)	0.0006 (0.0022)	0.0006 (0.0022)	0.0006 (0.0022)
foreign				-0.0061 (0.0115)	-0.0061 (0.0115)	-0.0061 (0.0115)
state					0.0012 (0.0065)	0.0012 (0.0065)
HHI						-0.0035 (0.0138)
常数项	0.9890*** (0.0749)	1.0050*** (0.0748)	1.0048*** (0.0748)	1.0088*** (0.0753)	1.0086*** (0.0753)	1.0090*** (0.0753)
企业固定效应	yes	yes	yes	yes	yes	yes
行业固定效应	yes	yes	yes	yes	yes	yes
年份固定效应	yes	yes	yes	yes	yes	yes
观测值	179249	179249	179249	179249	179249	179249
Within R-squared	0.6036	0.6042	0.6042	0.6042	0.6042	0.6042

注：估计系数下方括号中数据为企业层面的聚类标准差；***、**、*分别代表1%、5%和10%的显著性水平。

2. 稳健性检验

(1) 内生性问题及其处理

产品质量提升（*QI*）和出口企业成本加成（ln*markup*）之间可能互为因果，从而导致内生性问题。一方面，产品质量提升幅度越大，越能够满足出口市场消费者的需求，消费者也愿意为高质量商品支付更高的价格，从而使出口企业获得更高的成本加成。另一方面，出口企业的成本加成越高，意味着企业的贸易利得越高，企业更有实力采购高质量的中间投入品，雇佣更高素质的劳动力，支付研发费用、品牌推广费用和各种质量认证费用，因此，产品质量提升幅度可能会越大。此外，全要素生产率

（*TFP*）和出口企业成本加成（ln*markup*）之间也可能互相影响。鉴于此，本章运用工具变量法（IV－2SLS）对式（5－14）进行估计。同第四章中对工具变量选取的分析，本章依然采用行业层面的出口产品质量（去除该企业自身）和企业在 $t-1$ 期的累计产品质量提升幅度作为企业层面的产品质量提升的工具变量，同时使用全要素生产率的 1 阶滞后值作为其工具变量。表 5－3 的回归结果显示，产品质量提升对出口企业成本加成的影响显著为正，表明表 5－2 中产品质量提升、企业异质性与出口企业成本加成的基准回归结果是可靠的。

表 5－3　工具变量的回归结果

变量	(1)	(2)	(3)	(4)	(5)	(6)
QI	0.0864*** (0.0157)	0.0863*** (0.0157)	0.0863*** (0.0157)	0.0863*** (0.0157)	0.0864*** (0.0157)	0.0865*** (0.0157)
TFP	0.2172*** (0.0063)	0.2158*** (0.0064)	0.2158*** (0.0064)	0.2159*** (0.0064)	0.2159*** (0.0064)	0.2159*** (0.0064)
ln*KL*	0.2971*** (0.0023)	0.2972*** (0.0023)	0.2972*** (0.0023)	0.2972*** (0.0023)	0.2972*** (0.0023)	0.2972*** (0.0023)
*scale*1	−0.2041*** (0.0253)	−0.2051*** (0.0252)	−0.2050*** (0.0252)	−0.2049*** (0.0252)	−0.2050*** (0.0252)	−0.2049*** (0.0252)
*scale*2	−0.2490*** (0.0256)	−0.2503*** (0.0256)	−0.2503*** (0.0256)	−0.2501*** (0.0256)	−0.2502*** (0.0256)	−0.2501*** (0.0256)
*scale*3	−0.2659*** (0.0266)	−0.2676*** (0.0265)	−0.2675*** (0.0265)	−0.2674*** (0.0265)	−0.2676*** (0.0265)	−0.2675*** (0.0265)
ln*age*	−0.0114** (0.0045)	−0.0117*** (0.0045)	−0.0117*** (0.0045)	−0.0118*** (0.0045)	−0.0119*** (0.0045)	−0.0119*** (0.0045)
ln*variety*	0.0078*** (0.0018)	0.0076*** (0.0018)	0.0077*** (0.0018)	0.0077*** (0.0018)	0.0077*** (0.0018)	0.0077*** (0.0018)
ln*wage*	−0.8327*** (0.0040)	−0.8323*** (0.0039)	−0.8323*** (0.0039)	−0.8323*** (0.0039)	−0.8323*** (0.0039)	−0.8323*** (0.0039)
fi		−0.0359*** (0.0047)	−0.0357*** (0.0047)	−0.0355*** (0.0047)	−0.0353*** (0.0047)	−0.0353*** (0.0047)

续表

变量	(1)	(2)	(3)	(4)	(5)	(6)
sub			-0.0014 (0.0023)	-0.0014 (0.0023)	-0.0014 (0.0023)	-0.0014 (0.0023)
foreign				-0.0108 (0.0094)	-0.0106 (0.0094)	-0.0106 (0.0094)
state					0.0065 (0.0063)	0.0065 (0.0063)
HHI						0.0091 (0.0136)
常数项	0.4999*** (0.0458)	0.5187*** (0.0459)	0.5185*** (0.0459)	0.5248*** (0.0461)	0.5243*** (0.0461)	0.5235*** (0.0461)
企业固定效应	yes	yes	yes	yes	yes	yes
行业固定效应	yes	yes	yes	yes	yes	yes
年份固定效应	yes	yes	yes	yes	yes	yes
Kleibergen - Paap rk LM 统计量	3625.993*** [0.0000]	3609.850*** [0.0000]	3605.387*** [0.0000]	3604.605*** [0.0000]	3604.658*** [0.0000]	3603.284*** [0.0000]
Kleibergen - Paap rk Wald F 统计量	1142.270 {13.43}	1135.445 {13.43}	1134.281 {13.43}	1133.817 {13.43}	1133.591 {13.43}	1133.177 {13.43}
Hansen J 统计量	0.2880	0.2791	0.2768	0.2739	0.2748	0.2735
观测值	154658	154658	154658	154658	154658	154658

注：估计系数下方括号中的数据为企业层面聚类标准差；＊＊＊、＊＊、＊分别代表1%、5%和10%的显著性水平。Kleibergen - Paap rk LM 统计量下方的方括号内的数值为相伴概率值，即 P 值，原假设为“存在识别不足问题”；Kleibergen - Paap rk Wald F 统计量下方的花括号内的数值为 Stock - Yogo 检验 10% 水平上的临界值，原假设为“工具变量与内生变量有较强的相关性”；Hansen J 统计量汇报的是相伴概率值，即 P 值，原假设为“所有工具变量都是外生的”。

(2) 改变被解释变量

在基准回归中，出口企业成本加成是借鉴 DLW 法，并设定生产函数为超越对数生产函数测算得到的。在此处的稳健性分析中，将根据 OLS 方法，对出口企业成本加成再次进行测算，记为 ln*markup_OLS*。改变被解释变量，对式（5-14）进行回归，表5-4中第（1）列的回归结果显示，产品质量提升依然产生了显著的贸易利得提高效应，表明基准估计结果是较为稳健的。

（3）改变全要素生产率

表5-4中的第（2）列、第（3）列显示，无论是采用 *TFP_acf* 指标，还是 *TFP_wrdg* 指标，核心解释变量产品质量提升的估计系数均显著为正；其他企业异质性特征变量和控制变量的估计结果也与基准回归结果保持一致，验证了基准估计结果的稳健性。

（4）改变样本期

考虑到中国工业企业数据库2008年以后的数据质量较差，叠加2008年爆发的国际金融危机也可能会对基准回归结果产生影响，故本研究使用2000—2007年、2008—2013年两期样本进行回归。表5-4中的第（4）列、第（5）列的回归结果显示，产品质量提升对出口企业的成本加成均有显著的正向影响，这就进一步证明了基准回归结果的稳健性。

（5）剔除极端值

本研究从样本中剔除出口企业成本加成的极端值，将位于最小和最大的1个百分位区间的企业样本删除，对式（5-14）再次进行回归，结果如表5-4中的第（6）列所示，产品质量提升的估计系数依然显著为正。综上，本研究得出的结论是较为稳健的。

表5-4 稳健性分析

变量	改变被解释变量	改变全要素生产率		2000—2007年样本	2008—2013年样本	剔除极端值
	(1)	(2)	(3)	(4)	(5)	(6)
QI	0.0478*** (0.0074)	0.0486*** (0.0076)	0.0487*** (0.0076)	0.0330*** (0.0086)	0.0436*** (0.0141)	0.0471*** (0.0074)
TFP	0.0818*** (0.0023)			0.0805*** (0.0028)	0.0989*** (0.0048)	0.0808*** (0.0023)

续表

变量	改变被解释变量	改变全要素生产率		2000—2007年样本	2008—2013年样本	剔除极端值
	(1)	(2)	(3)	(4)	(5)	(6)
TFP_acf		0.0893 *** (0.0024)				
TFP_wrdg			0.0831 *** (0.0023)			
ln*KL*	0.2743 *** (0.0024)	0.2764 *** (0.0023)	0.2748 *** (0.0023)	0.2552 *** (0.0032)	0.2909 *** (0.0044)	0.2676 *** (0.0023)
*scale*1	-0.4141 *** (0.0288)	-0.1611 *** (0.0265)	-0.1884 *** (0.0269)	-0.2457 *** (0.0355)	-0.1685 *** (0.0574)	-0.1808 *** (0.0263)
*scale*2	-0.5187 *** (0.0292)	-0.1696 *** (0.0268)	-0.2103 *** (0.0272)	-0.2550 *** (0.0361)	-0.2076 *** (0.0577)	-0.2026 *** (0.0266)
*scale*3	-0.5639 *** (0.0300)	-0.1399 *** (0.0277)	-0.1934 *** (0.0280)	-0.2402 *** (0.0372)	-0.1972 *** (0.0591)	-0.1866 *** (0.0275)
ln*age*	-0.0227 *** (0.0052)	-0.0002 (0.0053)	-0.0033 (0.0053)	-0.0150 ** (0.0063)	0.0339 *** (0.0126)	-0.0013 (0.0051)
ln*variety*	0.0051 *** (0.0019)	0.0139 *** (0.0019)	0.0129 *** (0.0019)	0.0207 *** (0.0022)	0.0054 * (0.0033)	0.0119 *** (0.0018)
ln*wage*	-0.7747 *** (0.0031)	-0.7805 *** (0.0032)	-0.7718 *** (0.0032)	-0.7937 *** (0.0041)	-0.7801 *** (0.0058)	-0.7506 *** (0.0032)
常数项	1.2292 *** (0.0796)	1.1144 *** (0.0739)	1.0169 *** (0.0752)	1.2590 *** (0.0695)	1.1721 *** (0.1258)	0.9707 *** (0.0743)
控制变量	yes	yes	yes	yes	yes	yes
企业固定效应	yes	yes	yes	yes	yes	yes
行业固定效应	yes	yes	yes	yes	yes	yes
年份固定效应	yes	yes	yes	yes	yes	yes
观测值	204569	179249	179249	90251	88998	176125
Within R - squared	0.6622	0.6060	0.6044	0.6202	0.5199	0.6122

注：估计系数下方括号中的数据为企业层面聚类标准差；＊＊＊、＊＊、＊分别代表1%、5%和10%的显著性水平。

（三）拓展回归

为了更深入考察不同类别企业的产品质量提升对出口企业成本加成的影响，本研究从不同所有制、不同出口密集度、不同要素密集度和不同地区企业做了进一步的拓展分析。

1. 不同所有制企业的回归结果

考虑到不同所有制企业在产品质量提升和成本加成方面的差异，本研究对外资企业、国有企业和私营企业进行分组回归，回归结果如表5-5中的第（1）列至第（3）列所示，核心解释变量产品质量提升对外资企业和私营企业的成本加成均有显著的正向影响，且对外资企业的正向促进作用较大，但产品质量提升对国有企业成本加成的影响不显著。可能的原因是，外资企业和私营企业的市场化程度较高，面临的竞争更加激烈，只有不断提升产品质量，才能形成定价权，增加贸易利得，因此，外资企业和私营企业的产品质量提升能够较大程度上促进其成本加成的提高。而国有企业普遍享受政府赋予的限制市场准入和出口退税补贴政策（Lu and Yu，2015），更有部分国有企业从事着具有垄断性质的国营贸易，因此，国有企业的成本加成已处于较高水平，从而导致国有企业的产品质量提升对成本加成的促进作用反而不显著了。

2. 不同出口密集度企业的回归结果

对不同出口密集度企业进行分组回归，回归结果如表5-5中的第（4）列至第（6）列所示，其中，产品质量提升显著地促进了中出口密集度和高出口密集度企业成本加成的提高，且对高出口密集度企业的促进作用较为显著。但在低出口密集度企业组中，产品质量提升对成本加成的影响为正却不显著，产品质量提升的贸易利得提高效应并未得到验证。可能的原因是，中、高出口密集度企业主要从事低附加值的加工贸易，对出口产品的定价权较弱，加之近年来全球制造业正加快向东南亚、非洲等成本更为低廉的地区转移，进一步削弱了中国“世界工厂”的地位，使得中、高出口密集度企业的成本加成一直较低，而产品质量提升能够发挥“竞争逃离”作用，帮助企业形成质量优势，获取出口市场定价权，因此能够显著地提高中、高出口密集度企业的成本加成。而低出口密集度企业在出口市场上主要开展一般贸易，出口自有品牌产品，具有一定的定价权，其产品质量水平和成本加成相对较高，因此产品质量提升对成本加成的正向促进作用反而不显著了。

表 5-5　不同所有制、不同出口密集度企业的回归结果

变量	不同所有制企业			不同出口密集度企业		
	外资	国有	私营	低出口密集度	中出口密集度	高出口密集度
	(1)	(2)	(3)	(4)	(5)	(6)
QI	0.0538*** (0.0099)	-0.0045 (0.0305)	0.0418*** (0.0145)	0.0073 (0.0106)	0.0807*** (0.0225)	0.1038*** (0.0140)
TFP	0.0763*** (0.0029)	0.0518*** (0.0114)	0.0914*** (0.0048)	0.0779*** (0.0039)	0.0484*** (0.0059)	0.0601*** (0.0033)
ln*KL*	0.2715*** (0.0030)	0.2798*** (0.0141)	0.2699*** (0.0042)	0.2878*** (0.0041)	0.2752*** (0.0065)	0.2583*** (0.0034)
*scale*1	-0.1880*** (0.0353)	-0.0874 (0.1497)	-0.1659*** (0.0458)	-0.1403** (0.0545)	-0.3139*** (0.0828)	-0.2413*** (0.0387)
*scale*2	-0.2013*** (0.0357)	-0.0791 (0.1528)	-0.2117*** (0.0464)	-0.1895*** (0.0547)	-0.3495*** (0.0834)	-0.2538*** (0.0393)
*scale*3	-0.1851*** (0.0368)	-0.0593 (0.1552)	-0.1981*** (0.0487)	-0.1775*** (0.0556)	-0.3494*** (0.0851)	-0.2293*** (0.0408)
ln*age*	0.0089 (0.0086)	-0.0314** (0.0156)	0.0167* (0.0093)	-0.0173** (0.0082)	0.0058 (0.0125)	0.0016 (0.0089)
ln*variety*	0.0139*** (0.0025)	0.0259*** (0.0097)	0.0117*** (0.0033)	0.0123*** (0.0029)	0.0263*** (0.0051)	0.0211*** (0.0031)
ln*wage*	-0.7728*** (0.0040)	-0.7658*** (0.0230)	-0.7669*** (0.0058)	-0.7727*** (0.0054)	-0.7552*** (0.0089)	-0.7759*** (0.0047)
常数项	0.9401*** (0.1078)	1.3926*** (0.2472)	0.8960*** (0.1195)	1.1559*** (0.1141)	1.1293*** (0.1688)	1.1212*** (0.1223)
控制变量	yes	yes	yes	yes	yes	yes

续表

变量	不同所有制企业			不同出口密集度企业		
	外资	国有	私营	低出口密集度	中出口密集度	高出口密集度
	(1)	(2)	(3)	(4)	(5)	(6)
企业固定效应	yes	yes	yes	yes	yes	yes
行业固定效应	yes	yes	yes	yes	yes	yes
年份固定效应	yes	yes	yes	yes	yes	yes
观测值	109736	6057	53350	74661	28626	75962
Within R - squared	0.6036	0.5522	0.6204	0.6077	0.6378	0.6384

注：估计系数下方括号中的数据为企业层面聚类标准差；＊＊＊、＊＊、＊分别代表1%、5%和10%的显著性水平。

3. 不同要素密集度企业的回归结果

表5－6中的第（1）列至第（3）列显示，产品质量提升对资本密集型、技术密集型和劳动密集型企业的成本加成均有显著的正向影响，且对劳动密集型企业成本加成的正向促进作用显著大于资本密集型和技术密集型企业。可能的原因是，中国的劳动密集型企业出口多呈现出“低价格、低加成率”的特点，而产品质量提升有助于企业获得国际市场认可，助推企业向“高价格、高加成率”演进。与此同时，中国的资本密集型和技术密集型企业也通过加大创新研发力度、引进新设备新技术、进口高质量中间品等方式提升产品质量，从而促进出口企业成本加成的提高。

表5－6　不同要素密集度、不同地区企业的回归结果

变量	不同要素密集度企业			不同地区企业		
	资本密集型	技术密集型	劳动密集型	东部	中部	西部
	(1)	(2)	(3)	(4)	(5)	(6)
QI	0.0374 ** (0.0160)	0.0342 *** (0.0120)	0.0663 *** (0.0131)	0.0506 *** (0.0079)	0.0248 (0.0335)	0.0121 (0.0498)
TFP	0.0701 *** (0.0043)	0.0672 *** (0.0041)	0.0918 *** (0.0038)	0.0819 *** (0.0024)	0.0750 *** (0.0101)	0.0900 *** (0.0147)

续表

变量	不同要素密集度企业			不同地区企业		
	资本密集型	技术密集型	劳动密集型	东部	中部	西部
	(1)	(2)	(3)	(4)	(5)	(6)
ln*KL*	0.2857*** (0.0051)	0.2728*** (0.0044)	0.2683*** (0.0033)	0.2761*** (0.0024)	0.2701*** (0.0098)	0.2208*** (0.0200)
*scale*1	−0.0680 (0.0519)	−0.1680*** (0.0529)	−0.2710*** (0.0392)	−0.1887*** (0.0278)	−0.2314** (0.1029)	−0.1853* (0.1006)
*scale*2	−0.1050** (0.0527)	−0.1703*** (0.0535)	−0.3002*** (0.0396)	−0.2107*** (0.0281)	−0.3135*** (0.1057)	−0.1604 (0.1109)
*scale*3	−0.0761 (0.0550)	−0.1663*** (0.0548)	−0.2863*** (0.0410)	−0.1949*** (0.0290)	−0.2786** (0.1088)	−0.2285* (0.1185)
ln*age*	−0.0056 (0.0113)	−0.0096 (0.0094)	−0.0021 (0.0080)	−0.0030 (0.0056)	0.0261 (0.0194)	−0.0390 (0.0243)
ln*variety*	0.0092** (0.0038)	0.0151*** (0.0033)	0.0164*** (0.0030)	0.0129*** (0.0019)	0.0149* (0.0089)	0.0200 (0.0159)
ln*wage*	−0.7581*** (0.0066)	−0.7638*** (0.0061)	−0.7912*** (0.0047)	−0.7707*** (0.0033)	−0.8078*** (0.0142)	−0.7661*** (0.0267)
常数项	0.9192*** (0.1015)	1.3065*** (0.0888)	1.1045*** (0.1395)	1.0712*** (0.0615)	1.2244*** (0.1673)	1.3168*** (0.1943)
控制变量	yes	yes	yes	yes	yes	yes
企业固定效应	yes	yes	yes	yes	yes	yes
行业固定效应	yes	yes	yes	yes	yes	yes
年份固定效应	yes	yes	yes	yes	yes	yes
观测值	49551	55794	73904	167960	7664	3584
Within R－squared	0.5902	0.6010	0.6188	0.6055	0.6265	0.5466

注：估计系数下方括号中的数据为企业层面聚类标准差；＊＊＊、＊＊、＊分别代表1%、5%和10%的显著性水平。

4. 不同地区企业的回归结果

表5－6中的第（4）列至第（6）列呈现了不同地区企业的回归结果。结果显示，产品质量提升对东部地区企业的成本加成有显著的正向影响，

但在中部和西部地区企业组中，产品质量提升却并未对出口企业的成本加成产生显著的正向影响。东部地区有着先天的沿海区位优势，加之后天形成的基础设施优势和制度优势等，使得东部地区比中西部地区有着更高的对外开放水平。且从样本分布角度来看，东部地区出口企业占比高达93.72%，而中西部地区出口企业仅占样本的6.28%。东部地区出口企业的聚集度更高，市场竞争程度更激烈。在“竞争逃离效应”的驱动下，东部地区出口企业的产品质量提升幅度较大，从而进一步提高了企业的贸易利得。

二、产品质量升级对出口企业成本加成影响的计量分析

（一）模型设定、变量构造与数据来源

1. 计量模型设定

本研究将出口企业的成本加成作为被解释变量，将产品质量升级水平和产品质量升级层次分别作为核心解释变量，建立如下面板数据模型：

$$\ln markup_{ijt} = \alpha_0 + \alpha_1 QU_{ijt} + \sum_m \alpha_m firmhete_{ijt} + \sum_n \alpha_n control_{ijt} + u_i + u_j + u_t + \varepsilon_{ijt} \quad (5-26)$$

$$\ln markup_{ijt} = \gamma_0 + \gamma_1 LQU_{ijt} + \gamma_2 MQU_{ijt} + \gamma_3 HQU_{ijt} + \sum_m \gamma_m firmhete_{ijt} + \sum_n \gamma_n control_{ijt} + u_i + u_j + u_t + \varepsilon_{ijt} \quad (5-27)$$

式（5-26）和式（5-27）中，下标 i、j、t 分别表示企业、行业、年份；u_i、u_j、u_t 分别表示企业、行业、年份固定效应；ε_{ijt} 为随机误差项。

2. 变量构造与数据来源

式（5-26）中，核心解释变量为企业的产品质量升级水平（QU）。

式（5-27）中，核心解释变量为企业的产品质量升级层次，包括低层次产品质量升级（LQU）、中层次产品质量升级（MQU）和高层次产品质量升级（HQU）。

被解释变量出口企业的成本加成（ln*markup*）、企业异质性特征变量

(*firmhete*) 和控制变量 (*control*) 的描述说明，同本章上文一致。模型中主要变量的描述性统计结果见表5-1。本部分使用的数据来源，同本章上文描述，此处不再赘述。

(二) 基准回归

1. 回归结果

表5-7产品质量升级、企业异质性与出口企业成本加成的回归结果显示：产品质量升级对出口企业的成本加成有显著的正向影响，产生了显著的贸易利得提高效应。在一定的时间与空间范围内，出口企业获得质量奖、驰名商标（名牌产品）、质量认证，则意味着企业的质量荣誉（声誉）较高，这会向消费者释放优质的质量信号（Terlaak and King，2006；Potoski and Prakash，2009；Goedhuys and Sleuwaegen，2013），消费者也愿意为质量荣誉（声誉）较高的产品支付更高的价格，因此，产品质量升级水平越高，企业所获得的成本加成就越高。

表5-7 产品质量升级、企业异质性与出口企业成本加成的回归结果

变量	(1)	(2)	(3)	(4)	(5)	(6)
QU	0.0010**	0.0011**	0.0011**	0.0011**	0.0011**	0.0011**
	(0.0005)	(0.0005)	(0.0005)	(0.0005)	(0.0005)	(0.0005)
TFP	0.0857***	0.0848***	0.0848***	0.0848***	0.0848***	0.0847***
	(0.0014)	(0.0014)	(0.0014)	(0.0014)	(0.0014)	(0.0014)
ln*KL*	0.2746***	0.2749***	0.2749***	0.2749***	0.2749***	0.2749***
	(0.0014)	(0.0014)	(0.0014)	(0.0014)	(0.0014)	(0.0014)
*scale*1	-0.1929***	-0.1943***	-0.1943***	-0.1943***	-0.1943***	-0.1943***
	(0.0148)	(0.0148)	(0.0148)	(0.0148)	(0.0148)	(0.0148)
*scale*2	-0.2134***	-0.2157***	-0.2158***	-0.2157***	-0.2157***	-0.2158***
	(0.0151)	(0.0151)	(0.0151)	(0.0151)	(0.0151)	(0.0151)
*scale*3	-0.1950***	-0.1983***	-0.1984***	-0.1984***	-0.1984***	-0.1985***
	(0.0160)	(0.0159)	(0.0159)	(0.0159)	(0.0159)	(0.0159)
ln*age*	-0.0069**	-0.0075**	-0.0075**	-0.0076**	-0.0076**	-0.0075**
	(0.0033)	(0.0033)	(0.0033)	(0.0033)	(0.0033)	(0.0033)

续表

变量	(1)	(2)	(3)	(4)	(5)	(6)
ln*variety*	0.0144 *** (0.0015)	0.0141 *** (0.0015)	0.0141 *** (0.0015)	0.0141 *** (0.0015)	0.0141 *** (0.0015)	0.0141 *** (0.0015)
ln*wage*	-0.7698 *** (0.0022)	-0.7698 *** (0.0022)	-0.7698 *** (0.0022)	-0.7698 *** (0.0022)	-0.7698 *** (0.0022)	-0.7698 *** (0.0022)
fi		-0.0555 *** (0.0038)	-0.0556 *** (0.0038)	-0.0555 *** (0.0038)	-0.0555 *** (0.0038)	-0.0555 *** (0.0038)
sub			0.0011 (0.0022)	0.0011 (0.0022)	0.0011 (0.0022)	0.0011 (0.0022)
foreign				-0.0044 (0.0070)	-0.0044 (0.0070)	-0.0044 (0.0070)
state					-0.0008 (0.0052)	-0.0008 (0.0052)
HHI						-0.0144 (0.0119)
常数项	0.9326 *** (0.0752)	0.9491 *** (0.0751)	0.9489 *** (0.0751)	0.9518 *** (0.0753)	0.9518 *** (0.0753)	0.9537 *** (0.0753)
企业固定效应	yes	yes	yes	yes	yes	yes
行业固定效应	yes	yes	yes	yes	yes	yes
年份固定效应	yes	yes	yes	yes	yes	yes
观测值	187038	187038	187038	187038	187038	187038
Within R-squared	0.6008	0.6015	0.6015	0.6015	0.6015	0.6015

注：估计系数下方括号中数据为企业层面的聚类标准差；***、**、*分别代表1%、5%和10%的显著性水平。

表5-8产品质量升级层次、企业异质性与出口企业成本加成的回归结果显示：低层次、中层次和高层次产品质量升级对出口企业的成本加成均有显著的正向影响，且低层次产品质量升级对出口企业成本加成的促进作用较为显著、中层次产品质量升级次之、高层次产品质量升级相对较低。

表 5-8　产品质量升级层次、企业异质性与出口企业成本加成的回归结果

变量	(1)	(2)	(3)	(4)	(5)	(6)
LQU	0.0379*** (0.0089)	0.0381*** (0.0089)	0.0381*** (0.0089)	0.0381*** (0.0089)	0.0381*** (0.0089)	0.0380*** (0.0089)
MQU	0.0261** (0.0102)	0.0260** (0.0102)	0.0260** (0.0102)	0.0260** (0.0102)	0.0260** (0.0102)	0.0259** (0.0102)
HQU	0.0091* (0.0052)	0.0094* (0.0052)	0.0094* (0.0052)	0.0094* (0.0052)	0.0094* (0.0052)	0.0094* (0.0052)
TFP	0.0856*** (0.0023)	0.0847*** (0.0023)	0.0847*** (0.0023)	0.0847*** (0.0023)	0.0847*** (0.0023)	0.0847*** (0.0023)
ln*KL*	0.2744*** (0.0023)	0.2748*** (0.0023)	0.2748*** (0.0023)	0.2748*** (0.0023)	0.2748*** (0.0023)	0.2748*** (0.0023)
*scale*1	-0.1934*** (0.0261)	-0.1948*** (0.0261)	-0.1948*** (0.0261)	-0.1948*** (0.0261)	-0.1948*** (0.0261)	-0.1948*** (0.0261)
*scale*2	-0.2142*** (0.0264)	-0.2165*** (0.0264)	-0.2165*** (0.0264)	-0.2165*** (0.0264)	-0.2165*** (0.0264)	-0.2166*** (0.0264)
*scale*3	-0.1959*** (0.0273)	-0.1992*** (0.0272)	-0.1993*** (0.0272)	-0.1993*** (0.0272)	-0.1992*** (0.0272)	-0.1993*** (0.0272)
ln*age*	-0.0067 (0.0049)	-0.0073 (0.0049)	-0.0073 (0.0049)	-0.0074 (0.0049)	-0.0073 (0.0049)	-0.0073 (0.0049)
ln*variety*	0.0143*** (0.0018)	0.0141*** (0.0018)	0.0140*** (0.0018)	0.0140*** (0.0018)	0.0141*** (0.0018)	0.0140*** (0.0018)
ln*wage*	-0.7697*** (0.0031)	-0.7697*** (0.0031)	-0.7697*** (0.0031)	-0.7697*** (0.0031)	-0.7697*** (0.0031)	-0.7697*** (0.0031)
fi		-0.0555*** (0.0049)	-0.0556*** (0.0049)	-0.0555*** (0.0049)	-0.0555*** (0.0049)	-0.0555*** (0.0049)
sub			0.0010 (0.0022)	0.0010 (0.0022)	0.0010 (0.0022)	0.0010 (0.0022)
foreign				-0.0045 (0.0110)	-0.0045 (0.0110)	-0.0045 (0.0110)
state					-0.0006 (0.0064)	-0.0006 (0.0064)

续表

变量	(1)	(2)	(3)	(4)	(5)	(6)
HHI						-0.0133 (0.0134)
常数项	0.9361 *** (0.0733)	0.9527 *** (0.0732)	0.9525 *** (0.0732)	0.9554 *** (0.0736)	0.9555 *** (0.0736)	0.9572 *** (0.0736)
企业固定效应	yes	yes	yes	yes	yes	yes
行业固定效应	yes	yes	yes	yes	yes	yes
年份固定效应	yes	yes	yes	yes	yes	yes
观测值	187038	187038	187038	187038	187038	187038
Within R-squared	0.6009	0.6016	0.6016	0.6016	0.6016	0.6016

注：估计系数下方括号中数据为企业层面的聚类标准差；***、**、*分别代表1%、5%和10%的显著性水平。

2. 稳健性检验①

(1) 内生性问题及其处理

考虑到产品质量升级（*QU*）和出口企业成本加成（ln*markup*）之间可能存在互为因果的关系，从而导致内生性问题，故本章依然使用行业的产品质量升级水平（除自身外）和行业中实现高层次产品质量升级企业所占比重（除自身外）作为企业产品质量升级的工具变量。此外，本章还使用企业全要素生产率（*TFP*）的 1 阶滞后值作为其工具变量。采用工具变量法（IV-2SLS）进一步克服内生性问题之后，回归结果显示，产品质量升级、企业异质性特征变量、控制变量的估计结果均与基准回归结果保持一致，反映了表 5-7 产品质量升级、企业异质性与出口企业成本加成的基准回归结果是可靠的。

(2) 其他稳健性检验

本研究还分别采取了改变被解释变量（使用 ln*markup_OLS* 指标）、改

①限于篇幅，此处不再汇报稳健性检验（工具变量法、改变被解释变量、改变全要素生产率、改变样本期间、剔除极端值）的回归结果。

变企业全要素生产率（采用 *TFP_acf* 指标和 *TFP_wrdg* 指标）、改变样本期间（使用2000—2007年、2008—2013年两期样本）、剔除极端值（将出口企业成本加成位于最小和最大的1个百分位区间的企业样本删除）对式（5-26）再次进行估计，回归结果均显示产品质量升级对出口企业的成本加成有显著的正向影响，表明基准回归结果是稳健的。

（三）拓展回归

为了更深入考察不同类别企业的产品质量升级对成本加成的影响，本研究从不同所有制、不同出口密集度、不同要素密集度和不同地区企业做了进一步的拓展分析。

1. 不同所有制企业的回归结果

对外资企业、国有企业和私营企业进行分组回归估计，结果如表5-9中的第（1）列至第（3）列所示。其中，产品质量升级均显著地提高了外资企业、国有企业和私营企业的成本加成，且对国有企业成本加成的促进效果最为显著。可能的原因是，国有企业的背后通常有财政补贴及其他专项资金上的定向扶持，具有较强的国际市场竞争力和定价权，因此，产品质量升级对国有企业成本加成的提升作用更为显著。而外资企业和私营企业的产品质量升级水平相对较低，因此，产品质量升级对这两类企业成本加成的正向促进作用相对较弱。

2. 不同出口密集度企业的回归结果

对低出口密集度、中出口密集度和高出口密集度企业进行分组回归估计，结果如表5-9中的第（4）列至第（6）列所示。其中，产品质量升级仅对低出口密集度企业的成本加成有显著的正向影响，但对中出口密集度和高出口密集度企业成本加成的影响不显著。可能的原因是，中出口密集度和高出口密集度企业以来料加工、来件装配、进料加工等为主，企业缺乏质量奖参评的积极性，也缺乏驰名商标（名牌产品）的打造意识、忽视质量认证的重要性。因此，中出口密集度和高出口密集度企业的产品质量升级水平较低，无法有效提升企业的定价权和成本加成。

表 5-9　不同所有制、不同出口密集度企业的回归结果

变量	不同所有制企业			不同出口密集度企业		
	外资	国有	私营	低出口密集度	中出口密集度	高出口密集度
	(1)	(2)	(3)	(4)	(5)	(6)
QU	0.0022*** (0.0004)	0.0080*** (0.0016)	0.0022*** (0.0005)	0.0015* (0.0008)	0.0012 (0.0016)	0.0010 (0.0010)
TFP	0.2444*** (0.0021)	0.1682*** (0.0069)	0.2718*** (0.0032)	0.0895*** (0.0025)	0.0507*** (0.0057)	0.0635*** (0.0032)
ln*KL*	0.3030*** (0.0011)	0.2906*** (0.0058)	0.3149*** (0.0018)	0.2888*** (0.0024)	0.2747*** (0.0064)	0.2582*** (0.0033)
*scale*1	-0.4405*** (0.0185)	-0.4702*** (0.0969)	-0.4864*** (0.0344)	-0.1223*** (0.0294)	-0.3031*** (0.0795)	-0.2440*** (0.0381)
*scale*2	-0.5151*** (0.0187)	-0.4369*** (0.0970)	-0.5967*** (0.0346)	-0.1566*** (0.0298)	-0.3385*** (0.0802)	-0.2541*** (0.0386)
*scale*3	-0.5099*** (0.0192)	-0.4139*** (0.0974)	-0.5844*** (0.0355)	-0.1322*** (0.0312)	-0.3322*** (0.0819)	-0.2263*** (0.0399)
ln*age*	-0.0540*** (0.0025)	-0.0338*** (0.0047)	-0.0461*** (0.0031)	-0.0168*** (0.0052)	0.0046 (0.0119)	0.0025 (0.0080)
ln*variety*	0.0001 (0.0013)	0.0250*** (0.0048)	0.0104*** (0.0018)	0.0142*** (0.0024)	0.0233*** (0.0050)	0.0229*** (0.0030)
ln*wage*	-0.7444*** (0.0030)	-0.6697*** (0.0128)	-0.8018*** (0.0043)	-0.7826*** (0.0038)	-0.7557*** (0.0088)	-0.7756*** (0.0046)
常数项	0.3722*** (0.0252)	0.4516*** (0.1087)	0.3719*** (0.0426)	1.1945*** (0.1209)	1.1339*** (0.1573)	1.0537*** (0.1186)
控制变量	yes	yes	yes	yes	yes	yes
企业固定效应	yes	yes	yes	yes	yes	yes
行业固定效应	yes	yes	yes	yes	yes	yes
年份固定效应	yes	yes	yes	yes	yes	yes
观测值	115608	6951	53654	77237	29633	80168
Within R-squared	0.5616	0.5362	0.5942	0.6068	0.6335	0.6365

注：估计系数下方括号中的数据为企业层面聚类标准差；***、**、*分别代表1%、5%和10%的显著性水平。

3. 不同要素密集度企业的回归结果

对资本密集型、技术密集型和劳动密集型企业进行分组回归，结果如表5－10中的第（1）列至第（3）列所示，其中，产品质量升级均显著地提高了资本密集型、技术密集型和劳动密集型企业的成本加成，且对技术密集型企业的正向促进作用较大、劳动密集型企业次之、资本密集型企业相对较小。在电子通信、生物医药等技术密集型产业，除了产品技术水平的差异外，商标、品牌、专利、质量认证等方面的国际竞争也尤为激烈，拥有技术优势和品牌优势的企业能够在全球市场享有较强的定价权。近些年，中国技术密集型企业的核心竞争力在不断增强，自主商标、品牌等的国际影响力也在不断扩大，因此，技术密集型企业的产品质量升级能够较显著地提高成本加成。

4. 不同地区企业的回归结果

对东部、中部和西部地区企业进行分组回归估计，结果如表5－10中的第（4）列至第（6）列所示，产品质量升级对东部、中部和西部地区企业的成本加成均有显著的正向影响。且从估计系数来看，产品质量升级对西部地区企业成本加成的促进效果较显著、中部地区次之、东部地区相对较小。可能的原因是，东部地区作为中国改革开放的“先行地”、“排头兵”，是当前中国市场化程度最高、外向型程度最高的区域。但长期以来，东部地区的出口企业，尤其是中小企业，主要开展加工贸易，缺乏对质量奖、驰名商标（名牌产品）、质量认证等的重视和培育，因此，产品质量升级虽然对东部地区企业的成本加成有正向影响，但是促进作用相对较弱。与此同时，随着西部大开发和中部崛起等国家战略的走深走实，中西部地区出口规模显著提升，质量奖、驰名商标（名牌产品）、质量认证等发挥的质量信号作用更为显著，从而更大程度上促进了中西部地区出口企业成本加成的提高。

表 5-10　不同要素密集度、不同地区企业的回归结果

变量	不同要素密集度企业			不同地区企业		
	资本密集型	技术密集型	劳动密集型	东部	中部	西部
	(1)	(2)	(3)	(4)	(5)	(6)
QU	0.0011** (0.0006)	0.0028*** (0.0011)	0.0017*** (0.0005)	0.0009* (0.0005)	0.0059* (0.0034)	0.0156** (0.0061)
TFP	0.2342*** (0.0032)	0.0709*** (0.0041)	0.2492*** (0.0025)	0.0844*** (0.0014)	0.0983*** (0.0106)	0.0960*** (0.0140)
ln*KL*	0.3309*** (0.0019)	0.2734*** (0.0043)	0.3043*** (0.0013)	0.2757*** (0.0014)	0.2752*** (0.0094)	0.2142*** (0.0190)
*scale*1	-0.3612*** (0.0299)	-0.1615*** (0.0517)	-0.4925*** (0.0230)	-0.1919*** (0.0151)	-0.2342** (0.1044)	-0.1986* (0.1016)
*scale*2	-0.4468*** (0.0301)	-0.1607*** (0.0522)	-0.6042*** (0.0232)	-0.2125*** (0.0155)	-0.3176*** (0.1068)	-0.1723 (0.1102)
*scale*3	-0.4493*** (0.0309)	-0.1563*** (0.0535)	-0.6236*** (0.0238)	-0.1948*** (0.0163)	-0.2966*** (0.1099)	-0.2442** (0.1169)
ln*age*	-0.0373*** (0.0032)	-0.0139 (0.0088)	-0.0526*** (0.0025)	-0.0067* (0.0035)	0.0873*** (0.0172)	-0.0234 (0.0206)
ln*variety*	-0.0173*** (0.0020)	0.0170*** (0.0032)	-0.0036** (0.0014)	0.0143*** (0.0016)	0.0187** (0.0093)	0.0177 (0.0143)
ln*wage*	-0.7508*** (0.0044)	-0.7619*** (0.0060)	-0.7937*** (0.0034)	-0.7699*** (0.0023)	-0.7432*** (0.0129)	-0.7532*** (0.0259)
常数项	0.1070*** (0.0390)	1.2191*** (0.0875)	0.5563*** (0.0294)	1.0135*** (0.0381)	1.0598*** (0.1649)	1.1891*** (0.1840)
控制变量	yes	yes	yes	yes	yes	yes
企业固定效应	yes	yes	yes	yes	yes	yes
行业固定效应	yes	yes	yes	yes	yes	yes
年份固定效应	yes	yes	yes	yes	yes	yes
观测值	51554	57727	77757	175117	8035	3845
Within R-squared	0.5742	0.5962	0.6310	0.6029	0.5868	0.5445

注：估计系数下方括号中的数据为企业层面聚类标准差；***、**、*分别代表1%、5%和10%的显著性水平。

第四节　机制检验

前文的计量分析已经证实，产品质量提升显著促进了出口企业成本加成的提高。那么，产品质量提升影响出口企业成本加成的传导机制又会是怎样的呢？成本加成被定义为产品价格对边际成本的偏离程度，因此，产品质量提升会通过影响出口企业的产品价格和边际成本，进而对出口企业的成本加成产生影响。本研究借鉴江艇（2022）关于作用机制分析的思路，对产品价格机制和边际成本机制分别进行检验。

一、产品价格机制检验

本研究建立如下产品价格回归方程，以分别检验产品质量提升、产品质量升级及不同层次的产品质量升级是否会对出口企业的产品价格产生影响，具体如式（5－28）、式（5－29）、式（5－30）所示：

$$\ln price_{ijt} = a_0 + a_1 QI_{ijt} + \sum_m a_m firmhete_{ijt} + \sum_n a_n control_{ijt} + u_i + u_j + u_t + \varepsilon_{ijt} \tag{5-28}$$

$$\ln price_{ijt} = b_0 + b_1 QU_{ijt} + \sum_m b_m firmhete_{ijt} + \sum_n b_n control_{ijt} + u_i + u_j + u_t + \varepsilon_{ijt} \tag{5-29}$$

$$\ln price_{ijt} = c_0 + c_1 LQU_{ijt} + c_2 MQU_{ijt} + c_3 HQU_{ijt} + \sum_m c_m firmhete_{ijt} + \sum_n c_n control_{ijt} + u_i + u_j + u_t + \varepsilon_{ijt} \tag{5-30}$$

其中，被解释变量 ln*price* 为出口企业的产品价格变量，借鉴赵玲等（2018）的做法，用企业 i 在 t 年的所有出口产品的平均价格取对数来表示[①]。

表5－11中第（1）列的回归结果显示，产品质量提升（*QI*）显著地促进了出口企业产品价格的提高。此外，第（2）列、第（3）列的回归结

①出口企业的产品价格可根据中国海关数据库中的出口额和出口数量指标直接测算得到。

果显示，产品质量升级（*QU*）、低层次产品质量升级（*LQU*）、中层次产品质量升级（*MQU*）和高层次产品质量升级（*HQU*）对出口企业的产品价格均有显著的正向影响。且从估计系数来看，中层次产品质量升级（*MQU*）对产品价格的提升作用较为显著、高层次产品质量升级（*HQU*）次之、低层次产品质量升级（*LQU*）相对较低。产品质量提升、产品质量升级所产生的“价格提高效应”（Bellone et al.，2016；许明、邓敏，2016），会显著地提高出口企业的成本加成，增加贸易利得。上述估计结果也验证了研究假设 5－1，即产品质量提升会通过产品价格机制提高出口企业的成本加成。

表 5－11　产品价格、边际成本机制检验

变量	被解释变量：ln*price*			被解释变量：ln*mc*		
	(1)	(2)	(3)	(4)	(5)	(6)
QI	0.5373*** (0.0344)			0.4728*** (0.0386)		
QU		0.0251*** (0.0011)			0.0204*** (0.0016)	
LQU			0.0530** (0.0234)			0.0344 (0.0314)
MQU			0.2493*** (0.0188)			0.1109*** (0.0253)
HQU			0.1937*** (0.0091)			0.1622*** (0.0127)
TFP	0.0115** (0.0047)	0.0750*** (0.0038)	0.0737*** (0.0038)	−0.0626*** (0.0057)	−0.1803*** (0.0058)	−0.1806*** (0.0059)
ln*KL*	0.0052 (0.0045)	0.0568*** (0.0026)	0.0564*** (0.0026)	−0.2670*** (0.0056)	−0.2359*** (0.0041)	−0.2361*** (0.0041)
*scale*1	0.0471 (0.0484)	0.0940*** (0.0350)	0.0933*** (0.0350)	0.2327*** (0.0640)	0.6040*** (0.0617)	0.6039*** (0.0617)
*scale*2	0.0356 (0.0495)	0.0265 (0.0356)	0.0245 (0.0356)	0.2475*** (0.0650)	0.6374*** (0.0625)	0.6369*** (0.0625)

续表

变量	被解释变量：ln*price*			被解释变量：ln*mc*		
	(1)	(2)	(3)	(4)	(5)	(6)
*scale*3	0.0490 (0.0533)	0.0634 * (0.0372)	0.0571 (0.0372)	0.2609 *** (0.0690)	0.6485 *** (0.0644)	0.6467 *** (0.0645)
ln*age*	0.0046 (0.0123)	-0.0174 *** (0.0052)	-0.0185 *** (0.0052)	0.0052 (0.0141)	0.0630 *** (0.0087)	0.0626 *** (0.0087)
ln*variety*	0.3808 *** (0.0081)	0.4553 *** (0.0034)	0.4547 *** (0.0034)	0.3723 *** (0.0091)	0.4786 *** (0.0048)	0.4786 *** (0.0048)
ln*wage*	0.0133 * (0.0068)	0.2419 *** (0.0064)	0.2421 *** (0.0064)	0.7727 *** (0.0086)	1.0244 *** (0.0103)	1.0244 *** (0.0103)
常数项	-3.7141 *** (0.1928)	-6.0155 *** (0.0479)	-6.0633 *** (0.0502)	-4.6731 *** (0.1873)	-6.6803 *** (0.0823)	-6.6772 *** (0.0824)
控制变量	yes	yes	yes	yes	yes	yes
企业固定效应	yes	yes	yes	yes	yes	yes
行业固定效应	yes	yes	yes	yes	yes	yes
年份固定效应	yes	yes	yes	yes	yes	yes
观测值	208779	363540	363540	176796	184471	184471
Within R-squared	0.0838	0.2966	0.3037	0.2103	0.3302	0.3302

注：估计系数下方括号中的数据为企业层面聚类标准差；***、**、*分别代表1%、5%和10%的显著性水平。

二、边际成本机制检验

本研究还建立如下边际成本机制回归方程，以分别检验产品质量提升、产品质量升级及不同层次的产品质量升级是否会对出口企业的边际成本产生影响，具体如式（5-31）、式（5-32）、式（5-33）所示：

$$\ln mc_{ijt} = d_0 + d_1 QI_{ijt} + \sum_m d_m firmhete_{ijt} + \sum_n d_n control_{ijt} + u_i + u_j + u_t + \varepsilon_{ijt} \tag{5-31}$$

$$\ln mc_{ijt} = e_0 + e_1 QU_{ijt} + \sum_m e_m firmhete_{ijt} + \sum_n e_n control_{ijt} + u_i + u_j + u_t + \varepsilon_{ijt} \tag{5-32}$$

$$\ln mc_{ijt} = f_0 + f_1 LQU_{ijt} + f_2 MQU_{ijt} + f_3 HQU_{ijt} + \sum_m f_m firmhete_{ijt} + \sum_n f_n control_{ijt} + u_i + u_j + u_t + \varepsilon_{ijt} \quad (5-33)$$

其中，被解释变量 ln*mc* 为企业的边际成本取对数，采用出口企业产品价格对数值与成本加成对数值的差值来度量。

表5-11中第（4）列的回归结果显示，产品质量提升（*QI*）显著促进了出口企业边际成本的增长。产品质量提升需要加大研发资金投入、引进更先进的生产设备和工艺、使用更高质量的中间投入品、雇佣更高素质更高技能的工人等，这些成本投入会使得企业的边际成本上升。此外，第（5）列、第（6）列的回归结果显示，产品质量升级（*QU*）、中层次产品质量升级（*MQU*）和高层次产品质量升级（*HQU*）均显著提高了出口企业的边际成本，且高层次产品质量升级（*HQU*）所产生的"边际成本提高效应"显著强于中层次产品质量升级（*MQU*）。此外，低层次产品质量升级（*LQU*）对边际成本有正向影响但不显著。上述估计结果也验证了研究假设5-2，即产品质量提升会通过影响出口企业的边际成本，进而影响出口企业的成本加成。结合基准回归结果来看，虽然产品质量提升同时提高了出口企业的产品价格和边际成本，但是对产品价格的正向影响程度要大于对边际成本的正向影响程度，从而使得产品质量提升显著促进了出口企业成本加成的提高。

第五节　本章小结

在理论部分，本章依然在借鉴了 Melitz 和 Ottaviano（2008）、Antoniades（2015）模型的基础上，利用可变替代弹性效用函数，将产品质量提升、生产率异质性和成本加成异质性同时纳入异质性微观企业分析框架中，探究了产品质量提升和企业异质性特征对出口企业成本加成的影响，得到了两个关键命题：①产品质量提升幅度越大，出口企业的成本加成就越高，即产品质量提升会产生显著的贸易利得提高效应。②生产率水平越高，出口企业的成本加成就越高，即生产率提高会产生显著的贸易利得提高效应。此外，其他企业异质性特征变量也会对出口企业的成本加成产生影响。在此基础上，本章还进行了影响机制分析并提出两个研究假设：①产品质量提升通过提高出口企业的产品价格，进而提高出口企业的成本加成。②产品质量提升通过影响出口企业的边际成本，进而影响出口企业的成本加成。

在实证部分，本章从微观层面实证检验了产品质量提升所产生的贸易利得效应。利用1998—2013年中国工业企业数据库、2000—2013年中国海关数据库和本研究搜集整理的2000—2013年中国工业企业产品质量升级数据库合并匹配后的出口企业数据，本章分别实证研究了产品质量提升、产品质量升级对出口企业成本加成的影响，探究了产品质量提升通过产品价格机制以及边际成本机制对出口企业成本加成的影响机理，得出了如下研究结论：

结论一：产品质量提升对出口企业成本加成有显著的正向影响，产生了显著的贸易利得提高效应，但在不同所有制、不同出口密集度、不同要素密集度以及不同地区企业之间存在一定差异。研究结果表明，产品质量提升幅度越大，出口企业的成本加成就越高。就不同所有制企业的回归结果而言，产品质量提升对外资企业和私营企业的成本加成均有显著的正向影响，且对外资企业的正向促进作用较大，但对国有企业影响不显著。就不同出口密集度企业的回归结果而言，产品质量提升对中、高出口密集度企业的成本加成均有显著的正向影响，且对高出口密集度企业的正向促进作用更强，但对低出口密集度企业影响不显著。就不同要素密集度企业的回归结果而言，产品质量提升对资本密集型、技术密集型和劳动密集型企业的成本加成均有显著的正向影响，且对劳动密集型企业的正向促进作用较强。就不同地区企业的回归结果而言，产品质量提升对东部地区企业的成本加成有显著的正向影响，但对中西部地区影响不显著。

结论二：产品质量升级对出口企业成本加成有显著的正向影响，产生了显著的贸易利得提高效应，但产品质量升级在不同层次之间，在不同所

有制、不同出口密集度、不同要素密集度以及不同地区企业之间存在一定差异。研究结果表明，产品质量升级水平越高，出口企业的成本加成就越高。其中，低层次、中层次和高层次产品质量升级对出口企业的成本加成均有显著的正向影响，且低层次产品质量升级对出口企业成本加成的正向促进作用较大。就不同所有制企业的回归结果而言，产品质量升级对外资企业、国有企业和私营企业的成本加成均有显著的促进作用，且对国有企业的正向影响程度较强。就不同出口密集度企业的回归结果而言，产品质量升级仅对低出口密集度企业的成本加成有显著的正向影响，但对中、高出口密集度企业影响不显著。就不同要素密集度企业的回归结果而言，产品质量升级对资本密集型、技术密集型和劳动密集型企业的成本加成均有显著的正向影响，且对技术密集型企业的正向促进作用较强。就不同地区企业的回归结果而言，产品质量升级对东部、中部和西部地区企业的成本加成均有显著的正向影响，且对西部地区企业成本加成的正向促进作用较强。

结论三：机制检验表明，产品质量提升、产品质量升级及不同层次的产品质量升级通过产品价格机制和边际成本机制对出口企业的成本加成产生影响。产品价格机制的估计结果显示，产品质量提升、产品质量升级及不同层次的产品质量升级对出口企业的产品价格均有显著的正向影响。边际成本机制的估计结果显示，产品质量提升、产品质量升级及中、高层次的产品质量升级对出口企业的边际成本均有显著的正向影响。且产品质量提升所产生的“产品价格提高效应”强于“边际成本提高效应”，从而使得产品质量提升显著促进了出口企业成本加成的提高。

结论四：企业异质性特征变量对出口企业成本加成有显著影响。全要素生产率、资本密集度、出口产品种类对出口企业的成本加成均有显著的正向影响。企业规模、企业工资水平、外资参与度对出口企业成本加成均有显著的负向影响。此外，政府补贴、外资企业、国有企业、赫芬达尔—赫希曼指数的估计系数均不显著。

第六章　产品质量提升的工资溢价效应分析

党的二十大报告指出："高质量发展是全面建设社会主义现代化国家的首要任务。实现全体人民共同富裕是中国式现代化的本质要求。"在前文的理论分析和实证分析中，已经证实了产品质量提升显著促进了企业出口规模的增长以及贸易利得的提高，那么，本章则不禁思考，劳动者作为要素报酬的获得者，能否分享到出口企业高质量发展的红利，从中受益？产品质量提升是否会提高劳动者的工资水平，产生工资溢价效应？其中可能的作用机制是什么？收入分配问题不仅关乎劳动者自身的幸福感、满足感，还直接影响到企业的价值创造以及经济社会的和谐稳定。因此，研究产品质量提升与工资溢价之间的关系就具有重要的理论意义和现实意义。

鉴于此，本章在借鉴 Helpman 等（2010）的 HIR 模型的基础上，将产品质量提升和企业异质性特征变量纳入微观企业工资决定的理论分析框架，进一步拓展了 Helpman 等（2010）的 HIR 模型，探究了产品质量提升对出口企业工资水平的影响及作用机制，从理论上系统阐释了产品质量提升所产生的工资溢价效应。在理论分析的基础上，本章进一步利用 2000—2013 年中国工业企业数据库、中国海关数据库、本研究自行搜集整理的中国工业企业产品质量升级数据库以及《中国劳动统计年鉴》，对出口企业工资水平的演变情况进行全面刻画，采用固定效应、工具变量、分位数回归的估计方法，分别实证研究了产品质量提升、产品质量升级对出口企业工资水平的影响，并探讨了产品质量提升通过技能结构机制以及利润分享机制对出口企业工资水平的影响机理，从微观层面实证检验了产品质量提升所产生的工资溢价效应。

第一节　理论模型与命题提出

一、消费者行为

假设世界上有两个国家：本国和外国。企业在垄断竞争的国内市场 D 和国外市场 X 提供总量为 $Y(Y = Y_D + Y_X)$ 的不完全替代产品。同时假设本国代表性消费者对差异化产品的需求满足 CES 效用函数形式。鉴于 Helpman 等（2010）的 HIR 模型中忽视了产品质量提升对消费者行为的影响，因此，本研究对 HIR 模型进行了扩展，将产品质量提升变量引入消费者效用函数，则本国差异化产品部门的消费指数 Q 如式（6-1）所示：

$$Q = \left[\int_{i\in\Omega} [\lambda(i)q(i)]^{\rho} di\right]^{\frac{1}{\rho}}, 0 < \rho < 1 \qquad (6-1)$$

式（6-1）中，$\lambda(i)$、$q(i)$ 分别代表差异化产品 i 的产品质量提升和消费数量，Ω 为消费者所消费的差异化产品的集合；参数 ρ 衡量差异化产品品种间的替代弹性，$0 < \rho < 1$；参数 $\sigma = \dfrac{1}{1-\rho}$，$\sigma > 1$，表示不同企业产品间的不变替代弹性。

本国差异化产品部门的价格指数 P 如式（6-2）所示：

$$P = \left[\int_{i\in\Omega} [p(i)/\lambda(i)]^{1-\sigma} di\right]^{\frac{1}{1-\sigma}}, \sigma > 1 \qquad (6-2)$$

本国差异化产品部门的总支出水平 $E = PQ$。根据 Melitz（2003）的研究，可推导出差异化产品 i 的需求函数和反需求函数分别如式（6-3）和式（6-4）所示：

$$q(i) = Q\lambda(i)^{\sigma-1}\left[\frac{p(i)}{P}\right]^{-\sigma} = E\lambda(i)^{\sigma-1}\left[\frac{p(i)^{-\sigma}}{P^{1-\sigma}}\right] \qquad (6-3)$$

$$p(i) = E^{\frac{1}{\sigma}}P^{\frac{\sigma-1}{\sigma}}\lambda(i)^{\frac{\sigma-1}{\sigma}}q(i)^{-\frac{1}{\sigma}} = A\lambda(i)^{\rho}q(i)^{-(1-\rho)}, A = E^{1-\rho}P^{\rho} \quad (6-4)$$

二、生产者行为

假设劳动是企业进入差异化产品部门生产时唯一投入的生产要素，每一个国家都有着事前相同的工人，并且工人都是风险中性的。企业的产出函数可表示为式（6-5）：

$$Y(\varphi) = \varphi h^{\gamma}\bar{a} \tag{6-5}$$

式（6-5）中，φ 表示企业的生产率水平，假设 φ 服从帕累托分布，即 $G(\varphi) = 1 - (\frac{\varphi_{\min}}{\varphi})^k$；$\bar{a}$ 表示企业所雇佣工人的平均能力水平；h 表示企业所雇佣的工人人数，也即企业的劳动力要素投入；参数 γ 表示劳动的产出弹性。

假设企业所生产的差异化产品 i，在国内市场和出口市场的产品质量提升均为 λ，那么，当企业向国内市场和出口市场分别提供 $Y_D(\varphi)$ 和 $Y_X(\varphi)$ 的产量水平时，企业在国内市场的收益如式（6-6）所示：

$$r_D(\varphi) = p_D(\varphi)q_D(\varphi) = A\lambda\,(\varphi)^{\rho}q_D\,(\varphi)^{-(1-\rho)}q_D(\varphi) = A\lambda\,(\varphi)^{\rho}q_D\,(\varphi)^{\rho} \tag{6-6}$$

假设国内市场出清，则企业向国内市场供应的产量就等于消费者的消费数量，因此有式（6-7）：

$$r_D(\varphi) = A\lambda\,(\varphi)^{\rho}Y_D\,(\varphi)^{\rho} \tag{6-7}$$

进一步地，企业在出口市场的收益如式（6-8）所示：

$$r_X(\varphi) = p_X(\varphi)q_X(\varphi) = A^*\lambda\,(\varphi)^{\rho}q_X\,(\varphi)^{-(1-\rho)}q_X(\varphi) = A^*\lambda\,(\varphi)^{\rho}q_X\,(\varphi)^{\rho} \tag{6-8}$$

式（6-8）中，$A^* = E^{*(1-\rho)}P^{*\rho}$，此处的上标 * 号表示外国差异化产品部门的相关变量，E^* 表示外国差异化产品部门的总支出水平；P^* 表示外国差异化产品部门的价格指数；$q_X(\varphi)$ 表示企业在出口市场上的销售量。出口需要支付冰山贸易成本 τ，且 $\tau > 1$，冰山贸易成本 τ 包含运输费用、关税等。因此，企业必须事先生产并装运 $q_X(\varphi)\,\tau$ 单位的产品，才能最终在出口市场上销售 $q_X(\varphi)$ 单位的产品，这意味着企业的出口产品产量 $Y_X(\varphi) = q_X(\varphi)\,\tau$，即 $q_X(\varphi) = \frac{Y_X(\varphi)}{\tau}$。进一步，可将式（6-8）改写成式（6-9）：

$$r_X(\varphi) = A^*\lambda\,(\varphi)^{\rho}q_X\,(\varphi)^{\rho} = A^*\lambda\,(\varphi)^{\rho}\left[\frac{Y_X(\varphi)}{\tau}\right]^{\rho} \tag{6-9}$$

企业将其总产量 $Y(Y = Y_D + Y_X)$ 分配到国内市场和出口市场，以实现利润最大化。假设企业进入本国差异化产品部门的固定成本为 f_D ，进入出口市场的固定成本为 f_X ，且 $f_X > f_D$ ，因此企业要么只在国内市场销售，要么同时在国内市场和出口市场销售，不存在仅在出口市场销售而不在国内市场销售的情形。当企业同时在国内市场和出口市场销售时，利润最大化意味着企业在两个市场上的边际收益相等。因此，可知式（6－10）成立：

$$\left[\frac{Y_D(\varphi)}{Y_X(\varphi)}\right]^{\rho-1} = \tau^{-\rho}\left(\frac{A^*}{A}\right) \tag{6－10}$$

企业的总产量如式（6－11）所示：

$$Y(\varphi) = Y_D(\varphi) + Y_X(\varphi) \tag{6－11}$$

联立式（6－10）和式（6－11），可得式（6－12）和式（6－13）：

$$Y_D(\varphi) = \frac{1}{1+\zeta}Y(\varphi) \tag{6－12}$$

$$Y_X(\varphi) = \frac{\zeta}{1+\zeta}Y(\varphi) \tag{6－13}$$

其中 $\zeta = \tau^{\frac{-\rho}{1-\rho}}\left(\frac{A^*}{A}\right)^{\frac{1}{1-\rho}}$ ，因此，$\frac{Y_X(\varphi)}{Y_D(\varphi)} = \zeta$。

企业的总收益如式（6－14）所示：

$$\begin{aligned} r(\varphi) &= r_D(\varphi) + r_X(\varphi) \\ &= A\lambda(\varphi)^{\rho}Y_D(\varphi)^{\rho} + A^*\lambda(\varphi)^{\rho}\left[\frac{Y_X(\varphi)}{\tau}\right]^{\rho} \\ &= [1 + I_X(\varphi)\zeta]^{1-\rho}A\lambda(\varphi)^{\rho}Y(\varphi)^{\rho} \end{aligned} \tag{6－14}$$

其中 $I_X(\varphi)$ 是表示企业是否出口的虚拟变量。当企业出口时，$I_X(\varphi) = 1$ ，当企业不出口时，$I_X(\varphi) = 0$。

假设差异化产品部门的生产企业面临着劳动力市场摩擦，企业在获取劳动力时，存在着搜寻（Searching）和匹配（Screening）成本，且不同企业支付的成本是不同的。首先，假设工人的搜寻成本为 b ，b 是大于零的常数，由劳动力市场摩擦程度决定。那么，企业要支付劳动力搜寻成本 $C_S = bn$ ，才能从劳动力市场随机搜寻出 n 个工人。其次，假设企业雇佣工人的最低能力水平为 a_c ，且企业需要支付劳动力筛选匹配成本后，才能从搜寻出的 n 个工人中识别出能力水平在 a_c 以上的 h 个工人。出口企业与非出口企业之间、出口企业与出口企业之间需要的劳动力能力往往存在差异，因此在筛选匹配符合企业要求的劳动力时，企业支付的劳动力筛选匹配成本存在异质性。企业为了提升产品质量，需要雇佣高素质高技能的工人，因此对工人的能力要求就越高，支付的劳动力筛选匹配成本也越高。此外，企业异质性特征变量也会影响劳动力筛选匹配成本，鉴于此，本研究将产品质量提升 λ 和企业异质性特征变量 ϑ 纳入劳动力筛选匹配成本，进一步拓展了HIR模型。最终，得到企业的劳动力筛选匹配成本 C_M 如式（6－15）所示：

$$C_M = c\lambda\ (\varphi)^{\alpha_1}\vartheta^{\alpha_2}a_c^{\delta}/\delta, \alpha_1 > 0, \alpha_2 > 0, \delta > 0 \qquad (6-15)$$

式（6－15）中，c 为劳动力能力筛选匹配的固定成本，可理解为每次筛选匹配劳动力时所做的筛选测试所必须支付的成本，c 是大于零的常数；λ 为企业的产品质量提升；ϑ 为企业异质性特征变量，包括要素密集度、企业规模、企业年龄等；a_c 为企业要求的工人最低能力水平，也即企业的劳动力能力筛选门槛，$a_c \geqslant a_{\min}$ ，$a_{\min}$ 为劳动力市场中的工人最低能力水平；α_1 是大于零的参数，反映了企业在产品质量提升过程中对劳动力筛选匹配成本的控制能力，α_1 越小，意味着产品质量提升所引致的劳动力筛选匹配成本的上升幅度较小，即企业能够用相对较低的成本筛选出所需要的劳动力。

假设工人的能力服从帕累托分布，即 $G(a) = 1 - \left(\frac{a_{\min}}{a}\right)^k, 0 < a_{\min} < a$，$k > 1$ ，k 为劳动力能力的帕累托分布参数。因此，企业成功筛选匹配到的工人人数 h 如式（6－16）所示：

$$h = n[1 - G(a_c)] = n\left(\frac{a_{\min}}{a_c}\right)^k \qquad (6-16)$$

式（6－16）表明：企业成功筛选匹配到的工人人数 h（也即企业最终

雇佣的工人人数）会随着企业搜寻的工人人数 n 的增加而增加，但会随着企业要求的工人最低能力水平 a_c 的提高而下降。

进一步可知，企业成功筛选匹配到的工人平均能力水平 $\bar{a}$ 如式（6－17）所示：

$$\bar{a} = \frac{\int_{a_c}^{\infty} nadG(a)}{h} = \frac{k}{k-1}a_c, k > 1 \tag{6-17}$$

式（6－17）表明：在参数 k 既定的情况下，企业成功筛选匹配到的工人平均能力水平 $\bar{a}$ 会随着企业要求的工人最低能力水平 a_c 的提高而提高。

将式（6－16）和式（6－17）代入式（6－5），可得式（6－18）：

$$Y(\varphi) = \varphi h^{\gamma}\bar{a} = \varphi\left[n\left(\frac{a_{\min}}{a_c}\right)^k\right]^{\gamma}\left(\frac{k}{k-1}\right)a_c = k_{\gamma}\varphi n^{\gamma}a_c^{1-k\gamma}, 0 < \gamma < \frac{1}{k} \tag{6-18}$$

式（6－18）中，$k_{\gamma} = \frac{k}{k-1}a_{\min}^{k\gamma}$。如果企业雇佣最低能力水平的工人，那么会给企业的产出水平带来两种截然相反的效应：第一种效应使得企业的雇佣工人人数增加，进而带来企业产出水平的增加；第二种效应会导致企业所雇佣工人的平均能力水平下降，进而导致企业产出水平的降低。当参数满足 $0 < \gamma < \frac{1}{k}$ 时，第二种效应占主导地位，此时能力低于企业要求的工人最低能力水平 a_c 的工人的边际产量为负。因此，一些低能力的工人没有被雇佣，这也符合现实情况，即企业筛选劳动力以排除那些被认为能力较差的人。

根据 Stole 和 Zwiebel（1996a，1996b）的研究，企业和工人可以进行工资议价，分享企业的收益，议价的结果是企业会雇佣工人，直到雇佣最后一个工人的边际收益等于雇佣工人付出的边际成本。假设工人能分享到的收益份额为 α，企业能分享到的收益份额为 $1-\alpha$，工人的工资为 w，则可得式（6－19）：

$$\frac{\partial[(1-\alpha)r(\varphi)]}{\partial h}=w$$

$$(1-\alpha)[1+I_X(\varphi)\zeta]^{1-\rho}A\lambda(\varphi)^{\rho}(\varphi h^{\gamma}\bar{a})^{\rho}\gamma\rho=wh \tag{6-19}$$

$$(1-\alpha)r(\varphi)\gamma\rho=wh$$

由于工人分享的收益份额为 α，可知 $wh=\alpha r(\varphi)$，将其代入式（6-19）中，可得式（6-20）：

$$(1-\alpha)r(\varphi)\gamma\rho=wh=\alpha r(\varphi)$$

$$\alpha=\frac{\gamma\rho}{1+\gamma\rho} \tag{6-20}$$

解得工人分享的收益份额 $\alpha=\frac{\gamma\rho}{1+\gamma\rho}$，企业分享的收益份额 $1-\alpha=\frac{1}{1+\gamma\rho}$。

因此，工人分享的收益如式（6-21）所示：

$$wh=\alpha r(\varphi)=\frac{\gamma\rho}{1+\gamma\rho}r(\varphi) \tag{6-21}$$

企业分享的收益如式（6-22）所示：

$$(1-\alpha)r(\varphi)=\frac{1}{1+\gamma\rho}r(\varphi) \tag{6-22}$$

假设企业进入国内市场和出口市场的固定成本分别是 f_D、f_X、劳动力市场搜寻成本 C_S 和劳动力筛选匹配成本 C_M 均为沉没成本。因此，企业的利润最大化问题可表述为式（6-23）：

$$\begin{aligned}\max\pi(\varphi)&=r(\varphi)-wh-C_S-C_M-f_D-I_Xf_X\\&=\frac{1}{1+\gamma\rho}r(\varphi)-C_S-C_M-f_D-I_Xf_X\\&=\frac{1}{1+\gamma\rho}[1+I_X(\varphi)\zeta]^{1-\rho}A\lambda(\varphi)^{\rho}(k_y\varphi n^{\gamma}a_c^{1-k\gamma})^{\rho}-bn-\frac{c\lambda(\varphi)^{\alpha_1}\vartheta^{\alpha_2}a_c^{\delta}}{\delta}-f_D-I_Xf_X\end{aligned} \tag{6-23}$$

其中，$n\geqslant0$，$a_c\geqslant a_{\min}$，$I_X\in\{0,1\}$。

三、均衡工资的决定

根据式（6-23）求解企业利润最大化问题，对搜寻的工人人数 n、企业要求的工人最低能力水平 a_c 求一阶导数，可得式（6-24）和式（6-25）：

$$\frac{\gamma\rho}{1+\gamma\rho}r(\varphi) = bn \tag{6-24}$$

$$\frac{\rho(1-\gamma k)}{1+\gamma\rho}r(\varphi) = c\lambda(\varphi)^{\alpha_1}\vartheta^{\alpha_2}a_c^{\delta} \tag{6-25}$$

式（6-24）和式（6-25）表明：在其他条件不变时，企业的收益 $r(\varphi)$ 越高，则搜寻的工人人数 n 就越多，企业要求的工人最低能力水平 a_c（即设定的筛选门槛）就越高。

根据式（6-16）、式（6-21）和式（6-24），可得企业利润最大化时，工人的均衡工资水平 w 如式（6-26）所示：

$$\begin{aligned} wh &= \alpha r(\varphi) = \frac{\gamma\rho}{1+\gamma\rho}r(\varphi) \\ w &= \frac{\gamma\rho}{1+\gamma\rho}\frac{r(\varphi)}{h(\varphi)} = b\frac{n(\varphi)}{h(\varphi)} = b\left[\frac{a_c(\varphi)}{a_{\min}}\right]^k \end{aligned} \tag{6-26}$$

式（6-26）表明：在其他条件不变时，企业要求的工人最低能力水平 a_c（即设定的筛选门槛）越高，则工人的均衡工资水平 w 就越高。

由式（6-24）和式（6-25），可求得企业搜寻的工人人数 n 如式（6-27）所示：

$$n = \frac{\gamma}{(1-\gamma k)b}c\lambda(\varphi)^{\alpha_1}\vartheta^{\alpha_2}a_c^{\delta} \tag{6-27}$$

将式（6-27）的 n 代入式（6-24）中，可得式（6-28）：

$$\frac{\gamma\rho}{1+\gamma\rho}[1+I_X(\varphi)\zeta]^{1-\rho}A\lambda(\varphi)^{\rho}(k_\gamma\varphi n^{\gamma}a_c^{1-k\gamma})^{\rho} = \frac{\gamma}{1-\gamma k}c\lambda(\varphi)^{\alpha_1}\vartheta^{\alpha_2}a_c^{\delta} \tag{6-28}$$

由式（6-28）可推导出企业要求的工人最低能力水平 a_c，如式（6-29）所示：

$$a_c = B[1+I_X(\varphi)\zeta]^{(1-\rho)\Gamma}\varphi^{\rho\Gamma}\lambda^{[\rho+\alpha_1(\gamma\rho-1)]\Gamma}\vartheta^{\alpha_2(\gamma\rho-1)\Gamma}b^{-\gamma\rho\Gamma}c^{(\gamma\rho-1)\Gamma} \tag{6-29}$$

其中，$B>0$，$\Gamma>0$。

参照 Helpman 等（2010）的 HIR 模型中对于参数的设定，式（6－29）中，B、Γ 都是大于零的参数，其中 $B=\left(\frac{\gamma\rho}{1+\gamma\rho}\right)^{\Gamma}\left(\frac{\gamma}{1-\gamma k}\right)^{(\gamma\rho-1)\Gamma}A^{\Gamma}k_y^{\rho\Gamma}$，$\Gamma=\frac{1}{\delta(1-\gamma\rho)-\rho(1-\gamma k)}$。特别需要强调的是，当 $\Gamma=\frac{1}{\delta(1-\gamma\rho)-\rho(1-\gamma k)}>0$ 时，参数满足 $1-\gamma\rho>0$，$1-\gamma k>0$，且 $\delta(1-\gamma\rho)>\rho(1-\gamma k)$。

对式（6－29）求 a_c 关于 λ 的导数，可得式（6－30）：

$$\frac{\partial a_c}{\partial\lambda}=B[1+I(\varphi)\zeta]^{(1-\rho)\Gamma}\varphi^{\rho\Gamma}\vartheta^{\alpha_2(\gamma\rho-1)\Gamma}b^{-\gamma\rho\Gamma}c^{(\gamma\rho-1)\Gamma}[\rho+\alpha_1(\gamma\rho-1)]\Gamma\lambda^{[\rho+\alpha_1(\gamma\rho-1)]\Gamma-1} \tag{6－30}$$

式（6－30）显示，产品质量提升对企业工人最低能力水平的边际影响，取决于等式右边中 $[\rho+\alpha_1(\gamma\rho-1)]$ 的正负号，将此式简单变形可得 $[\rho+\alpha_1(\gamma\rho-1)]=[\rho-\alpha_1(1-\gamma\rho)]$。根据上文中的参数设定，可知 $0<\rho<1$，并且有 $(1-\gamma\rho)>0$，$\alpha_1>0$。因此 $[\rho+\alpha_1(\gamma\rho-1)]$ 的正负号取决于 ρ 和 $\alpha_1(1-\gamma\rho)$ 的大小。首先假设 $\rho<\alpha_1(1-\gamma\rho)$，那么可知，$\partial a_c/\partial\lambda<0$，这意味着产品质量提升幅度越大，企业所需要的工人最低能力水平反而就越低，这显然不符合经济学常识，故而排除这种可能。因此，$\rho>\alpha_1(1-\gamma\rho)$ 的假设条件成立。式（6－30）中 $\partial a_c/\partial\lambda>0$，即产品质量提升与企业所需要的工人最低能力水平正相关。

将式（6－29）代入式（6－26），可得均衡状态下的工人工资 w，如式（6－31）所示：

$$w=B^k a_{\min}^{-k}[1+I_X(\varphi)\zeta]^{(1-\rho)k\Gamma}\varphi^{\rho k\Gamma}\lambda^{[\rho+\alpha_1(\gamma\rho-1)]k\Gamma}\vartheta^{\alpha_2(\gamma\rho-1)k\Gamma}b^{1-\gamma\rho k\Gamma}c^{(\gamma\rho-1)k\Gamma} \tag{6－31}$$

当企业出口时，虚拟变量 $I_X(\varphi)$ 取 1，可从式（6－31）推导出式（6－32），这就是产品质量提升与均衡状态下出口企业工人工资的关系表达式。

$$w = B^k a_{\min}^{-k} [1 + \zeta]^{(1-\rho)k\Gamma} \varphi^{\rho k\Gamma} \lambda^{[\rho+\alpha_1(\gamma\rho-1)]k\Gamma} \vartheta^{\alpha_2(\gamma\rho-1)k\Gamma} b^{1-\gamma\rho k\Gamma} c^{(\gamma\rho-1)k\Gamma} \tag{6-32}$$

式（6-32）是本章理论分析部分所推导出的核心表达式。该式表明：均衡状态下的出口企业工人工资 w 受到企业的生产率水平 φ 、产品质量提升 λ 、企业异质性特征变量 ϑ 、劳动力市场中工人能力水平的最低值 $a_{\min}$ 、劳动力市场的搜寻成本 b 、劳动力能力筛选匹配的固定成本 c 等因素的影响。

本章最关注的是产品质量提升是否促进了出口企业工资水平的提高，是否产生了工资溢价效应。鉴于此，为了得到产品质量提升对出口企业工资水平的边际影响的表达式，对式（6-32）求 w 关于 λ 的导数，可得式（6-33）：

$$\frac{\partial w}{\partial \lambda} = B^k a_{\min}^{-k} [1+\zeta]^{(1-\rho)k\Gamma} \varphi^{\rho k\Gamma} \vartheta^{\alpha_2(\gamma\rho-1)k\Gamma} b^{1-\gamma\rho k\Gamma} c^{(\gamma\rho-1)k\Gamma} [\rho + \alpha_1(\gamma\rho - 1)] k\Gamma \lambda^{[\rho+\alpha_1(\gamma\rho-1)]k\Gamma-1} \tag{6-33}$$

式（6-33）显示，在其他参数和变量既定的情况下，产品质量提升对出口企业工资水平的边际影响，取决于等式右边中 $[\rho + \alpha_1(\gamma\rho - 1)]$ 的正负号。根据上文对式（6-30）的分析可知，$\rho > \alpha_1(1-\gamma\rho)$ 的假设成立，则可得到 $\partial w/\partial \lambda > 0$。这意味着当差异化产品品种间的替代弹性 ρ 越大，劳动的产出弹性 γ 越大，企业在产品质量提升过程中对劳动力筛选匹配的成本控制能力越强，即 α_1 越小时，产品质量提升就越能够促进出口企业工资水平的提升，产生工资溢价效应。

由此，可以获得本章的核心命题1：

命题 6-1： 产品质量提升与出口企业的工资水平正相关。当 $\rho > \alpha_1(1-\gamma\rho)$ 时，产品质量提升会促进出口企业工资水平的提高，产生工资溢价效应。

与此同时，本章也考察生产率对出口企业工资水平的边际影响，对式（6-32）求 w 关于 φ 的导数，可得式（6-34）：

$$\frac{\partial w}{\partial \varphi} = B^k a_{\min}^{-k} \left[1 + \zeta\right]^{(1-\rho)k\Gamma} \lambda^{[\rho+\alpha_1(\gamma\rho-1)]k\Gamma} \vartheta^{\alpha_2(\gamma\rho-1)k\Gamma} b^{1-\gamma\rho k\Gamma} c^{(\gamma\rho-1)k\Gamma} \rho k\Gamma \varphi^{\rho k\Gamma-1} > 0 \tag{6-34}$$

已知式（6－34）中 B、ρ、k、Γ 均是大于零的参数，因此，在其他条件既定的情况下，可知企业生产率对出口企业工资水平的边际影响显著为正。

由此，可以获得本章的核心命题2：

命题6－2：生产率与出口企业的工资水平正相关，即生产率提高会促进出口企业工资水平的提高，产生工资溢价效应。此外，其他企业异质性特征变量（资本密集度、企业规模、出口产品种类等）也会对出口企业的工资水平产生影响。

至此，本研究完成了产品质量提升对出口企业工资水平影响的理论分析，系统阐释了产品质量提升所产生的工资溢价效应。下面将根据前述理论分析和现有文献，继续分析产品质量提升对出口企业工资水平影响的具体机制，并提出相应的研究假设。

四、影响机制分析与研究假设提出

（一）产品质量提升通过影响企业技能结构作用于工资水平

1. 产品质量提升会提高出口企业劳动力的最低能力水平

上文中，式（6－29）是企业要求的工人最低能力水平 a_c 的表达式。当研究对象为出口企业时，虚拟变量 $I_X(\varphi)$ 取1，可得出口企业要求的工人最低能力水平 a_c 的表达式，如式（6－35）所示：

$$a_c = B\left[1 + \zeta\right]^{(1-\rho)\Gamma} \varphi^{\rho\Gamma} \lambda^{[\rho+\alpha_1(\gamma\rho-1)]\Gamma} \vartheta^{\alpha_2(\gamma\rho-1)\Gamma} b^{-\gamma\rho\Gamma} c^{(\gamma\rho-1)\Gamma} \tag{6-35}$$

其中，$B > 0, \Gamma > 0, \rho > \alpha_1(1 - \gamma\rho)$。

对式（6－35）求 a_c 关于 λ 的导数，可得式（6－36）：

$$\frac{\partial a_c}{\partial \lambda} = B\left[1 + \zeta\right]^{(1-\rho)\Gamma} \varphi^{\rho\Gamma} \vartheta^{\alpha_2(\gamma\rho-1)\Gamma} b^{-\gamma\rho\Gamma} c^{(\gamma\rho-1)\Gamma}\left[\rho + \alpha_1(\gamma\rho - 1)\right]\Gamma\lambda^{[\rho+\alpha_1(\gamma\rho-1)]\Gamma-1} \tag{6-36}$$

同上文的分析类似，产品质量提升对出口企业工人最低能力水平的边际影响，取决于等式右边中$[\rho+\alpha_1(\gamma\rho-1)]$的正负号。当$\rho>\alpha_1(1-\gamma\rho)$时，$\frac{\partial a_c}{\partial \lambda}>0$。在这种假设条件下，产品质量提升会提高出口企业所需要的劳动力的最低能力水平，即出口企业雇佣工人的筛选匹配门槛会随之上升，企业会降低对低素质低技能劳动力的需求。

与此同时，结合式(6－26)可知出口企业的工资水平$w=b\left[\frac{a_c(\varphi)}{a_{\min}}\right]^k, k>1$。对式（6－26）求导，可得$\frac{\partial w}{\partial a_c}>0$，即出口企业的工资水平$w$与工人最低能力水平$a_c$正相关。进一步可得，$\frac{\partial w}{\partial \lambda}=\frac{\partial w}{\partial a_c}\frac{\partial a_c}{\partial \lambda}>0$。通过上述分析，可以发现，产品质量提升会提高出口企业所需要的劳动力的最低能力水平，优化企业的技能结构，并最终促进工资水平的提高，产生工资溢价效应。

2. 产品质量提升会提高出口企业劳动力的平均能力水平

从式(6－17)可以看出，出口企业的工人平均能力水平$\bar{a}=\frac{k}{k-1}a_c, k>1$。对式（6－17）求导可得，$\frac{\partial \bar{a}}{\partial a_c}>0$，意味着出口企业的工人平均能力水平$\bar{a}$会随着工人最低能力水平$a_c$的提高而上升。将式（6－17）代入式（6－26）可得式（6－37）：

$$w=b\left[\left(\frac{k-1}{k}\right)\frac{\bar{a}}{a_{\min}}\right]^k, k>1 \tag{6-37}$$

对式（6－37）求导，可得$\frac{\partial w}{\partial \bar{a}}>0$，即出口企业的工资水平$w$和工人平均能力水平$\bar{a}$正相关。进一步可得$\frac{\partial w}{\partial \lambda}=\frac{\partial w}{\partial \bar{a}}\frac{\partial \bar{a}}{\partial a_c}\frac{\partial a_c}{\partial \lambda}>0$。

综上分析，可知产品质量提升与出口企业工人的平均能力水平正相关，从而促进企业技能结构升级，并最终促进工资水平的提高，产生工资溢价效应。

3. 产品质量提升会提高出口企业对高素质高技能劳动力的需求

高质量产品蕴含着先进的技术和丰富的知识，只有高素质高技能劳动力才能理解并掌握其研发原理和生产技术（Brambilla and Proto，2016；喻美辞、蔡宏波，2019）。因此，产品质量提升和高素质高技能劳动力之间是互补的。产品质量提升会使出口企业增加对高素质高技能劳动力的需求，推动企业技能结构优化升级，企业也会为劳动力支付更高的工资，由此产生工资溢价效应。

综合上述分析，本研究提出假设 6－1：

假设 6－1：产品质量提升通过提高出口企业所雇佣工人的最低能力水平、工人平均能力水平以及高素质高技能劳动力的需求来优化企业的技能结构，并为此支付给工人更高的工资，由此产生工资溢价效应。

（二）产品质量提升通过影响企业利润作用于工资水平

1. 产品质量提升会提高劳动力筛选匹配成本

从式（6－15）企业的劳动力筛选匹配成本表达式中，可知 $C_M = c\lambda^{\alpha_1}\vartheta^{\alpha_2}a_c^{\delta}/\delta$。对该式求 C_M 关于 λ 的导数，可得式（6－38）：

$$\frac{\partial C_M}{\partial \lambda} = c\alpha_1\lambda^{\alpha_1-1}\vartheta^{\alpha_2}a_c^{\delta}/\delta > 0,\text{其中},c > 0,\alpha_1 > 0,\alpha_2 > 0,\delta > 0 \quad (6-38)$$

式（6－38）意味着，产品质量提升幅度越大，企业支付的劳动力筛选匹配成本也越高，而劳动力筛选匹配成本是一种沉没成本，会对出口企业的利润产生侵蚀效应。

2. 产品质量提升会提高出口企业的总收益

上文中，式（6－14）是企业总收益的表达式。当企业出口时，虚拟变量 $I_X(\varphi)$ 取 1，可从式（6－14）推导出式（6－39）：

$$r(\varphi) = [1+\zeta]^{1-\rho}A\lambda(\varphi)^{\rho}Y(\varphi)^{\rho} \quad (6-39)$$

对式（6－39）求 $r(\varphi)$ 关于 λ 的导数，可得式（6－40）：

$$\frac{\partial r(\varphi)}{\partial \lambda} = [1+\zeta]^{1-\rho}A\rho\lambda^{\rho-1}Y(\varphi)^{\rho} > 0,\text{其中 } A > 0, 0 < \rho < 1 \quad (6-40)$$

式（6-40）意味着，产品质量提升幅度越大，出口企业的总收益也越高，由此又会产生利润增长效应。

3. 产品质量提升会提高出口企业的利润

上文中，式（6-23）是企业利润最大化的表达式。当企业出口时，虚拟变量 $I_X(\varphi)$ 取1，可从式（6-23）推导出式（6-41）：

$$\begin{aligned}\max \pi(\varphi) &= r(\varphi) - wh - C_S - C_M - f_D - f_X \\ &= \frac{1}{1+\gamma\rho} r(\varphi) - C_S - C_M - f_D - f_X \end{aligned} \tag{6-41}$$

对式（6-41）求 $\pi(\varphi)$ 关于 λ 的导数，可得式（6-42）：

$$\frac{\partial \pi(\varphi)}{\partial \lambda} = \frac{1}{1+\gamma\rho} \frac{\partial r(\varphi)}{\partial \lambda} - \frac{\partial C_M}{\partial \lambda} \tag{6-42}$$

式（6-42）表明，当 $\frac{1}{1+\gamma\rho} \frac{\partial r(\varphi)}{\partial \lambda} > \frac{\partial C_M}{\partial \lambda}$ 时，即产品质量提升所引致的总收益的增长大于产品质量提升所引致的劳动力筛选匹配成本的上升时，产品质量提升会带来出口企业利润水平的整体增长，即 $\partial \pi(\varphi)/\partial \lambda > 0$。当 $\frac{1}{1+\gamma\rho} \frac{\partial r(\varphi)}{\partial \lambda} = \frac{\partial C_M}{\partial \lambda}$ 时，企业实现利润最大化，并且产品质量提升幅度也达到最优值，此时 $\partial \pi(\varphi)/\partial \lambda = 0$。当 $\frac{1}{1+\gamma\rho} \frac{\partial r(\varphi)}{\partial \lambda} < \frac{\partial C_M}{\partial \lambda}$ 时，此时产品质量提升反而会对出口企业的利润产生侵蚀效应，$\partial \pi(\varphi)/\partial \lambda < 0$，企业作为追求利润最大化的主体，不会在此产品质量提升区间生产。综上分析，产品质量提升与出口企业的利润水平正相关，产品质量提升幅度越大，出口企业的利润水平就越高。

根据利润分享理论，出口企业为了保持良好的经营绩效，并鉴于工会组织的作用、劳动力市场刚性以及高素质高技能劳动力较强的工资议价能力，出口企业有动机分享给工人更多的利润，以减少劳动力流转，激励其努力程度，并吸引更多高素质高技能劳动力流入。因此，伴随着产品质量的不断提升，出口企业会向工人支付更高的工资，由此产生工资溢价效应。

综合上述分析，本研究提出假设 6－2：

假设 6－2：产品质量提升通过提高出口企业的劳动力筛选匹配成本与总收益，从而提高出口企业的利润水平，并根据利润分享机制，支付给工人更高的工资水平，由此产生工资溢价效应。

产品质量提升对出口企业工资水平的影响机理如图 6－1 所示。

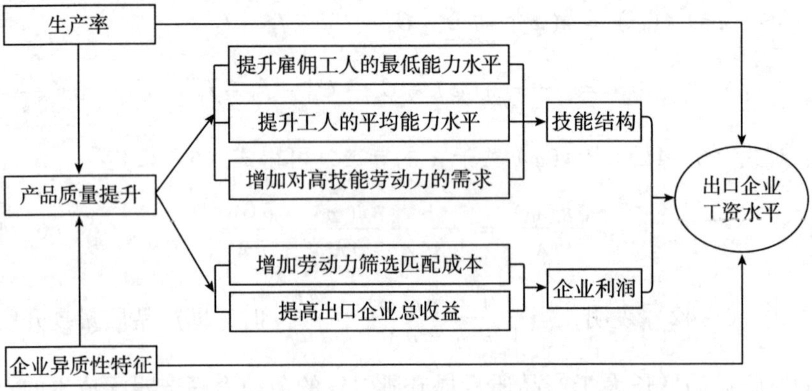

图 6－1　产品质量提升对出口企业工资水平的影响机理

第二节　特征性事实描述

在现有的实证研究中，衡量出口企业工资水平的指标主要有两种：一种是用绝对工资水平，即出口企业的人均工资水平来衡量（孙敬水、丁宁，2019），出口企业的人均工资 =（应付工资总额 + 应付福利费）/从业人数；另一种是用相对工资水平，即出口企业人均工资与所在行业平均工资之比来衡量（胡国恒、闫雪培，2020）。绝对工资水平可以较直观地反映劳动者所获得的报酬高低，但却可能掩盖通货膨胀、最低工资制度、收入分配政策和经济环境波动等因素的影响，而相对工资水平却可以在一定程度上避免这些问题。在本小节的特征性事实描述中，将从绝对工资水平和相对工资水平两个方面来全面考察出口企业劳动者的工资变动情况。

一、整体统计分析

从微观层面来看，出口企业的人均工资水平越高，意味着劳动者的购买力水平和幸福感就可能越高。图6-2反映出2000—2013年出口企业的人均工资水平整体呈上升趋势，从2000年的13230元上升至2013年的34956元，增长约1.64倍。其中，2000—2002年，出口企业人均工资增长较缓慢，可能的原因是中国刚加入WTO，企业的出口规模和贸易利得都还未显著提升，导致企业工资水平提升幅度有限；2003—2012年，随着“入世”红利的逐步显现，企业的出口规模和盈利能力逐步提升，加之最低工资标准等的不断提高，出口企业的人均工资水平开始加速提升，并在2012年达到最高值；2013年出口企业的人均工资水平则出现了一定幅度的下降。综合来看，出口企业的人均工资水平呈现出较为稳定的增长态势。

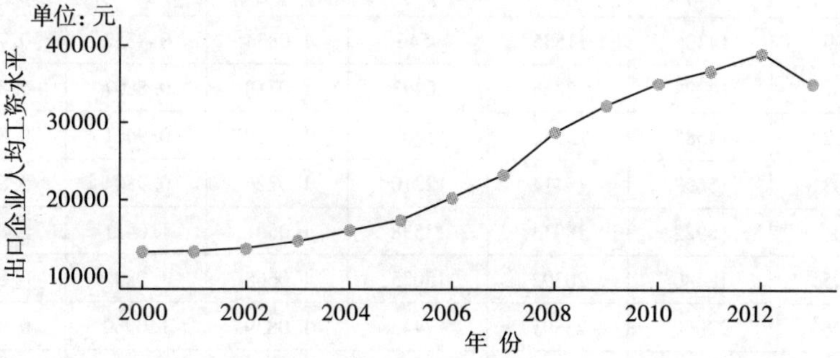

图6-2　2000—2013年出口企业人均工资水平整体变动趋势

资料来源：笔者计算所得，基础数据来自中国工业企业数据库。

二、分组统计分析

（一）不同所有制企业的工资水平统计分析

对出口企业的工资水平分不同所有制类型进行统计分析，结果如表6-1所示：从绝对工资水平来看，2000—2013年外资企业、国有企业和私营企业的人均工资水平均呈上升态势。其中，国有企业的人均工资水平在2000—2003年间低于外资企业，随后在2004年反超外资企业并始终保持领先。综合来看，国有企业的人均工资水平相对较高、外资企业次之、私营企业相对较低。从相对工资水平来看，外资企业的人均工资水平始终高于所在行业的平均工资水平，工资溢价较大。国有企业的人均工资水平在2000—2003年间都低于所在行业的平均工资水平，但自2004年起，国有企业的人均工资水平逐渐高于所在行业的平均工资水平，这也验证了国有企业存在工资溢价的典型事实。而样本期内，私营企业的人均工资水平始终低于所在行业的平均工资水平，最低值为2000年的0.7372，最高值也仅为2010年的0.9531。相较于外资企业和国有企业，私营企业劳动者的工资福利待遇水平明显较低。

表6-1　2000—2013年不同所有制企业的工资水平情况

年份	人均工资水平（元）			企业人均工资/所在行业平均工资		
	外资	国有	私营	外资	国有	私营
	(1)	(2)	(3)	(4)	(5)	(6)
2000	14306	11535	9546	1.0834	0.8352	0.7372
2001	14294	12366	10493	1.0718	0.8807	0.8066
2002	14585	13856	11409	1.0626	0.9461	0.8396
2003	15698	15414	12210	1.0726	0.9804	0.8453
2004	16923	18013	13538	1.0561	1.0411	0.8492
2005	18580	20392	15025	1.0668	1.0891	0.8671
2006	22060	23891	17446	1.0839	1.0960	0.8622
2007	25336	26905	20184	1.0873	1.0821	0.8756
2008	30704	32504	24781	1.0640	1.0574	0.8746
2009	33694	35600	29276	1.0433	1.0513	0.9124
2010	36276	39067	33358	1.0374	1.0518	0.9531
2011	40879	42448	30845	1.1051	1.0983	0.8496
2012	42517	48787	33567	1.0836	1.2096	0.8714
2013	38635	44668	28926	1.0967	1.2314	0.8439

资料来源：笔者计算所得，基础数据来自中国工业企业数据库。

（二）不同出口密集度企业的工资水平统计分析

考虑到不同出口密集度企业之间可能存在工资水平的差异，本研究对低出口密集度、中出口密集度和高出口密集度企业的工资水平分别进行统计测度，结果如表6－2所示：从绝对工资水平来看，2000—2013年低出口密集度、中出口密集度和高出口密集度企业的人均工资水平均呈上升态势。从相对工资水平来看，低出口密集度企业的人均工资水平始终高于所在行业的平均工资水平，劳动者的福利待遇较高。低出口密集度企业往往是在国内市场形成了一定的生产率优势和质量优势后，进而选择出口，因此其对高素质高技能劳动力的需求较高，并可能通过利润分享机制将部分收益分享给工人，因此，低出口密集度企业的工资溢价较大。与此同时，高出口密集度企业的人均工资水平却始终低于所在行业的平均工资水平（2010年除外）。原因在于，高出口密集度企业多为“大进大出”的加工贸易企业，对工人的素质要求较低，且通过第五章的分析可知，高出口密集度企业陷于“低加成率陷阱”中，贸易利得偏低，导致这类企业支付给工人的工资水平较低。综合来看，无论是从绝对工资水平，还是相对工资水平来看，低出口密集度企业的工资水平都较高、中出口密集度企业次之、高出口密集度企业较低。

表6－2　2000—2013年不同出口密集度企业的工资水平情况

年份	人均工资水平（元）			企业人均工资/所在行业平均工资		
	低出口密集度	中出口密集度	高出口密集度	低出口密集度	中出口密集度	高出口密集度
	(1)	(2)	(3)	(4)	(5)	(6)
2000	14475	13339	12303	1.0504	0.9994	0.9639
2001	14803	13390	12263	1.0576	0.9923	0.9584
2002	15388	13852	12809	1.0609	0.9875	0.9681
2003	16168	14499	13515	1.0514	0.9838	0.9630
2004	17020	15905	14911	1.0184	0.9968	0.9769
2005	18672	17551	16376	1.0311	1.0010	0.9721
2006	21371	20201	19481	1.0170	0.9896	0.9871

续表

年份	人均工资水平（元）			企业人均工资/所在行业平均工资		
	低出口密集度	中出口密集度	高出口密集度	低出口密集度	中出口密集度	高出口密集度
	（1）	（2）	（3）	（4）	（5）	（6）
2007	24384	23319	22204	1.0198	0.9955	0.9813
2008	30726	29363	27020	1.0414	1.0104	0.9623
2009	33826	32474	30842	1.0270	1.0011	0.9750
2010	35819	33637	34734	1.0021	0.9712	1.0147
2011	37802	37867	35074	1.0165	1.0223	0.9664
2012	40358	38525	37208	1.0285	0.9822	0.9613
2013	36538	33195	33002	1.0332	0.9533	0.9637

资料来源：笔者计算所得，基础数据来自中国工业企业数据库。

（三）不同地区企业的工资水平统计分析

对出口企业的工资水平分不同地区进行统计分析，结果如表6－3所示：从绝对工资水平来看，2000—2013年东部、中部和西部地区企业的人均工资水平均呈上升态势。其中，东部地区企业的人均工资水平显著高于中部、西部地区企业。从相对工资水平来看，2000年，东部地区企业的相对工资水平大幅高于中西部地区企业，反映出中国收入分配的地区不平衡问题在初期较为严重。虽然在后期的演变发展中，东部地区企业的相对工资水平呈波动下降态势，但东部地区企业的人均工资始终高于行业平均工资。东部地区依靠政策红利和沿海优势“先富”了起来，使得东部地区的劳动者收入水平较高。根据“先富”带动“后富”的顶层设计，中西部地区企业的相对工资水平也逐步提升。截止到2013年，东部地区和中西部地区企业的工资水平差距已明显缩小。

表 6-3　2000—2013 年不同地区企业的工资水平情况

年份	人均工资水平（元）			企业人均工资/所在行业平均工资		
	东部	中部	西部	东部	中部	西部
	(1)	(2)	(3)	(4)	(5)	(6)
2000	13580	9434	9285	1.0283	0.6975	0.6750
2001	13702	9797	9643	1.0276	0.7170	0.6913
2002	14048	10091	10053	1.0225	0.7200	0.7055
2003	15035	11366	11087	1.0261	0.7614	0.7327
2004	16357	12967	12773	1.0191	0.7917	0.7612
2005	17790	14440	13445	1.0205	0.8123	0.7321
2006	20752	16950	15438	1.0198	0.8184	0.7281
2007	23731	19194	18476	1.0198	0.8130	0.7624
2008	29228	25347	22385	1.0156	0.8792	0.7588
2009	32531	30211	26252	1.0075	0.9344	0.7987
2010	35227	32798	31252	1.0033	0.9322	0.8614
2011	37109	32542	31922	1.0075	0.8662	0.8530
2012	39448	33471	32953	1.0095	0.8607	0.8347
2013	35208	32156	30348	1.0078	0.9172	0.8469

资料来源：笔者计算所得，基础数据来自中国工业企业数据库。

第三节　计量分析

一、产品质量提升对出口企业工资水平影响的计量分析

（一）模型设定、变量构造与数据来源

1. 计量模型设定

本章主要研究产品质量提升是否提高了出口企业的工资水平，也即检验产品质量提升的工资溢价效应是否存在。为此，本章将出口企业的工资水平取对数作为被解释变量，将产品质量提升作为核心解释变量，建立如下计量模型：

$$\ln wp_{it} = \beta_0 + \beta_1 QI_{it} + \sum_m \beta_m firmhete_{it} + \sum_n \beta_n control_{it} + u_j + u_t + \varepsilon_{it} \quad (6-43)$$

式（6－43）中，下标 i、t 分别表示企业、年份；u_j 表示行业固定效应；u_t 表示年份固定效应；ε_{it} 为随机误差项。

2. 变量构造

被解释变量为出口企业的工资水平取对数（ln*wp*），采用相对工资水平（企业人均工资与所在行业平均工资的比值）取对数来度量。

解释变量主要有三类：第一类为企业的产品质量提升（*QI*）。第二类为企业异质性特征变量（*firmhete*），具体包括：（1）全要素生产率（*TFP*），本研究分别根据 LP 法、ACF 法、Wooldridge 法测算全要素生产率指标，记为 *TFP*、*TFP_acf* 和 *TFP_wrdg*，在基准回归分析中使用 *TFP*，在稳健性分析中使用 *TFP_acf* 和 *TFP_wrdg*。全要素生产率较高的企业，单位生产成本较低，支付给工人的工资水平也更高。现有研究也表明企业生产率与工资水平之间存在着显著的正相关关系（Bernard and Jensen，1995；马述忠、王笑笑，2015）。（2）资本密集度（ln*KL*），用企业固定资产净值与企业员工人数的比值取对数来度量。（3）企业规模（*scale*），根据 2017 年国家统计局发布的划分标准，依据从业人员数量将企业规模划分为大、中、小、微型企业，并产生 3 个虚拟变量 *scale*1、*scale*2、*scale*3，分别代表小型、中型和大型企业，而微型企业则作为基准参考。企业规模是影响工资水平的重要因素（Fredrik，2007）。企业规模不同，其匹配员工的范围大小和需要支付的劳动筛选匹配成本也会不同，因此支付给工人的工资水平也会存在差异。（4）企业年龄（ln*age*），用样本所处年份减去企业开业年份加 1 并取对数来度量。（5）出口产品种类（ln*variety*），用企业每年出口的 HS 6 位码上的产品种类个数来度量。企业出口产品种类越多，通常意味着企业的产品创新能力较强，对工人的能力要求就越高，越有可能支付给工人更高的工资。（6）企业融资约束（*finance*），用企业的利息支出加 1 取对数来度量。第三类为控制变量（*control*），包括外资参与度（*fi*）、政府补贴（*sub*）、企业级别虚拟变量（*center*）和企业所有制虚拟变量（*ownership*）。

3. 数据来源与处理

本章的研究对象依然为出口企业，使用的数据来源于四个数据库的信息合并汇总，分别是2000—2013年中国工业企业数据库、中国海关数据库、本研究自行搜集整理的中国工业企业产品质量升级数据库以及《中国劳动统计年鉴》。由于中国工业企业数据库中2009—2010年应付工资总额、2009—2013年应付福利费总额缺失，因此本研究分别采用线性插值法对应付工资总额和应付福利费进行补充，并剔除企业应付工资总额和应付福利费小于零或缺失的样本，最终得到2000—2013年117920家出口企业的387984个观测值。模型中主要变量的描述性统计结果见表6-4。

表6-4 模型中主要变量的描述性统计结果

变量	观测值	均值	标准差	最小值	最大值
wp	387984	1	0.7489	0.0511	19.0019
QI	220705	0.0014	0.0934	-1	1
QU	387984	2.0021	3.3720	0	8
LQU	387984	0.0216	0.1454	0	1
MQU	387984	0.0324	0.1770	0	1
HQU	387984	0.2283	0.4198	0	1
TFP	369073	6.0370	1.0306	0.0017	12.0861
ln*KL*	386189	3.5129	1.3578	-6.3604	9.5910
*scale*1	387984	0.5834	0.4930	0	1
*scale*2	387984	0.3208	0.4668	0	1
*scale*3	387984	0.0875	0.2826	0	1
ln*age*	387984	2.1636	0.6559	0	5.1358
ln*variety*	387984	1.3151	1.0161	0	6.6695
finance	359400	4.2064	3.3791	0	15.6622
fi	387984	0.2717	0.3446	0	1
sub	387984	0.3112	0.4630	0	1

注：*QI*表示产品质量提升，是利用回归反推法（KSW法）先测算出口产品质量，再取差分，因此导致了观测值的减少。由于负数和零的存在，导致其他一些变量在计算过程中样本缺失，观测值减少。

（二）基准回归

1. 回归结果

本研究采用固定效应 FE 和逐步加入控制变量的方法进行估计，并采用稳健的标准误（Robust Standard）消除了变量潜在的序列相关和异方差问题，回归结果如表 6-5 所示。其中，第（1）列引入核心解释变量产品质量提升以及企业异质性特征变量（全要素生产率、资本密集度、企业规模、企业年龄、出口产品种类、融资约束）。第（2）列加入了外资参与度变量。第（3）列进一步控制了政府补贴变量。第（4）列至第（6）列依次加入企业级别、外资企业、国有企业虚拟变量。

由表 6-5 中第（1）列至第（6）列的回归结果可知，无论是否引入控制变量，核心解释变量产品质量提升（*QI*）对出口企业的工资水平均有显著的正向影响。这一回归结果验证了命题 6-1，即产品质量提升幅度越大，出口企业的工资水平也就越高。产品质量提升产生了工资溢价效应，显著改善了劳动者的福利水平。

以表 6-5 中第（6）列的回归结果进行分析，企业异质性特征变量方面：企业全要素生产率（*TFP*）对出口企业的工资水平有显著的正向影响，这一回归结果也验证了命题 6-2。全要素生产率较高的企业，单位生产成本较低，盈利能力较强，进而支付给工人较高的工资，由此产生了工资溢价效应。这一结论也与现有研究一致（Bernard and Jensen，1995；马述忠、王笑笑，2015）。资本密集度（ln*KL*）对出口企业的工资水平有显著的正向影响。资本密集度较高的企业，通常更倾向于生产技术含量高的产品，从而增加对高素质高技能劳动力的需求，支付给工人的工资就越高。企业规模（*scale*）对出口企业的工资水平有显著的负向影响，且大型企业对工资水平的负向影响程度强于中小微企业。可能的原因是，企业虽然规模较大，但是收益增加的幅度小于劳动力增加的幅度，导致支付给工人的工资就越少，这一结论也与陈继勇等（2016）的观点一致。企业年龄（ln*age*）对出口企业的工资水平有显著的正向影响，表明存续时间越长的企业，支付给工人的工资水平就越高。出口产品种类（ln*variety*）对出口企业的工资水平有显著的正向影响。企业生产和出口的产品种类越多，意味着劳动者需要掌握不同的产品生产工艺、熟练操控更先进的机械设备，对劳动者技能要求就更高，从而导致企业的技能结构优化升级更加显著，支付给工人的工资就越高。融资约束（*finance*）对出口企业的工资水平有显著的负向影响。可能的原因是，企业支付的利息费用越多，对企业利润的侵蚀作用就可能越大，导致通过利润分享机制支付给工人的工资水平较低，进而抑制了劳动者福利水平的提高。

表 6-5　产品质量提升、企业异质性与出口企业工资水平的回归结果

变量	(1)	(2)	(3)	(4)	(5)	(6)
QI	0.0230* (0.0128)	0.0238* (0.0127)	0.0242* (0.0127)	0.0241* (0.0127)	0.0268** (0.0126)	0.0266** (0.0126)
TFP	0.2203*** (0.0016)	0.2256*** (0.0016)	0.2258*** (0.0016)	0.2257*** (0.0016)	0.2201*** (0.0016)	0.2204*** (0.0016)
ln*KL*	0.1524*** (0.0011)	0.1474*** (0.0011)	0.1474*** (0.0011)	0.1469*** (0.0011)	0.1446*** (0.0011)	0.1435*** (0.0011)
*scale*1	-0.2751*** (0.0226)	-0.2811*** (0.0225)	-0.2816*** (0.0226)	-0.2816*** (0.0226)	-0.2796*** (0.0225)	-0.2798*** (0.0225)
*scale*2	-0.4230*** (0.0227)	-0.4338*** (0.0227)	-0.4353*** (0.0227)	-0.4354*** (0.0227)	-0.4384*** (0.0226)	-0.4404*** (0.0227)
*scale*3	-0.4803*** (0.0230)	-0.4948*** (0.0230)	-0.4971*** (0.0230)	-0.5015*** (0.0230)	-0.5064*** (0.0230)	-0.5162*** (0.0230)
ln*age*	0.0396*** (0.0021)	0.0394*** (0.0021)	0.0391*** (0.0021)	0.0369*** (0.0021)	0.0455*** (0.0021)	0.0374*** (0.0022)
ln*variety*	0.0524*** (0.0012)	0.0501*** (0.0012)	0.0489*** (0.0012)	0.0490*** (0.0012)	0.0439*** (0.0012)	0.0445*** (0.0012)
finance	-0.0096*** (0.0004)	-0.0074*** (0.0004)	-0.0083*** (0.0004)	-0.0084*** (0.0004)	-0.0046*** (0.0004)	-0.0047*** (0.0004)
fi		0.1347*** (0.0042)	0.1316*** (0.0042)	0.1330*** (0.0042)	0.0371*** (0.0045)	0.0453*** (0.0045)

续表

变量	(1)	(2)	(3)	(4)	(5)	(6)
sub			0.0448 *** (0.0027)	0.0439 *** (0.0027)	0.0600 *** (0.0027)	0.0584 *** (0.0027)
center				0.2369 *** (0.0142)	0.2570 *** (0.0140)	0.1834 *** (0.0145)
foreign					0.1463 *** (0.0027)	0.1488 *** (0.0027)
state						0.1112 *** (0.0053)
常数项	-2.0314 *** (0.0265)	-2.0656 *** (0.0267)	-2.0796 *** (0.0267)	-2.0803 *** (0.0267)	-2.1269 *** (0.0266)	-2.1276 *** (0.0267)
行业固定效应	yes	yes	yes	yes	yes	yes
年份固定效应	yes	yes	yes	yes	yes	yes
观测值	195541	195541	195541	195541	195541	195541
R-squared	0.2744	0.2783	0.2792	0.2800	0.2910	0.2927

注：估计系数下方括号中数据为企业层面的聚类标准差；***、**、*分别代表1%、5%和10%的显著性水平。

控制变量方面：外资参与度（*fi*）对出口企业的工资水平有显著的正向影响。企业资本中外资占比越高，工资水平就越高。获得政府补贴（*sub*）的企业工资水平高于没有获取政府补贴的企业。中央直属企业（*center*）的工资水平高于地方企业，中央直属企业往往资本雄厚，具有一定的垄断地位，其员工通常享受着较高的工资福利待遇。外资企业（*foreign*）的工资水平高于内资企业，外资企业的薪酬福利制度较完善，在公司内部治理方面也具有独特优势，工资水平也较高。国有企业（*state*）的工资水平高于非国有企业，也存在着显著的工资溢价效应。

2. 稳健性检验

（1）内生性问题及其处理

产品质量提升（*QI*）和出口企业的工资水平（ln*wp*）之间可能存在互为因果的关系，从而引起内生性问题。一方面，产品质量提升幅度越大，会带给消费者更高的效用满足，企业的出口规模和贸易利得会有所提升，进而支付给工人更高的工资；另一方面，出口企业的工资水平越高，越有利于吸引高素质高技能劳动力前来就业并激励其努力工作，由此带来产品质量的进一步提升。此外，全要素生产率（*TFP*）和出口企业的工资水平（ln*wp*）之间也可能存在相互影响的关系。在构建产品质量提升（*QI*）的工具变量时，不同于前面章节，本章不再使用行业层面的工具变量，这是因为本章的被解释变量工资水平是出口企业人均工资与所在行业平均工资的比值取对数，因此，第 t 期的行业出口产品质量和第 t 期的行业平均工资之间仍可能互相影响。故本章仅使用企业在 $t-1$ 期的累计产品质量提升幅度作为工具变量。同时，本章还使用了全要素生产率（*TFP*）的 1 阶滞后值作为其工具变量。采用工具变量法（IV－2SLS）进一步克服内生性问题后，表 6－6 的回归结果显示，产品质量提升及企业异质性特征变量的估计结果都未发生实质性变化，且各控制变量的估计结果也都保持一致，反映了表 6－5 产品质量提升、企业异质性与出口企业工资水平的基准回归结果是可靠的。

表 6－6　工具变量的回归结果

变量	(1)	(2)	(3)	(4)	(5)	(6)
QI	0.1400*** (0.0242)	0.1250*** (0.0241)	0.1244*** (0.0241)	0.1278*** (0.0241)	0.1050*** (0.0238)	0.1038*** (0.0238)
TFP	0.2526*** (0.0020)	0.2603*** (0.0021)	0.2604*** (0.0021)	0.2602*** (0.0021)	0.2518*** (0.0021)	0.2519*** (0.0021)
ln*KL*	0.1494*** (0.0011)	0.1437*** (0.0011)	0.1437*** (0.0011)	0.1433*** (0.0011)	0.1414*** (0.0011)	0.1403*** (0.0011)
*scale*1	−0.2783*** (0.0229)	−0.2850*** (0.0229)	−0.2855*** (0.0229)	−0.2857*** (0.0229)	−0.2831*** (0.0228)	−0.2832*** (0.0229)
*scale*2	−0.4425*** (0.0231)	−0.4553*** (0.0231)	−0.4568*** (0.0231)	−0.4571*** (0.0231)	−0.4576*** (0.0230)	−0.4594*** (0.0230)
*scale*3	−0.5244*** (0.0235)	−0.5427*** (0.0235)	−0.5449*** (0.0235)	−0.5492*** (0.0235)	−0.5494*** (0.0234)	−0.5588*** (0.0234)

续表

变量	(1)	(2)	(3)	(4)	(5)	(6)
ln*age*	0.0418*** (0.0021)	0.0415*** (0.0021)	0.0412*** (0.0021)	0.0391*** (0.0021)	0.0473*** (0.0021)	0.0392*** (0.0022)
ln*variety*	0.0496*** (0.0012)	0.0470*** (0.0012)	0.0457*** (0.0012)	0.0459*** (0.0012)	0.0413*** (0.0012)	0.0419*** (0.0012)
finance	-0.0107*** (0.0004)	-0.0083*** (0.0004)	-0.0093*** (0.0004)	-0.0093*** (0.0004)	-0.0056*** (0.0004)	-0.0057*** (0.0004)
fi		0.1484*** (0.0042)	0.1454*** (0.0042)	0.1467*** (0.0042)	0.0526*** (0.0046)	0.0608*** (0.0046)
sub			0.0460*** (0.0027)	0.0452*** (0.0027)	0.0604*** (0.0027)	0.0588*** (0.0027)
center				0.2309*** (0.0143)	0.2501*** (0.0142)	0.1770*** (0.0146)
foreign					0.1410*** (0.0027)	0.1434*** (0.0027)
state						0.1107*** (0.0053)
常数项	-2.4012*** (0.0278)	-2.4482*** (0.0279)	-2.4559*** (0.0279)	-2.4549*** (0.0279)	-2.4612*** (0.0277)	-2.4558*** (0.0277)
行业固定效应	yes	yes	yes	yes	yes	yes
年份固定效应	yes	yes	yes	yes	yes	yes
Kleibergen - Paap rk LM 统计量	6724.361*** [0.0000]	6726.696*** [0.0000]	6726.785*** [0.0000]	6726.832*** [0.0000]	6729.931*** [0.0000]	6729.850*** [0.0000]
Kleibergen - Paap rk Wald F 统计量	5444.190 {7.03}	5453.297 {7.03}	5453.091 {7.03}	5455.216 {7.03}	5466.242 {7.03}	5466.120 {7.03}
观测值	193478	193478	193478	193478	193478	193478

注：估计系数下方括号中的数据为企业层面聚类标准差；***、**、*分别代表1%、5%和10%的显著性水平。Kleibergen - Paap rk LM 统计量下方的方括号内的数值为相伴概率值，即P值，原假设为“存在识别不足问题”；Kleibergen - Paap rk Wald F 统计量下方的花括号内的数值为 Stock - Yogo 检验 10% 水平上的临界值，原假设为“工具变量与内生变量有较强的相关性”。

（2）分位数回归

本研究进一步采用分位数回归考察产品质量提升对出口企业工资水平的影响。表6－7中的第（1）列至第（5）列分别汇报了10%、25%、50%、75%以及90%分位数的回归结果。具体来看，在10%、25%、50%分位数回归中，产品质量提升的估计系数均显著为正，分别为0.0545、0.0586和0.0330，该结果表明，处于10%以及25%低分位数的出口企业工资水平受产品质量提升的正向影响大于平均水平。这意味着当工资水平较低时，产品质量提升会对出口企业的工资水平起到较强的拉动作用。但在75%和90%分位数回归中，产品质量提升的估计系数虽然为正但不显著。可能的原因是，当出口企业的工资水平已经较高时，工资进一步提升的空间相对较小，使得产品质量提升对其边际影响也变小且不显著。

表6－7　分位数回归结果

变量	10%分位数	25%分位数	50%分位数	75%分位数	90%分位数
	（1）	（2）	（3）	（4）	（5）
QI	0.0545** （0.0265）	0.0586*** （0.0168）	0.0330** （0.0129）	0.0059 （0.0135）	0.0011 （0.0208）
TFP	0.1632*** （0.0025）	0.1952*** （0.0019）	0.2278*** （0.0019）	0.2496*** （0.0021）	0.2504*** （0.0027）
ln*KL*	0.1258*** （0.0019）	0.1303*** （0.0014）	0.1361*** （0.0012）	0.1452*** （0.0012）	0.1581*** （0.0017）
*scale*1	－0.0590** （0.0272）	－0.1210*** （0.0241）	－0.2536*** （0.0301）	－0.4088*** （0.0208）	－0.5982*** （0.0687）
*scale*2	－0.1110*** （0.0276）	－0.2147*** （0.0242）	－0.3982*** （0.0301）	－0.6084*** （0.0210）	－0.8609*** （0.0688）
*scale*3	－0.1646*** （0.0283）	－0.2760*** （0.0246）	－0.4795*** （0.0304）	－0.7140*** （0.0215）	－0.9752*** （0.0692）
ln*age*	0.0486*** （0.0039）	0.0424*** （0.0027）	0.0315*** （0.0023）	0.0209*** （0.0026）	0.0156*** （0.0036）
ln*variety*	0.0567*** （0.0023）	0.0490*** （0.0016）	0.0385*** （0.0013）	0.0343*** （0.0015）	0.0325*** （0.0019）

续表

变量	10%分位数	25%分位数	50%分位数	75%分位数	90%分位数
	(1)	(2)	(3)	(4)	(5)
finance	0.0007 (0.0007)	-0.0026 *** (0.0005)	-0.0053 *** (0.0004)	-0.0077 *** (0.0005)	-0.0097 *** (0.0007)
常数项	-2.6862 *** (0.0386)	-2.4703 *** (0.0301)	-2.1593 *** (0.0344)	-1.7533 *** (0.0274)	-1.2240 *** (0.0739)
控制变量	yes	yes	yes	yes	yes
行业固定效应	yes	yes	yes	yes	yes
年份固定效应	yes	yes	yes	yes	yes
观测值	195541	195541	195541	195541	195541
R - squared	0.2498	0.2797	0.2908	0.2840	0.2653

注：估计系数下方括号中的数据为企业层面聚类标准差；＊＊＊、＊＊、＊分别代表1%、5%和10%的显著性水平。

（3）改变被解释变量

将绝对工资水平（企业的人均工资水平）取对数作为被解释变量出口企业工资水平的衡量指标，对式（6-43）进行回归，结果如表6-8中的第（1）列所示，产品质量提升的估计系数依然显著为正，表明基准回归结果是稳健的。

（4）改变全要素生产率

改变全要素生产率的度量指标，对式（6-43）进行回归，结果如表6-8中的第（2）列、第（3）列所示，无论是采用*TFP_acf*指标，还是*TFP_wrdg*指标，核心解释变量产品质量提升的估计系数均显著为正，和基准回归结果一致。

表6-8 稳健性分析

变量	改变被解释变量	改变全要素生产率		2000—2007年样本	2008—2013年样本	剔除极端值
	(1)	(2)	(3)	(4)	(5)	(6)
QI	0.0222 * (0.0126)	0.0268 ** (0.0125)	0.0265 ** (0.0126)	0.0621 *** (0.0158)	0.0315 * (0.0187)	0.0289 ** (0.0116)

续表

变量	改变被解释变量	改变全要素生产率		2000—2007年样本	2008—2013年样本	剔除极端值
	(1)	(2)	(3)	(4)	(5)	(6)
TFP	0.2226 *** (0.0016)			0.1482 *** (0.0020)	0.2809 *** (0.0019)	0.1948 *** (0.0015)
TFP_acf		0.2354 *** (0.0017)				
TFP_wrdg			0.2223 *** (0.0016)			
ln*KL*	0.1454 *** (0.0011)	0.1486 *** (0.0011)	0.1420 *** (0.0011)	0.1097 *** (0.0014)	0.1545 *** (0.0014)	0.1263 *** (0.0010)
*scale*1	-0.2830 *** (0.0226)	-0.1295 *** (0.0226)	-0.2670 *** (0.0225)	-0.2042 *** (0.0236)	-0.4151 *** (0.0258)	-0.1900 *** (0.0196)
*scale*2	-0.4447 *** (0.0227)	-0.2071 *** (0.0226)	-0.4208 *** (0.0227)	-0.3226 *** (0.0238)	-0.5996 *** (0.0260)	-0.3171 *** (0.0197)
*scale*3	-0.5169 *** (0.0231)	-0.1984 *** (0.0229)	-0.4898 *** (0.0230)	-0.4322 *** (0.0243)	-0.6638 *** (0.0266)	-0.3770 *** (0.0200)
ln*age*	0.0362 *** (0.0022)	0.0444 *** (0.0021)	0.0380 *** (0.0022)	0.0145 *** (0.0025)	0.0593 *** (0.0036)	0.0303 *** (0.0020)
ln*variety*	0.0432 *** (0.0012)	0.0472 *** (0.0012)	0.0447 *** (0.0012)	0.0343 *** (0.0016)	0.0632 *** (0.0017)	0.0400 *** (0.0011)
finance	-0.0048 *** (0.0004)	-0.0025 *** (0.0004)	-0.0045 *** (0.0004)	0.0003 (0.0006)	-0.0071 *** (0.0006)	-0.0039 *** (0.0004)
常数项	0.5074 *** (0.0267)	-2.0179 *** (0.0264)	-2.1214 *** (0.0266)	-1.6585 *** (0.0288)	-2.5818 *** (0.0341)	-2.1664 *** (0.0242)
控制变量	yes	yes	yes	yes	yes	yes
行业固定效应	yes	yes	yes	yes	yes	yes
年份固定效应	yes	yes	yes	yes	yes	yes
观测值	195541	195541	195541	95689	99852	191814
R - squared	0.4589	0.3028	0.2939	0.2188	0.3469	0.2724

注：估计系数下方括号中的数据为企业层面聚类标准差；＊＊＊、＊＊、＊分别代表1%、5%和10%的显著性水平。

（5）改变样本期间

考虑到中国工业企业数据库中2008年以后的应付工资总额和应付福利费总额指标缺失较严重，叠加2008年爆发的国际金融危机可能会对出口企业的产品质量提升、工资水平等产生影响，进而对基准回归结果造成影响，故在稳健性分析中将使用2000—2007年、2008—2013年两期样本对式（6-43）进行回归。表6-8中的第（4）列、第（5）列的回归结果显示，产品质量提升均产生了显著的工资溢价效应，且在2008年以前，产品质量提升对出口企业工资水平的提升作用相对较强。

（6）剔除极端值

本研究从样本中剔除出口企业工资水平的极端值，将位于最小和最大的1个百分位区间的企业样本删除，对式（6-43）进行回归，结果如表6-8中的第（6）列所示，产品质量提升对出口企业工资水平依然有显著的正向影响，与基准回归结果一致。综上，基准回归结果是较稳健的。

（三）拓展回归

为了更深入考察不同类别企业的产品质量提升对出口企业工资水平的影响，本研究对不同所有制、不同出口密集度和不同地区企业做了进一步的拓展分析。

1. 不同所有制企业的回归结果

对外资企业、国有企业和私营企业进行分组回归估计，结果如表6-9中的第（1）列至第（3）列所示。其中，产品质量提升的估计系数在国有企业组中不显著，意味着国有企业的产品质量提升并未产生显著的工资溢价效应。但在外资企业和私营企业组中，产品质量提升均产生了显著的工资溢价效应，且产品质量提升对私营企业工资水平的正向推动作用要大于外资企业。可能的原因是，外资企业和私营企业在初期筛选匹配劳动力时，设置的劳动力最低能力门槛相对较低，后续发展中为了实现产品质量提升，企业需要加大研发投入，雇佣更多的高素质高技能劳动力，因此支付给工人的工资也“水涨船高”，从而产生了较强的工资溢价效应；而国有企业往往在初期筛选匹配劳动力时，对劳动力的学历、技术和资历等要求就较为严格，设置的劳动力最低能力门槛较高，加之国有企业的工资、养老金、医疗保险等各项福利待遇一贯较好且稳定，因此国有企业的产品质量提升并未产生显著的工资溢价效应。

2. 不同出口密集度企业的回归结果

对低出口密集度、中出口密集度和高出口密集度企业进行分组回归估计，结果如表6-9中的第（4）列至第（6）列所示。其中，产品质量提升对低出口密集度企业的工资水平有显著的促进作用，但对中、高出口密集度企业影响不显著。可能的原因是，低出口密集度企业通常有自主品牌和一定的核心竞争力，在产品质量提升的过程中，对高素质高技能劳动力的需求较多，因此，产品质量提升产生了显著的工资溢价效应。而中、高出口密集度企业大都从事“大进大出”的加工贸易，产品质量提升幅度有限，企业实际赚取的利润较微薄，对劳动力的技能要求也较低，导致产品质量提升对中、高出口密集度企业工资水平的影响不显著。

3. 不同地区企业的回归结果

对东部、中部和西部地区企业进行分组回归估计，结果如表6-10所示。其中，产品质量提升对东部地区企业的工资水平有显著的正向影响，而在中西部地区，产品质量提升的估计系数均为负且不显著，表明产品质量提升的工资溢价效应在中西部地区并未实现。可能的原因是，东部地区由于优越的地理区位和政策优势，使得企业的出口规模和盈利能力较高，伴随着产品质量的不断提升，东部地区的劳动者也能够共享企业发展的红利，实现工资水平的提升。而中西部地区出口企业占比较小，这一点也可以从样本数中直接观察到，企业的外向型程度较低，产品质量提升幅度较为有限，无法显著地提升出口企业的工资水平。

表 6-9 不同所有制、不同出口密集度企业的回归结果

变量	不同所有制企业			不同出口密集度企业		
	外资	国有	私营	低出口密集度	中出口密集度	高出口密集度
	(1)	(2)	(3)	(4)	(5)	(6)
QI	0.0282 * (0.0166)	-0.0289 (0.0499)	0.0456 ** (0.0232)	0.0510 *** (0.0174)	0.0045 (0.0347)	-0.0300 (0.0203)
TFP	0.2091 *** (0.0020)	0.1599 *** (0.0068)	0.2417 *** (0.0031)	0.2277 *** (0.0025)	0.2204 *** (0.0040)	0.2144 *** (0.0027)
ln*KL*	0.1473 *** (0.0013)	0.1478 *** (0.0063)	0.1318 *** (0.0022)	0.1591 *** (0.0018)	0.1519 *** (0.0028)	0.1303 *** (0.0016)
*scale*1	-0.2533 *** (0.0252)	0.7302 *** (0.1916)	-0.3568 *** (0.0475)	-0.3666 *** (0.0410)	-0.2232 *** (0.0545)	-0.2364 *** (0.0306)
*scale*2	-0.4145 *** (0.0254)	0.5737 *** (0.1919)	-0.5153 *** (0.0478)	-0.5326 *** (0.0412)	-0.3857 *** (0.0549)	-0.3958 *** (0.0308)
*scale*3	-0.4735 *** (0.0259)	0.4477 ** (0.1925)	-0.5542 *** (0.0487)	-0.6251 *** (0.0418)	-0.4564 *** (0.0558)	-0.4600 *** (0.0312)
ln*age*	0.0699 *** (0.0032)	0.0117 ** (0.0057)	0.0247 *** (0.0040)	0.0548 *** (0.0032)	0.0341 *** (0.0052)	0.0176 *** (0.0035)
ln*variety*	0.0461 *** (0.0016)	0.0391 *** (0.0055)	0.0414 *** (0.0022)	0.0447 *** (0.0021)	0.0468 *** (0.0030)	0.0334 *** (0.0018)
finance	-0.0047 *** (0.0005)	-0.0023 (0.0024)	-0.0040 *** (0.0008)	-0.0025 *** (0.0007)	-0.0064 *** (0.0010)	-0.0058 *** (0.0006)
常数项	-2.3153 *** (0.0330)	-2.7368 *** (0.1991)	-2.0631 *** (0.0553)	-2.4341 *** (0.0470)	-2.4317 *** (0.0656)	-1.9988 *** (0.0395)
控制变量	yes	yes	yes	yes	yes	yes
行业固定效应	yes	yes	yes	yes	yes	yes
年份固定效应	yes	yes	yes	yes	yes	yes
观测值	115670	7277	60273	84918	32202	78421
R-squared	0.2754	0.3151	0.2707	0.3214	0.3060	0.2589

注：估计系数下方括号中的数据为企业层面聚类标准差；***、**、*分别代表1%、5%和10%的显著性水平。

表 6-10　不同地区企业的回归结果

变量	东部	中部	西部
QI	0.0362 *** (0.0132)	-0.0478 (0.0521)	-0.0732 (0.0600)
TFP	0.2256 *** (0.0017)	0.1631 *** (0.0066)	0.1376 *** (0.0083)
ln*KL*	0.1445 *** (0.0011)	0.1291 *** (0.0055)	0.1197 *** (0.0060)
*scale*1	-0.2859 *** (0.0235)	-0.1625 (0.1090)	-0.2007 ** (0.0877)
*scale*2	-0.4525 *** (0.0236)	-0.2710 ** (0.1094)	-0.2555 *** (0.0891)
*scale*3	-0.5328 *** (0.0240)	-0.3196 *** (0.1106)	-0.2818 *** (0.0912)
ln*age*	0.0384 *** (0.0023)	0.0249 *** (0.0082)	0.0259 *** (0.0096)
ln*variety*	0.0454 *** (0.0013)	0.0385 *** (0.0061)	0.0232 *** (0.0087)
finance	-0.0047 *** (0.0004)	-0.0010 (0.0022)	-0.0069 ** (0.0028)
常数项	-1.9480 *** (0.0271)	-1.7979 *** (0.1195)	-1.5805 *** (0.1787)
控制变量	yes	yes	yes
行业固定效应	yes	yes	yes
年份固定效应	yes	yes	yes
观测值	182397	9000	4095
R-squared	0.2924	0.2536	0.2829

注：估计系数下方括号中的数据为企业层面聚类标准差；***、**、*分别代表1%、5%和10%的显著性水平。

二、产品质量升级对出口企业工资水平影响的计量分析

（一）模型设定、变量构造与数据来源

1. 计量模型设定

本研究将出口企业的工资水平取对数作为被解释变量，将产品质量升级和产品质量升级层次分别作为核心解释变量，建立如下计量模型：

$$\ln wp_{it} = \alpha_0 + \alpha_1 QU_{it} + \sum_{m} \alpha_m firmhete_{it} + \sum_{n} \alpha_n control_{it} + u_j + u_t + \varepsilon_{it} \tag{6-44}$$

$$\ln wp_{it} = \gamma_0 + \gamma_1 LQU_{it} + \gamma_2 MQU_{it} + \gamma_3 HQU_{it} + \sum_{m} \gamma_m firmhete_{it} + \sum_{n} \gamma_n control_{it} + u_j + u_t + \varepsilon_{it} \tag{6-45}$$

式（6－44）和式（6－45）中，下标 i、t 分别表示企业、年份；u_j 表示行业固定效应；u_t 表示年份固定效应；ε_{it} 为随机误差项。

2. 变量构造与数据来源

式（6－44）中，核心解释变量为企业的产品质量升级（*QU*）。

式（6－45）中，核心解释变量为企业的产品质量升级层次，包括低层次产品质量升级（*LQU*）、中层次产品质量升级（*MQU*）和高层次产品质量升级（*HQU*）。

被解释变量为出口企业的相对工资水平（企业人均工资与所在行业平均工资的比值）取对数（ln*wp*）、企业异质性特征变量（*firmhete*）和控制变量（*control*）的描述说明，与本章上文一致。模型中主要变量的描述性统计结果见表6－4。本部分使用的数据来源，同本章上文描述，此处不再赘述。

（二）基准回归

1. 回归结果

本研究采用固定效应 FE 对式（6－44）和式（6－45）进行估计，并采用了稳健的标准误（Robust Standard）消除了变量潜在的序列相关和异

方差问题。

表6－11的回归结果显示：产品质量升级对出口企业的工资水平有显著的正向影响。产品质量升级是产品质量提升到一定程度的结果，并通过不同等级的质量奖、驰名商标（名牌产品）、质量认证等较为直观地显现出来。实现产品质量升级的企业通常具有强烈的产品质量意识，更倾向于改善企业内部的技能结构，雇佣高素质高技能劳动力，同时使用更先进的质量管理体系。且企业产品质量升级后，在出口规模、贸易利得、企业利润等方面具有比较优势，这些都使得企业有意愿也有能力为工人支付更高的报酬，产品质量升级的工资溢价效应也由此产生。

表6－11 产品质量升级、企业异质性与出口企业工资水平的回归结果

变量	(1)	(2)	(3)	(4)	(5)	(6)
QU	0.0040*** (0.0003)	0.0041*** (0.0003)	0.0039*** (0.0003)	0.0039*** (0.0003)	0.0045*** (0.0003)	0.0045*** (0.0003)
TFP	0.2162*** (0.0012)	0.2210*** (0.0012)	0.2210*** (0.0012)	0.2210*** (0.0012)	0.2154*** (0.0012)	0.2159*** (0.0012)
ln*KL*	0.1483*** (0.0008)	0.1435*** (0.0008)	0.1436*** (0.0008)	0.1430*** (0.0008)	0.1404*** (0.0008)	0.1392*** (0.0008)
*scale*1	−0.3265*** (0.0155)	−0.3307*** (0.0155)	−0.3308*** (0.0155)	−0.3308*** (0.0155)	−0.3318*** (0.0155)	−0.3321*** (0.0155)
*scale*2	−0.4802*** (0.0157)	−0.4891*** (0.0156)	−0.4900*** (0.0156)	−0.4903*** (0.0156)	−0.4974*** (0.0156)	−0.5002*** (0.0156)
*scale*3	−0.5397*** (0.0159)	−0.5513*** (0.0159)	−0.5529*** (0.0159)	−0.5593*** (0.0159)	−0.5670*** (0.0159)	−0.5797*** (0.0159)
ln*age*	0.0261*** (0.0014)	0.0261*** (0.0014)	0.0254*** (0.0014)	0.0230*** (0.0014)	0.0279*** (0.0014)	0.0208*** (0.0014)
ln*variety*	0.0530*** (0.0009)	0.0503*** (0.0009)	0.0491*** (0.0009)	0.0494*** (0.0009)	0.0435*** (0.0009)	0.0441*** (0.0009)
finance	−0.0092*** (0.0003)	−0.0072*** (0.0003)	−0.0080*** (0.0003)	−0.0081*** (0.0003)	−0.0047*** (0.0003)	−0.0048*** (0.0003)
fi		0.1266*** (0.0032)	0.1236*** (0.0032)	0.1254*** (0.0032)	0.0310*** (0.0035)	0.0391*** (0.0035)

续表

变量	(1)	(2)	(3)	(4)	(5)	(6)
sub			0.0424 *** (0.0021)	0.0412 *** (0.0021)	0.0558 *** (0.0021)	0.0542 *** (0.0021)
center				0.2638 *** (0.0099)	0.2836 *** (0.0099)	0.2031 *** (0.0102)
foreign					0.1395 *** (0.0021)	0.1423 *** (0.0021)
state						0.1202 *** (0.0040)
常数项	-1.9206 *** (0.0186)	-1.9518 *** (0.0186)	-1.9562 *** (0.0186)	-1.9602 *** (0.0186)	-1.9905 *** (0.0185)	-2.0061 *** (0.0185)
行业固定效应	yes	yes	yes	yes	yes	yes
年份固定效应	yes	yes	yes	yes	yes	yes
观测值	342169	342169	342169	342169	342169	342169
R-squared	0.2668	0.2703	0.2710	0.2722	0.2820	0.2839

注：估计系数下方括号中数据为企业层面的聚类标准差；***、**、*分别代表1%、5%和10%的显著性水平。

表6-12为产品质量升级层次、企业异质性与出口企业工资水平的回归结果。其中，第（1）列至第（3）列分别单独考察低层次、中层次和高层次产品质量升级对出口企业工资水平的影响；第（4）列将不同层次的产品质量升级变量同时纳入。从第（4）列的回归结果来看，低层次产品质量升级对出口企业工资水平有显著的负向影响。中层次和高层次产品质量升级对出口企业工资水平均有显著的正向影响，且高层次产品质量升级产生的工资溢价效应更强。这也反映出产品质量升级所带来的工资溢价效应存在着门限效应，只有产品质量升级到较高的等级，才能实现出口企业工资水平的显著提高。

表 6－12　产品质量升级层次、企业异质性与出口企业工资水平的回归结果

变量	(1)	(2)	(3)	(4)
LQU	－0. 0270 *** (0. 0058)			－0. 0154 *** (0. 0059)
MQU		0. 0040 (0. 0049)		0. 0167 *** (0. 0050)
HQU			0. 0345 *** (0. 0023)	0. 0351 *** (0. 0024)
TFP	0. 2166 *** (0. 0012)	0. 2164 *** (0. 0012)	0. 2161 *** (0. 0012)	0. 2161 *** (0. 0012)
ln*KL*	0. 1399 *** (0. 0008)	0. 1398 *** (0. 0008)	0. 1392 *** (0. 0008)	0. 1392 *** (0. 0008)
*scale*1	－0. 3293 *** (0. 0155)	－0. 3296 *** (0. 0155)	－0. 3319 *** (0. 0155)	－0. 3318 *** (0. 0155)
*scale*2	－0. 4950 *** (0. 0156)	－0. 4959 *** (0. 0156)	－0. 4997 *** (0. 0156)	－0. 4994 *** (0. 0156)
*scale*3	－0. 5731 *** (0. 0159)	－0. 5744 *** (0. 0159)	－0. 5787 *** (0. 0159)	－0. 5787 *** (0. 0159)
ln*age*	0. 0220 *** (0. 0014)	0. 0217 *** (0. 0014)	0. 0210 *** (0. 0014)	0. 0211 *** (0. 0014)
ln*variety*	0. 0447 *** (0. 0009)	0. 0447 *** (0. 0009)	0. 0442 *** (0. 0009)	0. 0441 *** (0. 0009)
finance	－0. 0046 *** (0. 0003)	－0. 0046 *** (0. 0003)	－0. 0048 *** (0. 0003)	－0. 0048 *** (0. 0003)
fi	0. 0391 *** (0. 0035)	0. 0392 *** (0. 0035)	0. 0390 *** (0. 0035)	0. 0390 *** (0. 0035)
sub	0. 0555 *** (0. 0021)	0. 0553 *** (0. 0021)	0. 0543 *** (0. 0021)	0. 0544 *** (0. 0021)
center	0. 2022 *** (0. 0102)	0. 2031 *** (0. 0102)	0. 2026 *** (0. 0102)	0. 2025 *** (0. 0102)
foreign	0. 1408 *** (0. 0021)	0. 1413 *** (0. 0021)	0. 1421 *** (0. 0021)	0. 1419 *** (0. 0021)

续表

变量	(1)	(2)	(3)	(4)
state	0.1207*** (0.0040)	0.1206*** (0.0040)	0.1203*** (0.0040)	0.1202*** (0.0040)
常数项	-2.0212*** (0.0185)	-2.0185*** (0.0185)	-2.0087*** (0.0185)	-2.0082*** (0.0185)
行业固定效应	yes	yes	yes	yes
年份固定效应	yes	yes	yes	yes
观测值	342169	342169	342169	342169
R - squared	0.2835	0.2834	0.2839	0.2839

注：估计系数下方括号中数据为企业层面的聚类标准差；***、**、*分别代表1%、5%和10%的显著性水平。

2. 稳健性检验①

(1) 内生性问题及其处理

产品质量升级（*QU*）和出口企业工资水平（ln*wp*）之间也可能存在互为因果的关系，从而产生内生性问题。考虑到本章中的被解释变量为相对工资水平（出口企业人均工资与所在行业平均工资的比值）取对数，因此，行业层面的产品质量升级工具变量和被解释变量工资水平之间仍然有可能相互影响，因此，本章不再使用行业层面的工具变量作为企业产品质量升级的工具变量，而是选取产品质量升级的滞后一期作为工具变量。此外，本章依然使用了全要素生产率（*TFP*）的1阶滞后值作为其工具变量。采用工具变量法（IV-2SLS）进一步克服内生性问题之后，核心解释变量产品质量升级以及企业异质性特征变量的回归系数符号及显著性都未发生实质性变化，且各控制变量的估计结果也基本保持一致，反映了表6-11产品质量升级、企业异质性与出口企业工资水平的基准回归结果是可靠的。

①限于篇幅，此处不再汇报稳健性检验（工具变量法、分位数回归、改变被解释变量、改变全要素生产率、改变样本期间、剔除极端值）的回归结果。

（2）其他稳健性检验

本研究还分别采取了分位数回归（基于10%、25%、50%、75%以及90%分位数）、改变被解释变量（使用企业的人均工资水平取对数作为被解释变量出口企业工资水平的度量指标）、改变企业全要素生产率的度量指标（采用 TFP_acf 指标和 TFP_wrdg 指标）、改变样本期间（使用2000—2007年、2008—2013年两期样本）、剔除极端值（将出口企业的工资水平位于最小和最大的1个百分位区间的企业样本删除）对式（6-44）再次进行估计，回归结果显示，产品质量升级、企业异质性特征变量、控制变量的估计结果均未发生实质性变化，多种稳健性检验均表明基准回归结果是稳健的。

（三）拓展回归

考虑到产品质量升级所产生的工资溢价效应在不同类别企业之间可能存在差异，本研究对不同所有制、不同出口密集度和不同地区企业做了进一步地拓展分析。

1. 不同所有制企业的回归结果

对外资企业、国有企业和私营企业进行分组回归估计，结果如表6-13中的第（1）列至第（3）列所示。其中，产品质量升级对外资企业、国有企业和私营企业的工资水平均有显著的正向影响，且对国有企业工资水平的提升作用更为显著、私营企业次之、外资企业相对较小。可能的原因是，国有企业通常是行业翘楚，对于产品质量升级较为重视，在参与评选质量奖、打造驰名商标（名牌产品）、开展国际质量认证等方面都积极作为。加之国有企业的物质资本较为雄厚，也有实力加大研发投入、人力资本投入等来实现产品质量升级。因此，国有企业的产品质量升级水平和升级层次都较高，对工资水平的提升作用较强，由此产生的工资溢价效应也较为显著。

表 6 - 13　不同所有制、不同出口密集度企业的回归结果

解释变量	不同所有制企业			不同出口密集度企业		
	外资	国有	私营	低出口密集度	中出口密集度	高出口密集度
	(1)	(2)	(3)	(4)	(5)	(6)
QU	0.0032 ***	0.0093 ***	0.0053 ***	0.0069 ***	0.0027 ***	0.0019 ***
	(0.0004)	(0.0014)	(0.0005)	(0.0004)	(0.0007)	(0.0005)
TFP	0.2012 ***	0.1607 ***	0.2401 ***	0.2198 ***	0.2182 ***	0.2131 ***
	(0.0016)	(0.0052)	(0.0023)	(0.0018)	(0.0032)	(0.0020)
ln*KL*	0.1427 ***	0.1405 ***	0.1278 ***	0.1534 ***	0.1509 ***	0.1265 ***
	(0.0010)	(0.0047)	(0.0016)	(0.0013)	(0.0022)	(0.0013)
*scale*1	-0.2940 ***	0.3177 **	-0.4139 ***	-0.4322 ***	-0.2735 ***	-0.2655 ***
	(0.0182)	(0.1295)	(0.0300)	(0.0261)	(0.0403)	(0.0216)
*scale*2	-0.4552 ***	0.1577	-0.5887 ***	-0.6020 ***	-0.4505 ***	-0.4328 ***
	(0.0184)	(0.1297)	(0.0303)	(0.0263)	(0.0407)	(0.0218)
*scale*3	-0.5173 ***	0.0448	-0.6356 ***	-0.6952 ***	-0.5289 ***	-0.5019 ***
	(0.0188)	(0.1302)	(0.0311)	(0.0268)	(0.0415)	(0.0222)
ln*age*	0.0492 ***	0.0110 ***	0.0069 ***	0.0313 ***	0.0165 ***	0.0096 ***
	(0.0021)	(0.0042)	(0.0026)	(0.0021)	(0.0037)	(0.0023)
ln*variety*	0.0459 ***	0.0419 ***	0.0395 ***	0.0433 ***	0.0488 ***	0.0322 ***
	(0.0012)	(0.0041)	(0.0017)	(0.0016)	(0.0024)	(0.0014)
finance	-0.0043 ***	-0.0035 *	-0.0044 ***	-0.0030 ***	-0.0065 ***	-0.0061 ***
	(0.0004)	(0.0019)	(0.0006)	(0.0005)	(0.0008)	(0.0005)
常数项	-1.9255 ***	-2.2264 ***	-1.9870 ***	-2.0370 ***	-2.1610 ***	-1.9448 ***
	(0.0236)	(0.1333)	(0.0374)	(0.0304)	(0.0479)	(0.0277)
控制变量	yes	yes	yes	yes	yes	yes
行业固定效应	yes	yes	yes	yes	yes	yes
年份固定效应	yes	yes	yes	yes	yes	yes
观测值	194669	13313	109792	154031	52403	135735
R - squared	0.2597	0.3203	0.2687	0.3106	0.3005	0.2514

注：估计系数下方括号中的数据为企业层面聚类标准差；***、**、*分别代表1%、5%和10%的显著性水平。

2. 不同出口密集度企业的回归结果

对不同出口密集度企业进行分组回归估计，结果如表 6－13 中的第（4）列至第（6）列所示。其中，产品质量升级对低出口密集度、中出口密集度和高出口密集度企业的工资水平均有显著的正向影响，且在低出口密集度企业组中，产品质量升级所产生的工资溢价效应更为显著。可能的原因是，低出口密集度企业大多从事一般贸易，在生产经营上更主动灵活，可以通过研发、生产、销售和服务等多个环节创造附加值，产品质量升级水平和升级层次更高，对高素质高技能劳动力的需求较多，因此，产品质量升级对低出口密集度企业工资水平的正向影响程度较大。而中、高出口密集度企业大多从事加工贸易，产品质量升级水平较低，企业的技能结构升级较为缓慢，真实贸易利得偏低。因此，产品质量升级对中、高出口密集度企业工资水平的正向影响程度相对较小。

3. 不同地区企业的回归结果

对东部、中部和西部地区企业进行分组回归估计，结果如表 6－14 所示。其中，产品质量升级对东部、中部和西部地区企业的工资水平均有显著的正向影响，且产品质量升级对西部地区企业工资水平的正向影响程度较大、中部地区次之、东部地区相对较小。从前文的统计分析中可知，中西部地区出口企业无论从绝对工资水平来看，还是从相对工资水平来看，都明显低于东部地区出口企业，意味着中西部地区工资水平提升空间较大，因此，中西部地区出口企业如果获得质量奖、驰名商标（名牌产品）、质量认证，则会对工资水平有较强的正向拉动作用。而东部地区出口企业的工资水平已然最高，使得产品质量升级对工资水平的正向拉动作用反而相对较弱了。

表 6-14　不同地区企业的回归结果

解释变量	东部	中部	西部
QU	0.0043 *** (0.0003)	0.0068 *** (0.0014)	0.0074 *** (0.0016)
TFP	0.2209 *** (0.0013)	0.1745 *** (0.0047)	0.1351 *** (0.0056)
ln*KL*	0.1401 *** (0.0009)	0.1326 *** (0.0039)	0.1122 *** (0.0041)
*scale*1	-0.3342 *** (0.0162)	-0.3537 *** (0.0751)	-0.2309 *** (0.0555)
*scale*2	-0.5088 *** (0.0163)	-0.4710 *** (0.0755)	-0.2853 *** (0.0564)
*scale*3	-0.5933 *** (0.0166)	-0.5305 *** (0.0763)	-0.3089 *** (0.0579)
ln*age*	0.0215 *** (0.0015)	0.0116 ** (0.0051)	0.0164 *** (0.0060)
ln*variety*	0.0453 *** (0.0010)	0.0318 *** (0.0045)	0.0285 *** (0.0057)
finance	-0.0049 *** (0.0003)	-0.0027 * (0.0016)	-0.0029 (0.0019)
常数项	-1.8316 *** (0.0189)	-1.7396 *** (0.0820)	-1.6171 *** (0.0683)
控制变量	yes	yes	yes
行业固定效应	yes	yes	yes
年份固定效应	yes	yes	yes
观测值	316152	17440	8510
R-squared	0.2810	0.2669	0.2788

注：估计系数下方括号中的数据为企业层面聚类标准差；***、**、*分别代表1%、5%和10%的显著性水平。

第四节　机制检验

计量分析部分已经证实，产品质量提升显著提高了出口企业的工资水平，产生了工资溢价效应。本研究进一步思考，产品质量提升影响出口企业工资水平的作用机制又会是怎样的呢？根据前文的机制分析，产品质量提升通过影响出口企业的技能结构和利润水平，进而影响出口企业的工资水平，在此基础上，本研究借鉴江艇（2022）关于作用机制分析的思路，对技能结构机制和利润分享机制进行检验。

一、技能结构机制检验

本研究建立如下技能结构回归方程，以分别检验产品质量提升、产品质量升级及不同层次的产品质量升级是否会对出口企业的技能结构产生影响，具体如式（6－46）、式（6－47）、式（6－48）所示：

$$skill_{it} = a_0 + a_1 QI_{it} + \sum_m a_m firmhete_{it} + \sum_n a_n control_{it} + u_j + u_t + \varepsilon_{it} \tag{6-46}$$

$$skill_{it} = b_0 + b_1 QU_{it} + \sum_m b_m firmhete_{it} + \sum_n b_n control_{it} + u_j + u_t + \varepsilon_{it} \tag{6-47}$$

$$skill_{it} = c_0 + c_1 LQU_{it} + c_2 MQU_{it} + c_3 HQU_{it} + \sum_m c_m firmhete_{it} + \sum_n c_n control_{it} + u_j + u_t + \varepsilon_{it} \tag{6-48}$$

其中，被解释变量 *skill* 为企业的技能结构变量，用企业 i 在 t 年雇佣的大专及以上学历人员占企业当年从业人数之比来衡量。由于中国工业企业数据库仅 2004 年统计了详细的企业层面劳动力异质性特征数据，如员工性别构成、受教育程度、技能水平、职称水平等，其余年份则均缺失。因此，本研究借鉴 Chen 等（2017）的做法，假设企业的技能劳动占比与该企业所在地区技能劳动占比是同步变化的。《中国劳动统计年鉴》提供了分地区全国就业人员受教育程度构成数据，把各年受教育程度结构变化作为权重，以 2004 年高素质高技能劳动力数据（大专及以上学历人员占企业当年从业人数之比）为基准，可以测算出持续经营企业在其余年份的高素质高技能劳动力占比。但盛斌和郝碧榕（2021）指出这种推算方法虽符合经济发展规律，但只能估算出 2004 年在位企业在其他年份的技能劳动占比，导致部分样本缺失。为保证样本不出现大量缺失，参考谢杰等（2022）的做法，对于缺失数据的样本，使用企业所在省份当年的大专及以上学历人员占比作为企业层面的技能结构的衡量指标。最终得到企业技能结构变量 $skill$ 的具体表达式如（6－49）所示：

$$skill_{it}^{K} = \begin{cases} skill_{it=2004} \dfrac{skill_{ipt}}{(skill)_{ipt=2004}}, K = 1 \\ skill_{ipt}, K = 0 \end{cases} \tag{6-49}$$

式（6－49）中，i、p、t 分别表示企业、省份和年份，$skill_{it=2004}$ 表示中国工业企业数据库中 2004 年企业 i 的高素质高技能劳动力占比（大专及以上学历人员占企业当年从业人数之比），$skill_{ipt}$ 表示《中国劳动统计年鉴》中企业 i 所在的 p 省在 t 年的高素质高技能劳动力占比，而 $\dfrac{skill_{ipt}}{(skill)_{ipt=2004}}$ 表示企业 i 所在的 p 省在第 t 年相较于 2004 年的高素质高技能劳动力占比的变动情况。K 表示企业是否为持续在位经营企业（对照 2004 年的企业样本），其中 $K=1$ 表示持续经营企业，$K=0$ 表示非持续经营企业。

表 6－15 中第（1）列至第（3）列为技能结构机制检验的估计结果，其中，第（1）列的回归结果显示，产品质量提升（*QI*）对企业的技能结构有显著的正向影响。表明企业的产品质量提升幅度越大，企业的高素质高学历人员占比就越高，即出口企业的技能结构实现优化升级，企业也要为此支付给工人更高的工资。此外，第（2）列、第（3）的回归结果显示，产品质量升级（*QU*）、低层次产品质量升级（*LQU*）、中层次产品质量升级（*MQU*）和高层次产品质量升级（*HQU*）均显著地促进了出口企业技能结构的优化升级，且从估计系数来看，中层次产品质量升级对出口企业技能结构的改善效果最为显著、高层次产品质量升级次之、低层次产品

质量升级则相对较弱。出口企业在产品质量升级的过程中，带动了企业技能结构的整体优化升级，从而促进出口企业工资水平的提高。上述估计结果也验证了研究假设 6 -1，即产品质量提升会通过技能结构机制提高出口企业的工资水平，产生工资溢价效应。

表 6 -15 技能结构、利润分享机制检验

变量	被解释变量：*skill*			被解释变量：ln*profit*		
	(1)	(2)	(3)	(4)	(5)	(6)
QI	0.0484 *** (0.0040)			0.1565 *** (0.0339)		
QU		0.0010 *** (0.0001)			0.0080 *** (0.0008)	
LQU			0.0060 ** (0.0028)			0.1945 *** (0.0153)
MQU			0.0210 *** (0.0026)			0.0963 *** (0.0138)
HQU			0.0071 *** (0.0010)			0.0707 *** (0.0063)
TFP	0.0117 *** (0.0006)	0.0109 *** (0.0004)	0.0108 *** (0.0004)	1.1398 *** (0.0053)	1.1184 *** (0.0040)	1.1165 *** (0.0040)
ln*KL*	0.0137 *** (0.0004)	0.0089 *** (0.0003)	0.0088 *** (0.0003)	0.3788 *** (0.0030)	0.3719 *** (0.0023)	0.3712 *** (0.0023)
*scale*1	-0.0367 *** (0.0074)	-0.0369 *** (0.0049)	-0.0370 *** (0.0049)	1.1239 *** (0.0592)	1.0006 *** (0.0360)	0.9976 *** (0.0360)
*scale*2	-0.0557 *** (0.0074)	-0.0488 *** (0.0050)	-0.0490 *** (0.0050)	1.5980 *** (0.0595)	1.4776 *** (0.0364)	1.4699 *** (0.0364)
*scale*3	-0.0765 *** (0.0076)	-0.0630 *** (0.0051)	-0.0639 *** (0.0051)	2.0310 *** (0.0605)	1.9290 *** (0.0375)	1.9174 *** (0.0375)
ln*age*	0.0202 *** (0.0008)	0.0175 *** (0.0005)	0.0174 *** (0.0005)	-0.0919 *** (0.0065)	-0.0749 *** (0.0044)	-0.0778 *** (0.0044)
ln*variety*	0.0102 *** (0.0006)	0.0087 *** (0.0004)	0.0086 *** (0.0004)	0.0169 *** (0.0034)	0.0165 *** (0.0026)	0.0164 *** (0.0026)

续表

变量	被解释变量：*skill*			被解释变量：ln*profit*		
	(1)	(2)	(3)	(4)	(5)	(6)
finance	-0.0010 *** (0.0002)	-0.0019 *** (0.0001)	-0.0019 *** (0.0001)	0.0214 *** (0.0011)	0.0236 *** (0.0009)	0.0232 *** (0.0009)
常数项	-0.1430 *** (0.0102)	-0.1256 *** (0.0062)	-0.1237 *** (0.0062)	-2.3236 *** (0.0778)	-2.4982 *** (0.0501)	-2.4716 *** (0.0501)
控制变量	yes	yes	yes	yes	yes	yes
行业固定效应	yes	yes	yes	yes	yes	yes
年份固定效应	yes	yes	yes	yes	yes	yes
观测值	195489	341858	341858	162871	282254	282254
R - squared	0.1076	0.1262	0.1264	0.5905	0.5841	0.5843

注：估计系数下方括号中的数据为企业层面聚类标准差；***、**、*分别代表1%、5%和10%的显著性水平。

二、利润分享机制检验

本研究还建立如下利润分享机制回归方程，以分别检验产品质量提升、产品质量升级及不同层次的产品质量升级是否会对出口企业的利润水平产生影响，具体如式（6-50）、式（6-51）、式（6-52）所示：

$$\ln profit_{it} = d_0 + d_1 QI_{it} + \sum_m d_m firmhete_{it} + \sum_n d_n control_{it} + u_j + u_t + \varepsilon_{it} \quad (6-50)$$

$$\ln profit_{it} = e_0 + e_1 QU_{it} + \sum_m e_m firmhete_{it} + \sum_n e_n control_{it} + u_j + u_t + \varepsilon_{it} \quad (6-51)$$

$$\ln profit_{it} = f_0 + f_1 LQU_{it} + f_2 MQU_{it} + f_3 HQU_{it} + \sum_m f_m firmhete_{it} + \sum_n f_n control_{it} + u_j + u_t + \varepsilon_{it} \quad (6-52)$$

其中，被解释变量 ln*profit* 为企业的利润水平，用企业的利润总额取对数来表示。表6-15中第（4）列至第（6）列为利润分享机制检验的估计结果，其中，第（4）列的回归结果显示，产品质量提升（*QI*）显著促进了出口企业的利润增长。此外，第（5）列、第（6）列的回归结果显示，产品质量升级（*QU*）、低层次产品质量升级（*LQU*）、中层次产品质量升级（*MQU*）和高层次产品质量升级（*HQU*）均显著促进了出口企业利润水平的提高。且从估计系数来看，低层次产品质量升级对出口企业利润水平的提升作用较为显著、中层次产品质量升级次之、高层次产品质量升级相对较低。根据利润分享机制，高利润企业会支付给劳动者更高的工资（Krueger and Summers，1988；Wang and Zhao，2015）。因此，产品质量提升会通过利润分享机制促进出口企业工资水平的提高，产生工资溢价效应。上述估计结果也验证了研究假设6-2，即产品质量提升会通过利润分享机制提高出口企业的工资水平，产生工资溢价效应。

第五节 本章小结

在理论部分，本章拓展了 Helpman 等（2010）的 HIR 模型，将产品质量提升和企业异质性特征变量引入微观企业工资决定的理论分析框架中，并从理论模型中推导出了产品质量提升、企业异质性特征变量会影响企业的劳动力筛选匹配成本、企业设定的工人最低能力水平、企业总收益等，进而影响均衡状态下的出口企业工资水平。在理论分析的基础上，本章得到了两个关键命题：①产品质量提升与出口企业的工资水平正相关，即产品质量提升会提高出口企业的工资水平，产生工资溢价效应。②生产率与出口企业的工资水平正相关。此外，其他企业异质性特征变量也会对出口企业的工资水平产生影响。通过进一步的影响机制分析，本章提出两个研究假设：①产品质量提升通过提高出口企业所雇佣工人的最低能力水平、工人平均能力水平以及增加对高素质高技能劳动力的需求来优化企业的技能结构，并为此支付给工人更高的工资，由此产生工资溢价效应。②产品质量提升通过提高出口企业的劳动力筛选匹配成本与总收益，从而提高出口企业的利润水平，并根据利润分享机制，支付给工人更高的工资，由此产生工资溢价效应。

在实证部分，本章从微观层面实证检验了产品质量提升所产生的工资溢价效应。利用2000—2013年中国工业企业数据库、中国海关数据库、本研究自行搜集整理的中国工业企业产品质量升级数据库合并匹配后的出口企业数据，以及2000—2013年《中国劳动统计年鉴》，采用固定效应、工具变量、分位数回归的估计方法，本章分别实证研究了产品质量提升、产品质量升级对出口企业工资水平的影响，探讨了产品质量提升通过技能结构机制与利润分享机制对出口企业工资水平的影响机理，得出了如下研究结论：

结论一：产品质量提升对出口企业工资水平有显著的正向影响，产生了显著的工资溢价效应，但在不同所有制、不同出口密集度以及不同地区企业之间存在一定差异。研究结果表明，产品质量提升幅度越大，出口企业的工资水平就越高，工资溢价效应就越显著。就不同所有制企业的回归结果而言，产品质量提升对外资企业和私营企业的工资水平有显著的正向影响，且对私营企业工资水平的提升作用较强，但对国有企业影响不显著。就不同出口密集度企业的回归结果而言，产品质量提升对低出口密集度企业的工资水平有显著的正向影响，但对中、高出口密集度企业影响均不显著。就不同地区企业的回归结果而言，产品质量提升仅对东部地区出口企业的工资水平有显著的正向影响，对中西部地区影响均不显著。

结论二：产品质量升级对出口企业工资水平有显著的正向影响，产生了显著的工资溢价效应，但产品质量升级在不同层次之间，在不同所有制、不同出口密集度以及不同地区企业之间存在一定差异。研究结果表明，产品质量升级水平越高，出口企业的工资水平就越高，工资溢价效应就越显著。进一步地，同时考察不同层次的产品质量升级所产生的工资溢价效应时，研究发现低层次产品质量升级对出口企业工资水平有显著的负向影响，中层次和高层次产品质量升级对出口企业工资水平有显著的正向影响，且高层次产品质量升级对出口企业工资水平的提升作用较强。就不同所有制企业的回归结果而言，产品质量升级对外资企业、国有企业和私营企业的工资水平均有显著的正向影响，且对国有企业工资水平的提升作用较强。就不同出口密集度企业的回归结果而言，产品质量升级对低出口密集度、中出口密集度和高出口密集度企业的工资水平均有显著的正向影响，且对低出口密集度企业工资水平的提升作用较强。就不同地区企业的回归结果而言，产品质量升级对东部、中部和西部地区出口企业的工资水平均有显著的正向影响，且在西部地区组中，产品质量升级所产生的工资溢价效应更为显著。

结论三：机制检验表明，产品质量提升、产品质量升级及不同层次的产品质量升级通过技能结构机制和利润分享机制促进了出口企业工资水平的提升，由此产生工资溢价效应。技能结构机制的估计结果显示，产品质量提升、产品质量升级及不同层次的产品质量升级对出口企业的技能结构有显著的改善作用。产品质量提升幅度越大，企业的高学历人员占比也越高，企业的技能结构整体优化升级，从而产生工资溢价效应。利润分享机制的估计结果显示，产品质量提升、产品质量升级及不同层次的产品质量升级显著地促进了出口企业的利润增长。根据利润分享机制，高利润企业会支付给劳动者更高的工资，从而产生工资溢价效应。

结论四：企业异质性特征变量对出口企业的工资水平有显著的影响。其中，企业全要素生产率、资本密集度、企业年龄、出口产品种类、外资参与度、政府补贴对出口企业的工资水平均有显著的正向影响。企业规模、融资约束对出口企业的工资水平有显著的负向影响。此外，中央直属企业的工资水平高于地方企业，外资企业的工资水平高于内资企业，国有企业的工资水平高于非国有企业。

第七章 结论、建议与展望

本研究在理论上界定了产品质量提升与产品质量升级的内涵，构建了产品质量提升与产品质量升级的评价指标体系。沿着产品质量提升的出口增长效应—贸易利得效应—工资溢价效应的脉络，首先对产品质量提升的出口增长效应与贸易利得效应展开理论研究，利用可变替代弹性效用函数，将产品质量提升、生产率异质性和成本加成异质性同时纳入异质性微观企业分析框架中，探究了产品质量提升对企业出口规模和成本加成的影响；其次对产品质量提升的工资溢价效应展开理论研究，将产品质量提升和企业异质性特征纳入微观企业工资决定理论模型中，探究了产品质量提升对出口企业均衡工资水平的影响。

本研究提出研究假设，采用固定效应、工具变量和分位数回归的估计方法，从产品质量的量变维度实证研究了产品质量提升、企业异质性特征对企业出口规模、成本加成和工资水平的影响；从产品质量的质变维度实证研究了产品质量升级（及不同层次产品质量升级）、企业异质性特征对企业出口规模、成本加成和工资水平的影响，为全面了解出口产品“质”的变化所产生的出口增长效应、贸易利得效应与工资溢价效应提供微观层面的经验证据。

本章在理论研究和实证分析的基础上，总结全文的研究结论；从企业层面和政府层面，对提升企业产品质量、促进企业出口增长、提高企业贸易利得与工资水平等提出相应的政策建议，并对未来的研究方向进行展望。

第一节 主要结论

本研究从理论上阐述了产品质量提升与产品质量升级的内涵、联系和区别，对中国工业企业的出口产品质量、出口产品质量提升、出口产品质量升级进行了统计测度与分析，对产品质量提升、产品质量升级、企业异质性特征对出口规模、成本加成与工资水平的影响进行了计量检验，阐释了产品质量提升所产生的出口增长效应、贸易利得效应与工资溢价效应，得到以下主要研究结论。

结论一：中国工业企业的出口产品质量整体呈波动上升趋势，但在不同类别企业之间存在一定的差异。中国工业企业的出口产品质量由2000年的0.5252上升至2013年的0.5459，在2001年、2003—2005年、2007年、2011—2012年均实现了出口产品质量提升。从不同所有制企业来看，外资企业的出口产品质量水平较高，国有企业次之，私营企业相对较低。从不同规模企业来看，大型企业的出口产品质量水平较高，中型企业相对较高，小型企业次之，微型企业相对较低。从不同地区企业来看，东部地区企业的出口产品质量水平较高，中部地区企业次之，西部地区企业相对较低。

结论二：中国工业企业实现出口产品质量升级的企业数目在不断增加，出口产品质量升级水平和升级层次都在不断提高，但在不同类别企业之间存在一定的差异。实现出口产品质量升级的企业数目由2000年的454家增加到2013年的23644家。出口产品质量升级的年平均值由2000年的0.2319提升至2013年的4.2231。高层次产品质量升级企业占总样本的比例由2000年的2.80%提升至2013年的50.61%。从不同所有制企业来看，国有企业的出口产品质量升级水平较高，私营企业次之，外资企业相对较低。从不同规模企业来看，大型企业的出口产品质量升级水平较高，中型企业相对较高，小型企业次之，微型企业相对较低。从不同地区企业来看，西部地区企业的出口产品质量升级水平较高，东部地区企业次之，中部地区企业相对较低。

结论三：产品质量提升、产品质量升级均对企业的出口规模有显著的正向影响，产生了显著的出口增长效应，但在不同所有制、不同规模以及不同地区企业之间存在一定差异。首先，从产品质量的量变维度来看，企业的产品质量提升幅度越大，企业的出口规模就越大。就不同所有制企业的回归结果而言，产品质量提升对私营企业出口规模的正向促进作用较大，国有企业次之，外资企业相对较小。就不同规模企业的回归结果而言，产品质量提升对微型企业出口规模的正向促进作用较大，小型企业相对较大，中型企业次之，大型企业相对较小。就不同地区企业的回归结果而言，产品质量提升对西部地区企业出口规模的拉动作用显著强于中部、东部地区。**其次，从产品质量的质变维度来看，企业的产品质量升级水平越高，企业的出口规模就越大。**就不同层次产品质量升级的回归结果而言，高层次产品质量升级对企业出口规模的正向促进作用较大，低层次产品质量升级次之、中层次产品质量升级相对较小。就不同所有制企业的回归结果而言，产品质量升级对国有企业出口规模的正向促进作用较大，私营企业次之，外资企业相对较小。就不同规模企业的回归结果而言，产品质量升级对小型企业出口规模的正向促进作用较大，中型企业次之，大型企业相对较小，但对微型企业影响不显著。就不同地区企业的回归结果而言，产品质量升级对中部地区企业出口规模的正向促进作用较大，西部地区次之，东部地区相对较小。

结论四：产品质量提升、产品质量升级均对出口企业的成本加成有显著的正向影响，产生了显著的贸易利得提高效应，但在不同所有制、不同出口密集度、不同要素密集度以及不同地区企业之间存在一定差异。首先，从产品质量的量变维度来看，产品质量提升幅度越大，出口企业的成本加成就越高。就不同所有制企业的回归结果而言，产品质量提升对外资企业和私营企业的成本加成均有显著的正向影响，且对外资企业的正向促进作用较大，但对国有企业影响不显著。就不同出口密集度企业的回归结果而言，产品质量提升对中、高出口密集度企业的成本加成均有显著的正向影响，且对高出口密集度企业的促进作用更强，但对低出口密集度企业影响不显著。就不同要素密集度企业的回归结果而言，产品质量提升对资本密集型、技术密集型和劳动密集型企业的成本加成均有显著的正向影响，且对劳动密集型企业的正向促进作用较强。就不同地区企业的回归结果而言，产品质量提升对东部地区企业的成本加成有显著的正向影响，但对中西部地区影响不显著。**其次，从产品质量的质变维度来看，产品质量升级水平越高，出口企业的成本加成就越高。**就不同层次产品质量升级的回归结果而言，低层次、中层次和高层次产品质量升级对出口企业成本加成均有显著的正向影响，且低层次产品质量升级对出口企业成本加成的正向促进作用较大。就不同所有制企业的回归结果而言，产品质量升级对外资企业、国有企业和私营企业的成本加成均有显著的促进作用，且对国有企业的正向影响程度较强。就不同出口密集度企业的回归结果而言，产品质量升级仅对低出口密集度企业的成本加成有显著的正向影响。就不同要素密集度企业的回归结果而言，产品质量升级对资本密集型、技术密集型和劳动密集型企业的成本加成均有显著的正向影响，且对技术密集型企业的促进作用较强。就不同地区企业的回归结果而言，产品质量升级对东部、中部和西部地区企业的成本加成均有显著的正向影响，且对西部地区企业的促进作用较强。**最后，机制检验表明，产品质量提升、产品质量升级及不同层次的产品质量升级通过提高出口企业的产品价格和边际成本，从而对出口企业的成本加成产生影响。**且产品质量提升对产品价格的正向影响程度要大于对边际成本的正向影响程度，从而使得产品质量提升显著促进了出口企业成本加成的提高。

结论五：产品质量提升、产品质量升级均对出口企业的工资水平有显著的正向影响，产生了显著的工资溢价效应，但在不同所有制、不同出口密集度以及不同地区企业之间存在一定差异。首先，从产品质量的量变维度来看，产品质量提升幅度越大，出口企业的工资水平就越高。就不同所有制企业的回归结果而言，产品质量提升对外资企业和私营企业的工资水平均有显著的正向影响，但对国有企业影响不显著。就不同出口密集度企业的回归结果而言，产品质量提升仅对低出口密集度企业的工资水平有显著的正向影响。就不同地区企业的回归结果而言，产品质量提升仅对东部地区出口企业的工资水平有显著的正向影响。**其次，从产品质量的质变维度来看，产品质量升级水平越高，出口企业的工资水平就越高。**就不同层次产品质量升级的回归结果而言，中、高层次产品质量升级对出口企业工资水平均有显著的正向影响，但低层次产品质量升级却产生了显著的负向影响。就不同所有制企业的回归结果而言，产品质量升级对国有企业工资水平的促进作用依次强于私营企业和外资企业。就不同出口密集度企业的回归结果而言，产品质量升级对低出口密集度企业工资水平的促进作用依次强于中、高出口密集度企业。就不同地区企业的回归结果而言，产品质量升级对东部、中部和西部地区出口企业的工资水平均有显著的正向影响，且对西部地区企业的促进作用较强。**最后，机制检验表明，产品质量提升、产品质量升级及不同层次的产品质量升级主要通过提升出口企业的技能结构和利润水平，从而促进了出口企业工资水平的提高。**

结论六：企业异质性特征变量对企业出口规模、成本加成和工资水平有显著影响。研究结果表明，企业全要素生产率、资本密集度、出口产品种类对企业出口规模、成本加成和工资水平均有显著的正向影响。企业规模对出口规模有显著的正向影响，但对出口企业成本加成和工资水平却有显著的负向影响。融资约束对企业出口规模有显著的正向影响，但对出口企业工资水平却有显著的负向影响。外资占比和政府补贴对企业出口规模和工资水平均有显著的正向促进作用。外资企业和国有企业对出口规模和成本加成的影响均不显著，但却对工资水平有显著的正向影响。

第二节　政策建议

全面提升产品质量是中国企业实现出口增长、贸易利得提高和劳动者工资福利提升的重要引擎。根据以上的研究结论，本研究分别从企业层面和政府层面给出提升产品质量、扩大出口规模、提高成本加成、提升工资水平的政策建议。

一、企业层面

第一，加大创新投入，增强创新能力，提高生产率水平，不断提升产品质量。本研究的实证分析结果表明：产品质量提升对企业的出口规模、成本加成与工资水平均有显著的正向影响，产品质量提升产生了显著的出口增长效应、贸易利得提高效应和工资溢价效应。而产品质量提升与企业的技术创新、生产率、质量提升能力等正相关。出口企业提升产品质量，可以从三个方面着手：一是以消费者的需求和满足为中心进行技术创新和生产流程改进，提升消费者体验到的适用性质量水平，激发消费潜能。二是加大创新的物质资本投入和人力资本投入。无论是工艺创新，还是产品创新，企业都需要投入大量的物质资本。企业可以通过发行公司债券、上市融资、获取政府专项研发补助资金等渠道增加研发投入，此外，企业还可以通过建立长效激励机制，吸引并组建一支高素质高技能的人才队伍，提高创新效率和创新成果转化。三是提高企业的生产率水平。当质量被内生化，生产率高的企业，出口产品质量也较高。企业可以通过学习国外先进的技术、管理经验，进口高质量中间品，加大对先进技术、经验的学习和模仿等，并最终"青出于蓝而胜于蓝"。

第二，争获质量奖，打造驰名商标，培育名牌产品，开展高端质量认证。本研究的实证分析结果表明：产品质量升级对企业出口规模、成本加成与工资水平均有显著的正向影响。企业可以从三个方面着手实现产品质量升级：一是积极参与官方权威的质量奖评选活动。企业一方面可以在质量奖的评审过程中，有针对性地改进生产经营；另一方面获奖企业可以得到政府的奖励资金，成为质量标杆，这又进一步提高了获奖企业的经营绩效和质量提升动力。二是增强知识产权保护意识，争获驰名商标、名牌产品的认定。企业在产品质量优良的基础上，可以通过广告宣传、营销推广、社会公益等方式讲好品牌故事，打造商标知名度和品牌美誉度。三是开展高端质量认证。企业应积极申请并通过 ISO 9000 质量体系认证、自愿性产品认证等，全面提高质量管理水平，使企业产品质量达到国际领先标准。

第三，提高企业资本密集度，增加出口产品种类。本研究的实证分析结果表明，资本密集度对企业出口规模、成本加成与工资水平均有显著的正向影响。资本密集度高的企业拥有相对丰裕的资本，往往采用行业领先的生产技术和设备，因此，资本密集度高的企业更有条件进行研发创新，提高生产率水平和产品质量水平，从而带来出口规模的扩大和成本加成的提高。资本密集型企业客观上也需要雇佣高素质高技能劳动力来匹配其高端设备并进行技术研发，因此，资本密集度高的企业有意愿且有能力支付给工人更高的工资，促进劳动者福利水平的提升。此外，出口产品种类对企业出口规模、成本加成与工资水平均有显著的正向影响。企业出口产品种类越多，一方面能够满足消费者对产品多样化的偏好，提升消费者的效用满足程度；另一方面也有利于企业实现出口规模增长，提高出口企业成本加成与工资水平。

第四，加强对劳动者的在职培训，建立健全工资增长制度。一方面，企业可以通过组建技术研发团队、开展技术技能主题培训活动等提高企业经营管理者、一线员工的质量意识和技术水平。另一方面，企业要建立健全工资增长机制。劳动者的工资增长应当与企业绩效增长保持同步、与劳动生产率增长保持同步，这样才能长期有效地激发劳动者的创新动能和工作热情。因此，企业内部要健全工资集体协商制度，把劳动者工资增长作为企业经营绩效考核的一项重要内容。

二、政府层面

第一，完善质量提升经费多元筹集和保障机制，引导、保护企业质量创新和质量提升的积极性。实现产品质量提升需要投入大量的“真金白银”，政府应多措并举，因时制宜为企业“纾困解难”。财政研发经费投入奖补、政府产业引导基金、社保养老基金、私募股权基金，甚至是海外主权基金等都可以加以利用，为中国企业的质量攻关、质量创新和质量提升服务。此外，政府及社会各界应加强对质量领先企业的宣传推广，调动和保护企业质量创新和质量提升的积极性。

第二，建立质量分级制度，完善政府质量奖激励政策，加大对驰名商标和名牌产品的扶植保护力度，引领对接国际领先标准，实施高水平质量认证。首先，在质量奖方面，政府应公平有序地开展各省政府质量奖、国家质量奖等的评选表彰工作。给予获奖企业在项目投资、税收、信贷等方面的优待。其次，在驰名商标和名牌产品方面，地方各级政府部门应完善驰名商标和名牌产品的培育标准体系和评价体系，对获得驰名商标和名牌产品的企业，可以采取优先提供贷款、优先使用产业引导基金、优先申报技术进步项目以及一次性奖励、税收优待等扶植措施。与此同时，进一步加大对驰名商标和名牌产品的保护力度。最后，在质量认证方面，政府要组织对接适用先进的国际标准，鼓励支持中国的领军企业制定和实施先进标准。

第三，完善政府补贴机制，提高补贴发放的合理性和针对性。本研究的实证分析结果表明，政府补贴对企业出口规模与工资水平均有显著的正向影响。因此，政府可以在 WTO 规则允许的范围内，完善政府补贴机制：一是在事前完善补贴对象的甄别机制。在对产业发展方向和发展阶段准确把握的基础上，政府要对申请企业进行客观综合的评估。二是在事中完善补贴分配评审机制和发放机制，消除可能存在的权力寻租和道德风险问题。三是在事后建立补贴企业的监管机制，制定严格有效的审计制度和企业绩效考核制度，切实提高企业对政府补贴资金的利用效率。

第四，构建质量人才教育体系，完善收入分配制度。实现质量强国，离不开高质量的人才。高质量人才既是企业技术创新和产品质量提升的推动者，又是劳动报酬的获得者。因此，政府应加快构建科研院所、本科高校、职业院校、行业协会和企业协同互通的质量人才教育体系，建设高质量人才智库，促进科技成果转化和质量提升效能。此外，政府还应完善初次分配和再分配制度，提高劳动者的工资水平，促进社会和谐。

第三节　研究展望

本研究界定了产品质量提升与产品质量升级的内涵，基于企业异质性视角，将产品质量提升和企业异质性特征纳入企业出口规模、成本加成与工资决定的理论模型中，探讨了产品质量提升和企业异质性特征变量对企业出口规模、成本加成与工资水平的影响。在此基础上，本研究分别实证研究了产品质量提升、产品质量升级、企业异质性特征对企业出口规模、成本加成与工资水平的影响，对出口产品质量动态演变所带来的出口增长效应—贸易利得效应—工资溢价效应展开了初步研究，也为后续的相关研究提供了参考。但是，本研究也存在一些不足之处，未来有待进一步完善，具体而言：

第一，产品质量提升与产品质量升级的内涵和评价指标有待进一步修正和完善。本研究在吸收和借鉴国内外学者观点的基础上，界定了产品质量提升与产品质量升级的内涵，构建了产品质量提升与产品质量升级的评价指标体系，并进一步将产品质量升级划分为低、中、高三个层次。但目前学界关于产品质量提升的研究还属于探索阶段，因此，产品质量升级的评价指标和分级层次还有待理论界的批评与实践的检验。同时，随着经济发展阶段的变化，产品质量提升与产品质量升级的内涵和评价指标体系也需要作相应的修正和完善。

第二，理论假设有待进一步放宽，理论模型有待进一步拓展和创新。本研究在理论分析部分是基于单一产品企业假设，而现实中企业往往生产并出口多种产品。考虑到多产品企业在不同产品种类间进行转换，会存在生产效率的损失，进而会影响到企业的生产率、产品质量提升、出口规模、成本加成以及工资水平等。因此，有待将单一产品企业假设拓展为多产品企业假设，将异质性企业贸易理论模型进行进一步地拓展和创新。

第三，产品质量提升所带来的微观经济效应影响范畴还有待进一步探讨。产品质量提升所带来的微观经济效应，涉及多个维度，比如出口规模、成本加成、出口价格、出口国内增加值、出口结构、工资水平、技能结构、技能溢价等。但本研究由于关注的重点所限，仅沿着产品质量提升所带来的出口增长效应—贸易利得效应—工资溢价效应的脉络展开，考察了产品质量提升对企业出口规模、成本加成以及工资水平的影响，因此，从出口价格、出口国内增加值、技能溢价等多维度全面考察产品质量提升所带来的微观经济效应，这是未来需要进一步研究的方向。

参考文献

[1]柏培文，喻理. 数字经济发展与企业价格加成:理论机制与经验事实[J]. 中国工业经济,2021(11):59－77.

[2]陈波，贺超群. 出口与工资差距:基于我国工业企业的理论与实证分析[J]. 管理世界，2013(8):6－40.

[3]陈继勇，王保双，蒋艳萍. 企业异质性、出口国内附加值与企业工资水平——来自中国的经验证据[J]. 国际贸易问题,2016(8):74－84.

[4]程锐，马莉莉. 人力资本结构高级化与出口产品质量升级——基于跨国面板数据的实证分析[J]. 国际经贸探索,2019,35(4):42－59.

[5]初立明. "互联网＋"对劳动者工资水平的影响研究——基于不同行业特征的分析[J]. 价格理论与实践,2020(2):35－38.

[6]杜明威，耿景珠，刘文革. 企业数字化转型与中国出口产品质量升级:来自上市公司的微观证据[J]. 国际贸易问题,2022(6):55－72.

[7]樊海潮，郭光远. 出口价格、出口质量与生产率间的关系:中国的证据[J]. 世界经济，2015(2):58－85.

[8]高翔，黄建忠. 政府补贴对出口企业成本加成的影响研究——基于微观企业数据的经验分析[J]. 产业经济研究,2019(4):49－60.

[9]高运胜，郑乐凯，杨张娇. 异质性产品质量与出口加成率[J]. 统计研究,2017(9):28－35.

[10]耿晔强，常德鸿. 企业创新与出口产品质量提升——基于中国制造业企业的实证研究[J]. 云南财经大学学报,2020(1):89－101.

[11]耿晔强，史瑞祯. 进口中间品质量与企业出口绩效[J]. 经济评

论,2018(5):90-105.

[12]古继宝，古继兴，方兆本. ISO 9000与国际贸易[J]. 预测,2000(3):32-36.

[13]韩民春，袁瀚坤. 服务业对外开放、人民币实际汇率和出口企业加成率[J]. 国际贸易问题,2022(1):75-92.

[14]洪静，陈飞翔，吕冰. CAFTA框架下中国参与全球价值链的演变趋势——基于出口国内附加值的分析[J]. 国际贸易问题,2017(6):118-128.

[15]胡国恒，闫雪培. 中国制造业出口工资溢价的异质性分析——来自企业微观数据的实证研究[J]. 河南师范大学学报(哲学社会科学版),2020(5):47-53.

[16]黄先海，诸竹君，宋学印. 中国出口企业阶段性低加成率陷阱[J]. 世界经济,2016(3):95-117.

[17]江艇. 因果推断经验研究中的中介效应与调节效应[J]. 中国工业经济，2022(5):100-120.

[18]姜帅帅. 贸易政策不确定性对中国企业出口产品加成率的影响研究[D]. 山东:山东大学经济学院,2021.

[19]李怀建. 研发投入、产品质量升级与经济增长——基于调整的质量提高模型的研究[D]. 江苏:南京大学经济学院,2014.

[20]李静，彭飞. 出口企业存在工资红利吗？——基于1998-2007年中国工业企业微观数据的经验研究[J]. 数量经济技术经济研究,2012(12):20-37.

[21]李坤望，邵文波，王永进. 信息化密度、信息基础设施与企业出口绩效——基于企业异质性的理论与实证分析[J]. 管理世界,2015(4):52-65.

[22]李坤望，王有鑫. FDI促进了中国出口产品质量升级吗？——基于动态面板系统GMM方法的研究[J]. 世界经济研究,2013(5):60-66.

[23]李胜旗，佟家栋. 产品质量、出口目的地市场与企业加成定价[J].

国际经贸探索,2016(1):4－17.

[24]李小平，周记顺，卢现祥等. 出口的“质”影响了出口的“量”吗？[J]. 经济研究,2015a(8):114－129.

[25]李小平，周记顺，王树柏. 中国制造业出口复杂度的提升和制造业增长[J]. 世界经济,2015b(2):31－57.

[26]刘灿雷，王永进，李宏兵. 出口产品质量分化与工资不平等——来自中国制造业的经验证据[J]. 财贸经济,2018(1):101－117.

[27]刘慧. 产品质量升级的出口效应分析——基于企业异质性视角[J]. 西安电子科技大学学报(社会科学版)，2013,23(3):14－22.

[28]刘家悦，谢靖. 环境规制与制造业出口质量升级[J]. 中国人口·资源与环境,2018(2):158－167.

[29]刘军，赵姝，靳婷婷. 产品质量与企业出口决定——中国表现及演变动态[J]. 国际贸易问题,2018(7):68－81.

[30]刘钧霆，王子睿，佟继英. 出口产品质量、行业异质性与工薪差距[J]. 财贸研究,2021(2):19－29.

[31]刘钧霆，王子睿，佟继英. 出口产品质量与工薪差距——基于中国行业层面数据的研究[J]. 贵州财经大学学报,2020(2):28－38.

[32]刘啟仁，黄建忠. 异质出口倾向、学习效应与“低加成率陷阱”[J]. 经济研究,2015(12):143－157.

[33]刘晴，张燕，张先锋. 为何高出口密集度企业的生产率更低？——基于固定成本异质性视角的解释[J]. 管理世界,2014(10):47－56.

[34]刘伟丽. 质量经济学研究[M]. 北京:社会科学文献出版社,2018.

[35]鲁桐，党印. 公司治理与技术创新:分行业比较[J]. 经济研究,2014(6):115－128.

[36]马述忠，王笑笑. 出口与异质性对中国企业工资差异的影响:基于HIR 模型的理论拓展及实证分析[J]. 国际贸易问题,2015(11):15－26.

[37]聂辉华，江艇，杨汝岱. 中国工业企业数据库的使用现状和潜在问题[J]. 世界经济，2012(5):142－158.

[38]钱学锋，潘莹，毛海涛. 出口退税、企业成本加成与资源误置[J]. 世界经济,2015(8):80-106.

[39]盛斌，郝碧榕. 全球价值链嵌入与技能溢价——基于中国微观企业数据的经验分析[J]. 国际贸易问题,2021(2):80-95.

[40]盛斌，牛蕊. 贸易、劳动力需求弹性与就业风险:中国工业的经验研究[J]. 世界经济，2009(6):3-15.

[41]盛丹，王永进. 中国企业低价出口之谜——基于企业加成率的视角[J]. 管理世界,2012(5):8-23.

[42]施炳展，邵文波. 中国企业出口产品质量测算及其决定因素——培育出口竞争新优势的微观视角[J]. 管理世界,2014(9):90-106.

[43]石小霞，刘东. 中间品贸易自由化、技能结构与出口产品质量升级[J]. 世界经济研究，2019(6):82-94.

[44]宋明顺，熊明华. 我国 ISO 9000 质量体系认证对出口贸易影响的实证研究[J]. 商业经济与管理,2001(8):49-54.

[45]苏丹妮，盛斌，邵朝对. 产业集聚与企业出口产品质量升级[J]. 中国工业经济，2018(11):117-135.

[46]孙敬水，丁宁. 企业异质性、出口对工资溢价的影响——基于中国工业企业微观数据的经验证据[J]. 经济理论与经济管理,2019(5):33-47.

[47]孙林，俞慧洁，余林徽等. 区域贸易政策不确定性与企业成本加成——来自中国多产品企业的微观证据[J]. 国际贸易问题,2022(11):156-174.

[48]孙莹，张旭昆. ISO 9000 标准贸易效应的实证研究[J]. 经济问题,2011(10):71-76.

[49]孙兆阳，刘玉锦. 工会对企业员工工资有什么影响？——基于中国综合社会调查 2008-2015 年混合截面数据的分析[J]. 劳动经济研究，2019,7(4):121-144.

[50]王铂. 国际贸易对中国工人工资的影响研究——基于工业部门的面板数据分析[J]. 经济问题,2010(6):33-35.

[51]王万珺，刘小玄. 为什么僵尸企业能够长期生存[J]. 中国工业经济，2018，367(10):61-79.

[52]魏浩，林薛栋. 进出口产品质量测度方法的比较与中国事实——基于微观产品和企业数据的实证分析[J]. 财经研究,2017(5):89-101.

[53]谢杰，过重阳，陈科杰等. 最低工资、工业自动化与技能溢价[J]. 中国工业经济，2022(9):102-120.

[54]辛大楞，辛国立. 营商环境与企业产品质量升级——基于腐败视角的分析[J]. 财贸研究,2019(3):85-98.

[55]辛大楞. 产品质量升级对企业经营绩效的影响研究[J]. 产业经济评论,2018,17(3):146-165.

[56]许明，邓敏. 产品质量与中国出口企业加成率——来自中国制造业企业的证据[J]. 国际贸易问题,2016(10):26-37.

[57]杨汝岱. 中国制造业企业全要素生产率研究[J]. 经济研究,2015,50(2):61-74.

[58]于洪霞，陈玉宇. 外贸出口影响工资水平的机制探析[J]. 管理世界,2010(10):47-58.

[59]余淼杰，黄杨荔，张睿. 中国出口产品质量提升的“富国效应”[J]. 学术月刊,2019(9):32-45.

[60]余淼杰，张睿. 中国制造业出口质量的准确衡量:挑战与解决方法[J]. 经济学(季刊)，2017(1):463-484.

[61]余淼杰. 企业创新、产品质量升级与国际贸易[M]. 北京:北京大学出版社,2018.

[62]喻美辞，蔡宏波. 出口产品质量与技能溢价——理论机制及中国证据[J]. 统计研究，2019(8):60-73.

[63]喻美辞,李琴. 出口产品质量与技能工资差距[J]. 华南农业大学学报(社会科学版)，2020(4):89-104.

[64]赵春燕，黄汉民. 出口工资溢价:自我选择效应还是出口学习效应？——基于企业异质性视角的经验研究[J]. 国际贸易问题,2013(9):

111 - 119.

[65]赵玲，高翔，黄建忠. 成本加成与企业出口国内附加值的决定:来自中国企业层面数据的经验研究[J]. 国际贸易问题,2018(11):17 - 30.

[66]钟腾龙，余淼杰. 外部需求、竞争策略与多产品企业出口行为[J]. 中国工业经济,2020(10):119 - 137.

[67]周记顺. 出口质量演变的经济效应研究[M]. 北京:中国社会科学出版社,2018.

[68]朱卫平，张宝友，黄祖庆等. ISO 9000 认证对我国进出口贸易影响的实证研究[J]. 上海经济研究,2012(6):98 - 107.

[69]诸竹君，黄先海. 中国出口跨越了低加成率陷阱吗[J]. 国际贸易问题,2020(5):14 - 27.

[70]诸竹君. 中国出口企业加成率决定因素及动态演进:从低加成率陷阱向优质优价升级[D]. 浙江: 浙江大学经济学院, 2018.

[71]祝树金，刘莹，钟腾龙. 融资约束、产品排序与多产品出口企业产品加成率[J]. 国际贸易问题,2019(6):1 - 15.

[72]祝树金，汤超. 企业上市对出口产品质量升级的影响——基于中国制造业企业的实证研究[J]. 中国工业经济,2020(2):117 - 135.

[73]Ackerberg D A, Caves K, Frazer G. Identification Properties of Recent Production Function Estimators[J]. Econometrica, 2015,83(6):2411 - 2451.

[74]Aiginger K. Europe's Position in Quality Competition[R]. Background Report for "The European Competitiveness Report 2000", Enterprise DG Working Paper,2001,No.4.

[75]Alessandria G, Kaboski J P. Pricing - to - Market and the Failure of Absolute PPP[J]. American Economic Journal: Macroeconomics,2011,3(1): 91 - 127.

[76]Alvarez R, López R A. Exporting and Performance: Evidence from Chilean Plants[J]. Canadian Journal of Economics, 2005,38(4):1384 - 1400.

[77]Amiti M, Davis D R. Trade, Firms, and Wages: Theory and Evidence

[J]. Review of Economic Studies,2011,79:1 -36.

[78]Amiti M, Khandelwal A K. Import Competition and Quality Upgrading [J]. The Review of Economics and Statistics, 2013,95(2):476 -490.

[79]Anderson J E, Wincoop E V. Trade Costs[J]. Journal of Economic Literature, 2004,42(2): 691 -751.

[80]Antoniades A. Heterogeneous Firms, Quality, and Trade[J]. Journal of International Economics,2015,95(2):263 -273.

[81] Arkolakis C, Costinot A, Donaldson D, et al. The Elusive Pro - Competitive Effects of Trade[R]. NBER Working Paper, 2015,No. 21370.

[82]Arnold J M, Hussinger K. Export Behavior and Firm Productivity in German Manufacturing: A Firm - Level Analysis[J]. Review of World Economics, 2005,141(2):219 -243.

[83]Auer R A, Chaney T, Sauré P. Quality Pricing - To - Market[R]. Federal Reserve Bank of Dallas Globalization and Monetary Policy Institute, Working Paper,2012,No. 125.

[84]Auer R A, Chaney T. Exchange Rate Pass - Through in a Competitive Model of Pricing - to - Market[J]. Journal of Money, Credit and Banking,2009, 41(s1):151 -175.

[85]Baldwin R, Harrigan J. Zeros, Quality, and Space: Trade Theory and Trade Evidence [J]. American Economic Journal: Microeconomics,2011,3(2): 60 -88.

[86]Bastos P, Silva J. The Quality of a Firm's Exports:Where You Export to Matters[J]. Journal of International Economics,2010,82(2):99 -111.

[87]Bellone F, Musso P, Nesta L, et al. International Trade and Firm - Level Markups When Location and Quality Matter [J]. Journal of Economic Geography,2016,16(1):67 -91.

[88]Bernard A B, Jensen J B. Exceptional Exporter Performance: Cause, Effect, or Both[J]. Journal of International Economics,1999,47(1):1 -25.

[89] Bernard A B, Jensen J B. Exporters, Jobs, and Wages in U. S. Manufacturing: 1976 – 1987 [J]. Brookings Papers on Economic Activity: Microeconomics, 1995 (1995): 67 – 119.

[90] Besley T, Ghatak M. Government versus Private Ownership of Public Goods [J]. Quarterly Journal of Economics, 2001, 116 (4): 1343 – 1372.

[91] Brambilla I, Lederman D, Proto G G. Exports, Export Destinations and Skills [J]. American Economic Review, 2012, 102 (7): 3406 – 3438.

[92] Brambilla I, Porto G G. High – Income Export Destinations, Quality and Wages [J]. Journal of International Economics, 2016, 98: 21 – 35.

[93] Brandt L, Biesebroeck J V, Zhang Y. Creative Accounting or Creative Destruction? Firm – Level Productivity Growth in Chinese Manufacturing [J]. Journal of Development Economics, 2012, 97 (2): 339 – 351.

[94] Brandt L, Biesebroeck J V, Zhang Y. WTO Accession and Performance of Chinese Manufacturing Firms [J]. American Economic Review, 2017, 107 (9): 2784 – 2820.

[95] Broda C, Weinstein D E. Globalization and the Gains from Variety [J]. Quarterly Journal of Economics, 2006, 121 (2): 541 – 585.

[96] Bustos P. The Impact of Trade Liberalization on Skill Upgrading Evidence from Argentina [R]. Barcelona GSE Working Paper Series, 2011, No. 559.

[97] Chen B, Yu M, Yu Z. Measured Skill Premia and Input Trade Liberalization: Evidence from Chinese Firms [J]. Journal of International Economics, 2017, 109: 31 – 42.

[98] Chen N, Juvenal L. Quality, Trade, and Exchange Rate Pass – Through [J]. Journal of International Economics, 2016, 100: 61 – 80.

[99] Clougherty J A, Grajek M. International Standards and International Trade: Empirical Evidence from ISO 9000 diffusion [J]. International Journal of Industrial Organization, 2012, 36: 70 – 82.

[100] Clougherty J A, Grajek M. The Impact of ISO 9000 Diffusion on

Trade and FDI: A New Institutional Analysis [J]. Journal of International Business Studies, 2008, 39(4): 613 - 633.

[101] Corbett C J, Montes - Sancho M J, Kirsch D A. The Financial Impact of ISO 9000 Certification in the United States: An Empirical Analysis [J]. Management Science, 2005, 51(7): 1046 - 1059.

[102] Crosby P B. Quality Is Free[M]. New York: McGraw - Hill, 1979.

[103] Crozet M, Head K, Mayer T. Quality Sorting and Trade: Firm - Level Evidence for French Wine [J]. Review of Economics Studies, 2012, 79 (2): 609 - 644.

[104] Davis D R, Harrigan J. Good Jobs, Bad Jobs, and Trade Liberalization [J]. Journal of International Economics, 2011, 84(1): 26 - 36.

[105] De Loecker J, Goldberg P K, Khandelwal A K, et al. Prices, Markups, and Trade Reform[J]. Econometrica, 2016, 84(2): 445 - 510.

[106] De Loecker J, Warzynski F. Markups and Firm - Level Export Status [J]. American Economic Review, 2012, 102(6): 2437 - 2471.

[107] Edmond C, Midrigan V, Xu D Y. Competition, Markups, and the Gains from International Trade [J]. American Economic Review, 2015, 105 (10): 3183 - 3221.

[108] Egger H, Kreickemeier U. Firm Heterogeneity and the Labor Market Effects of Trade Liberalization [J]. International Economic Review, 2009, 50 (1): 187 - 216.

[109] Evans J R, Jack E P. Validating Key Results Linkages in the Baldrige Performance Excellence Model[J]. Quality Management Journal, 2003, 10(2): 7 - 24.

[110] Fan H, Li Y A, Yeaple S R. Trade Liberalization, Quality, and Export Prices[J]. Review of Economics and Statistics, 2015, 97(5): 1033 - 1051.

[111] Feenstra R C, Romalis J. International Prices and Endogenous Quality [J]. Quarterly Journal of Economics, 2014, 129(2): 477 - 527.

[112] Feigenbaum A V. Total Quality Control [M]. 3ed. New York: McGraw - Hill, Inc. ,1983.

[113] Felbermayr G, Prat J, Schmerer H J. Globalization and Labor Market Outcomes: Wage Bargaining, Search Frictions, and Firm Heterogeneity [J]. Journal of Economic Theory,2011,146(1):39 - 73.

[114] Fredrik H. Firm Size or Firm Age? The Effect on Wages Using Matched Employer - Employee Data[J]. Labour,2007,21(2):237 - 263.

[115] Gervais A. Product Quality, Firm Heterogeneity and International Trade[J]. Canadian Journal of Economics,2015,48(3):1152 - 1174.

[116] Goedhuys M, Sleuwaegen L. The Impact of International Standards Certification on the Performance of Firms in Less Developed Countries[J]. World Development,2013,47:87 - 101.

[117] Goldberg P K, Verboven F. The Evolution of Price Dispersion in the European Car Market[J]. Review of Economic Studies,2001,68(4):811 - 848.

[118] Grossman G M, Helpman E. Quality Ladders in the Theory of Growth [J]. Review of Economic Studies,1991,58:43 - 61.

[119] Hallak J C, Schott P K. Estimating Cross - Country Differences in Product Quality[J]. Quarterly Journal of Economics,2011,126(1):417 - 474.

[120] Hallak J C, Sivadasan J. Firms' Exporting Behavior under Quality Constraints[R]. NBER Working Paper,2009,No. 14928.

[121] Hallak J C, Sivadasan J. Product and Process Productivity: Implications for Quality Choice and Conditional Exporter Premia [J]. Journal of International Economics,2013,91(1):53 - 67.

[122] Hallak J C. Product Quality and the Direction of Trade[J]. Journal of International Economics,2006,68(1):238 - 265.

[123] Helpman E, Itskhoki O, Redding S. Inequality and Unemployment in a Global Economy[J]. Econometrica,2010,78(4):1239 - 1283.

[124] Helpman E, Itskhoki O. Labor Market Rigidities, Trade and

Unemployment[J]. Review of Economic Studies,2010,77(3):1100 – 1137.

[125]Hummels D, Klenow P J. The Variety and Quality of a Nation's Exports[J]. American Economic Review,2005,95(3):704 – 723.

[126]Hummels D, Skiba A. Shipping the Good Apples Out? An Empirical Confirmation of the Alchian – Allen Conjecture[J]. Journal of Political Economy, 2004,112(6):1384 – 1402.

[127]Isgut A E. What's Different about Exporters? Evidence from Colombian Manufacturing[J]. Journal of Development Studies,2001,37(5):57 – 82.

[128]Jaimovich E, Merella V. Quality Ladders in a Ricardian Model of Trade with Nonhomothetic Preferences[J]. Journal of the European Economic Association,2012,10(4): 908 – 937.

[129]Javorcik B, Sawada N. The ISO 9000 Certification: Little Pain, Big Gain? [J]. European Economic Review,2018,105:103 – 114.

[130]Johnson R C. Trade and Prices with Heterogeneous Firms[J]. Journal of International Economics,2012,86(1):43 – 56.

[131]Khandelwal A K, Schott P K, Wei S. Trade Liberalization and Embedded Institutional Reform: Evidence from Chinese Exporters[J]. American Economic Review,2013,103(6):2169 – 2195.

[132]Khandelwal A K. The Long and Short (of) Quality Ladder[J]. Review of Economic Studies,2010,77:1450 – 1476.

[133]Koenker R, Bassett G. Regression Quantiles[J]. Econometrica, 1978,46(1):33 – 50.

[134]Kong D, Kong G, Pang L, et al. Who Gets the Wage Premium from Export: Top Managers or Employees? [J]. International Review of Economics and Finance,2018,58:356 – 370.

[135]Krueger A B, Summers L H. Efficiency Wages and the Inter – Industry Wage Structure[J]. Econometrica, Econometric Society,1988,56(2):259 – 293.

[136]Krugman P R. Increasing Returns, Monopolistic Competition, and

International Trade [J]. Journal of International Economics, 1979, 9 (4): 469 – 479.

[137] Kugler M, Verhoogen E. Prices, Plant Size, and Product Quality [J]. Review of Economic Studies, 2012, 79(1): 307 – 339.

[138] Kuhn P, McAusland C. Consumers and the Brain Drain: Product and Process Design and the Gains from Emigration [J]. Journal of International Economics, 2009, 78: 287 – 291.

[139] Lancaster K. Change and Innovation in the Technology of Consumption [J]. American Economic Review, 1966, 56(2): 14 – 23.

[140] Levinsohn J, Petrin A. Estimating Production Functions Using Inputs to Control for Unobservables[J]. Review of Economic Studies, 2003, 70(2): 317 – 341.

[141] Lu Y, Yu L. Trade Liberalization and Markup Dispersion: Evidence from China's WTO Accession [J]. American Economic Journal: Applied Economics, 2015, 7(4): 221 – 253.

[142] Manova K, Yu Z. Multi – Product Firms and Product Quality[J]. Journal of International Economics, 2017, 109: 116 – 137.

[143] Manova K, Zhang Z. Export Prices across Firms and Destinations [J]. Quarterly Journal of Economics, 2012, 127(1): 379 – 436.

[144] Melitz M J, Ottaviano G I P. Market Size, Trade, and Productivity [J]. Review of Economic Studies, 2008, 75: 295 – 316.

[145] Melitz M J. The Impact of Trade on Intra – Industry Reallocations and Aggregate Industry Productivity[J]. Econometrica, 2003, 71(6): 1695 – 1725.

[146] Munch J R, Skaksen J R. Human Capital and Wages in Exporting Firms[J]. Journal of International Economics, 2008, 75(2): 363 – 372.

[147] Ottaviano G I P, Tabuchi T, Thisse J F. Agglomeration and Trade Revisited[J]. International Economic Review, 2002, 43(2): 409 – 436.

[148] Pehkonen J, Pehkonen S, Strifler M, et al. Profit Sharing and the Firm – Size Wage Premium[J]. Labour, 2017, 31(2): 153 – 173.

[149] Potoski M, Prakash A. Information Asymmetries as Trade Barriers: ISO 9000 Increases International Commerce[J]. Journal of Policy Analysis and Management, 2009, 28(2): 221 - 238.

[150] Schott P. Across - Product versus Within - Product Specialization in International Trade[J]. Quarterly Journal of Economics, 2004, 119(2): 647 - 678.

[151] Shewhart W A. Economic Control of Quality of Manufactured Product [M]. New York: D. Van Nostrand Company, 1931.

[152] Sproles G B. New Evidence on Price and Product Quality[J]. Journal of Consumer Affairs, 1977, 11(1): 63 - 77.

[153] Stole L A, Zwiebel J. Intra - Firm Bargaining under Non - Binding Contracts[J]. Review of Economic Studies, 1996a, 63(3): 375 - 410.

[154] Stole L A, Zwiebel J. Organizational Design and Technology Choice Under Intrafirm Bargaining[J]. American Economic Review, 1996b, 86(1): 195 - 222.

[155] Sun Q. Explaining the State - Owned Enterprise Wage Premium in China: Is It Unobserved Heterogeneity? [J]. Economic and Political Studies, 2018, 6(2): 135 - 157.

[156] Swann P, Temple P, Shurmer M. Standards and Trade Performance: The UK Experience[J]. The Economic Journal, 1996, 106(438): 1296 - 1313.

[157] Terlaak A, King A A. The Effect of Certification with the ISO 9000 Quality Management Standard: A Signaling Approach[J]. Journal of Economic Behavior & Organization, 2006, 60: 579 - 602.

[158] Verhoogen E A. Trade, Quality Upgrading, and Wage Inequality in the Mexican Manufacturing Sector[J]. Quarterly Journal of Economics, 2008, 123 (2): 489 - 530.

[159] Wang Y, Zhao L. Saving Good Jobs from Global Competition by Rewarding Quality and Efforts[J]. Journal of International Economics, 2015, 96 (2): 426 - 434.

[160] Whang U. Skilled - Labor Intensity Differences across Firms, Endogenous

Product Quality, and Wage Inequality[J]. Open Economies Review, 2016, 27(2): 251 - 292.

[161] Wisner J D, Eakins S G. A Performance Assessment of the US Baldrige Quality Award Winners[J]. International Journal of Quality and Reliability Management, 1994, 11(2): 8 - 25.

[162] Wooldridge J M. On Estimating Firm - Level Production Functions Using Proxy Variables to Control for Unobservables[J]. Economic Letters, 2009, 104(3): 112 - 114.

[163] Yeaple S R. A Simple Model of Firm Heterogeneity, International Trade, and Wages[J]. Journal of International Economics, 2005, 65(1): 1 - 20.

[164] Yu M, Tian W, Song L. China's Processing Trade: A Firm - Level Analysis[M]. Rebalancing and Sustaining Growth in China, Australian National University E - Press, 2012: 111 - 148.

后 记

中国已进入建设社会主义现代化国家的新征程，高质量发展是全面建设社会主义现代化国家的首要任务。微观企业作为产品质量提升的主体，其生产并出口高质量产品一直被视为是一个国家宏观经济高质量发展的先决条件。那么中国工业企业是否实现了产品质量提升，从量变的角度来看，提升到了何种程度？又是否实现了产品质量升级，从质变的角度来看，升级到何种层次等级？更进一步地，如果中国工业企业实现了一定的产品质量提升与产品质量升级，又会产生哪些微观经济效应？本书基于企业异质性视角，以出口企业为研究对象，沿着产品质量提升的出口增长效应—贸易利得效应—工资溢价效应的脉络，从微观层面考察了产品质量提升对企业出口规模、成本加成以及工资水平的影响，为理解产品质量提升给微观主体带来的经济效应提供中国的经验证据。

本书首先要感谢我的博士导师——浙江工商大学的孙敬水教授。孙敬水教授是我学术道路上的引路人，能成为孙敬水教授的“关门弟子”，是我人生中莫大的幸运。在此谨向孙敬水教授致以诚挚的谢意和崇高的敬意！其次感谢中国经济出版社对本书出版的大力支持！感谢编辑部工作人员对书稿的辛苦校对订正！感谢所有本书参考引用的相关研究成果的作者！最后，我要特别感谢我的父母、爱人和两个可爱的孩子，是他们对我的鼓励和无条件的支持，使我心无旁骛地钻研学术。

产品质量提升的微观经济效应研究一直是经济学研究的重要议题，且产品质量提升的微观经济效应影响范畴也涉及多个子维度，但由于笔